余寿文 著

记述与思考

余寿文工程教育文集

清华大学出版社
北京

图书在版编目(CIP)数据

记述与思考:余寿文工程教育文集/余寿文著.—北京:清华大学出版社,2021.1
ISBN 978-7-302-57258-9

Ⅰ.①记… Ⅱ.①余… Ⅲ.①高等学校-工科(教育)-中国-文集 Ⅳ.①G649.2-53

中国版本图书馆 CIP 数据核字(2021)第 004784 号

责任编辑:马庆洲
封面设计:常雪影
责任校对:王淑云
责任印制:杨 艳

出版发行:清华大学出版社
网 址:http://www.tup.com.cn, http://www.wqbook.com
地 址:北京清华大学学研大厦 A 座 **邮 编**:100084
社 总 机:010-62770175 **邮 购**:010-62786544
投稿与读者服务:010-62776969,c-service@tup.tsinghua.edu.cn
质量反馈:010-62772015,zhiliang@tup.tsinghua.edu.cn
印 装 者:大厂回族自治县彩虹印刷有限公司
经 销:全国新华书店
开 本:165mm×240mm **印 张**:19.25 **字 数**:343 千字
版 次:2021 年 1 月第 1 版 **印 次**:2021 年 1 月第1 次印刷
定 价:79.00 元

产品编号:090446-01

自　序

联合国教科文组织国际工程教育中心(ICEE)计划出版若干本关于工程教育的文集,笔者响应这一计划,选编了这本文集。这是一本回顾与记录笔者经历的高等工程教育改革的文集,介绍了自1992年至今在工程教育的体验与实践,以及在学习与研究基础上对工程教育的思考。

笔者是一位多年从事工程力学教学与研究的教师,自1992年春开始有相当部分的时间,分工从事学校的人才培养的教育管理工作,在中共清华大学委员会和校长的领导下,负责建立与实施以下的工作:90年代初,为适应社会主义市场经济对人才培养的需求,筹划并实施全面的学分制;考察与学习国际上发达国家工程教育的经验,在学校实施工科人才培养规格与模式的改革,统筹与贯通工科类本科学士与硕士研究生的培养;在研究生院的工作中,实施新的工程硕士的专业学位,在博士生培养的工作中,注重培养质量的提高,处理好博士生培养工作中质量与数量、博与专、学术成果与应用研究等若干重要的关系;在面向千禧年来临之际,开展教育思想的大讨论,同时开通了主讲教授与骨干讲员的岗位设置,鼓励大批优秀教师到人才培养的第一线担责效力,等等。回望这些改革实践的过程,记述当初的想法、介绍这些实际操作,梳理其中的思想来由、可能成效和面临的问题,并为今后校内工程教育史料汇集和理论研究,提供留存的记录。

21世纪来临,笔者在退出教学行政管理的工作之后,在教学工作与从事科学研究的同时,兼做一些高等工程教育的研究,先后担任中国工程院的教育委员会成员、国家工程教育专业认证专家委员会常务副主任、国际工程教育学会联盟(IFEES)副主席和联合国教科文组织(UNESCO)国际工程教育中心咨询委员会委员等兼职。在这些岗位上,有机会比较深入地学习与接触国际上众多不同类别与模式的高等工程教育,对于培养目标、人才培养的规格和要求以及对工程教育的专业认证、专业-学科与大学建设的评估、教学环节与课程评估和质量保证、大学如何专注人才培养与学生发展、现代工程师的培养之路、工程教育专业认证的标准和高校的分类分层发展的策略以及工程力学专业的改革发展等,有机会作比较深入的思考,并在学习、交流、比较和实践基础上作进一步探究。集中到一点,便是对大学的本质功能和中国科技人才培养的道路的思考。

本书绝大部分文章选自作者(含合作者)在公开的刊物和书籍、报纸上发表的文章,以及少量早年在校内印刷刊物发表且可公开交流的文章,但不包括作者在外文刊物和会议文集上的文章。文集按文章发表的时间顺序排列。因文章取自原出版物的时间跨度近三十年,部分论文体例可能不合当前论文刊印标准的要求。在时间顺序上,大致可分为大学工程教育改革的记述与回溯、高等工程教育的学习与体验,以及在学习研究基础上的思考。这也是本书定名为《记述与思考——余寿文工程教育文集》的原因。

笔者在从事的高等工程教育工作中,得到历任校党委书记与校长的大力支持, 还有教务处、研究生院、教育研究院等各部门同仁的合作,有若干篇文章就是这种合作研究的结果。王孙禺、乔伟峰、李颖、朱盼等老师和清华大学出版社同仁在此文集出版中给予宝贵的帮助,在此一并表示衷心的感谢!

余寿文

2020 年 7 月 24 日 于北京清华园

目　　录

深化教学改革　服务经济建设

邓小平同志的重要谈话、中央政治局会议和李鹏总理在七届人大五次会议上的政府工作报告都强调,必须牢牢把握党的基本路线,加快改革开放步伐,把经济建设搞上去。同时指出,加快经济发展,必须依靠科技和教育。1992 年 5 月,清华大学召开了第 19 次教学讨论会,主题是:全面贯彻落实党和国家的教育方针,进一步深化教学改革,提高教育质量,更好地适应和服务于经济建设。

几年来,学校在努力巩固和发展安定团结的政治局面的同时,坚持"一个根本(学校的根本任务是培养人),两个中心(教育中心、科研中心)、三个结合(教学、科研与社会主义建设相结合)"的办学方针,切实加强和改进了各方面的工作,取得了可喜的成效。根据 1988 年制订的《清华大学综合改革与建设方案》的精神,在 1991 年底,实施深化校内管理改革的方案,进一步调动了全校教职工的积极性,也为进一步深化教学改革、增强学校内部的活力打下基础。90 年代,是我国发展的一个关键时期,也是我校建设发展的关键十年。抓住当前有利时机,深化教学改革,关键是要解决好教育与社会经济发展的结合,使学校教育更好地适应和服务于经济建设这个中心。

几年来,在教学改革方面取得了一些进展,但仍然存在许多不适应的情况:①学生的全面素质不适应。有的学生思想素质不理想,解决工程实际问题的能力训练不足,创新能力的培养上存在差距,经济观点、竞争意识有待加强。②学生的择业志向与社会需要之间存在相当的差距。有些经济建设急需人才的岗位,输送毕业生的数量不能满足需要。③运行机制中存在不利于调动教与学两方面积极性的因素。在学生管理中,主要问题是"包"得过多,缺乏合理的淘汰机制,经济资助方式存在平均主义的弊端,导致某些学生缺乏学习的压力和动力。

为了深化教育改革,提高教育质量,更好地适应经济建设的需要,我们正在进一步研究下列问题：

1. 以教育方针为指导，对培养学生的思想素质、业务能力、知识结构是否适应今后经济建设的需要，教学内容、体系和方法是否适应科技发展趋势和世界范围内的经济竞争、是否适应改革开放的需要等方面，进行比较系统的研讨和总结。

2. 继续加强和改进德育工作，认真落实《清华大学本科生德育实施纲要》，使培养的学生能经受改革开放和国际竞争的考验。

3. 深入进行教学内容、体系和方法的改革。这是当前提高教育质量的核心问题之一，我们准备采取的措施有：①有计划、有步骤地抓好一些重点系列课程的改革和建设；②在教学内容、体系中积极引进各专业领域的最新知识和先进技术；③发展跨学科的教学，扩大学生的知识视野；④加强人文社科、经济管理知识的教育，改善理工科学生的知识结构；⑤继续大力普及电化教学、计算机辅助教学(CAI)等现代化教学手段，等等。

4. 把教育同生产劳动相结合贯彻到教学的全过程。校内的工科、理科、文科和经济管理学科都要结合本专业的特点，探讨教育同生产劳动相结合的相应形式。建立一批校外的基地，教师要到生产第一线，参加到企业的技术改造和高新技术产业的发展中去。

5. 完善教学管理运行机制，调动学生的积极性。在学校管理上，要努力改变一切由国家“包”下来的机制；在教学管理上，要健全淘汰机制，研究改进交纳学费的办法和经济资助的方式，把贷学金制度用好。

师资队伍的建设，是关系学校全局的重大问题。我们将在今年作为专门问题研究，提出解决这一难题的对策。

（原载《高等工程教育研究》1992年第3期）

全面贯彻教育方针为经济建设和社会发展服务

在经济体制正在发生根本性变革的形势下，要逐步建立起与社会主义市场经济体制和政治体制、科技体制改革相适应的教育新体制。招生、专业设置、课程设置、毕业就业体制等都应适应或反映社会主义市场经济，为经济建设服务，也要为社会主义精神文明建设服务，更要注意适应当代科学、技术、文化发展的新趋势，着眼于未来。在建立新体制过程中，要注意教育的特点，按照教育规律办事，例如在高等教育中，基础学科的教学与研究同应用学科的教学与研究以及技术开发，情况就有区别，因而反映市场经济需求程度、途径和方法，必然有差异。我们应在小平同志“教育要面向现代化、面向世界、面向未来”的战略思想的指导下，正确处理教育与社会主义市场经济体制的关系。

去年，我们学校在学习邓小平同志视察南方讲话的基础上，5月到6月用两个月时间，召开了全校第19次教学讨论会，学校把开好这次讨论会作为贯彻小平同志视察南方谈话精神、加快学校改革开放步伐的一个大的动作。讨论会的主题是：全面贯彻教育方针，深化教学改革，提高教育质量，更好地为经济建设和改革开放服务。干部、教师参加了讨论，学校组织了七个全校性的专题讨论会，学校正、副校长，正、副书记和各系正、副系主任、书记都分别参加了加强德育、课程内容体系改革、教育与生产劳动相结合、改进管理运行机制等有关的专题讨论。暑期全校干部会又着重研讨了校内综合改革和教师队伍建设问题。大家取得了这样一个共识：现在学校工作头绪很多，但要抓住“培养人”这个根本任务，这一点无论在什么时候，无论在什么情况下，都不能动摇。为了保证“培养人”这个根本任务的完成，学校要搞好综合改革，包括教学、科研、产业、后勤和内部管理体制改革。当然，抓“培养人”这个根本，并不意味着放松抓产业和开发。去年学校在抓好四项教学基本建设的同时,采取“分流”的办法,校办产业还是有不小的发展。总之,教学和产业这个关系要处理好。

经过讨论,学校提出,衡量校内各项改革措施是否成功,是否正确,应该考虑这样几条标准:是不是有利于保证教学,培养大批德、智、体全面发展的建设者和接班人这个根本任务;是否能使学校的学术、科研水平不断提高;是否有利于两个文明建设,使学校的改革和开放能为促进社会政治稳定和经济发展做出直接贡献;是否能使学校的经济实力和总体实力不断增强,使广大教工的待遇得到稳定的提高,有利于学校对人才的吸引,使队伍更加精干,结构更加合理;使教学、基础研究、管理队伍能够安心做好本职工作。

去年10月,党的“十四大”明确提出建立社会主义市场经济体制的目标。11月,全国高教工作会议指出,在高等教育的改革和发展中,体制改革是关键,教学改革是核心。面临这样的形势,学校如何适应?通过学习、讨论,在校内初步取得了以下几点共识:在新的形势下,全校仍然要以“培养人”为根本任务,以教学为各项工作的基础;人才培养要适应社会主义市场经济和科技、文化发展两方面的需要,全面理解和体现教育的多方面功能;要遵循教育规律,提高学生全面素质和能力;要以教学内容、体系、方法改革、知识结构更新作为今后几年教学改革的核心,抓出成效。

按照这些要求,近期教学改革准备抓好以下几项工作。

一、继续深化教学体系、内容、方法改革,调整知识结构,改善学生素质

学校近期有重点地分批搞好对学生质量全局有重大影响的七个系列课程的改革(外语、计算机、物理、数学、机械设计、经济、力学),每学期抓1~2个系列课程的改革。其中,外语教学模式由以培养阅读能力为主转为读、写、听、说综合语言能力的培养;理工各专业计算机教育重新规划为三个层次的课程系列:计算机文化基础、计算机技术基础(硬件、软件)、计算机应用基础(信息、图形处理、CAD技术等),学生95%以上具有60字符/分钟的盲打水平,五年人均上机300小时以上,计算机开发应用能力有很大的提高。本学期召开全校性的机械设计及普通物

理系列课程改革工作研讨会,还要酝酿和准备经济系列课程的改革和建设,下学期召开工作研讨会。

二、进一步搞好专业和学科建设

配合全校学科建设,搞好本科的专业、学科的调整与改革,是今年教学改革的一项重点工作,要根据市场经济和科技迅速发展的需要,调整现有专业的方向和布局,改进部分系、科的体制,增设必要的新专业、新学科。从本学期开始要分步骤地研究解决以下几方面的问题:部分专业的面向(包括名称)过窄,招生、就业相对比较困难,要根据经济建设和招生、就业的需求,研究确定拓宽专业的具体方案;有些专业交叉重叠,体制不顺,需要在院、系设置调整上进行调查分析,例如水土(水利与土木)结合、机电一体等已是实际上形成的趋势,现行体制如何与之相适应,需要研究逐步解决;根据经济和科技发展的趋势、需要展望21世纪,在生物技术、信息技术等方面,着手研究设置少量的新专业或新学科的可能性。新建立的工业工程、国际金融与财务专业,1993年秋季开始招生,本学期要认真做好教学计划落实和招生准备工作,并为新专业的建设增加必要的投入;专科和第二学位专业,要采取“适应社会需要灵活设置”的原则。

三、加强教学、科研、生产实践相结合,搞好实践基地建设。要以教学、科研、科技开发相结合为目标,改进教学的布局

各系要从人才培养出发,有组织地承接工厂、企业横向联合的科研、开发、技术改造、新产品研制等项目,并以此为基础,有重点地抓好一批校外实践基地的建设(如建筑、电子、计算机、机械、经济、汽车等系)。继续抓紧校内基地建设。配合课程建设和教学内容、体系、方法改革,今年要适当集中投资,重点抓好计算机硬件基础、机械设计、物理、化学等教学实验室建设。本学期要组织力量对专业教学

实验室的状况及存在的问题进行调查,在调查基础上,订出建设规划,排出顺序,按顺序分期、分批地由校、系共同负责进行重点投资,逐步改善条件。

进一步改进、完善现有的实践环节。继续坚持积极、稳妥地进行实践试点工作。搞好上一批试点班级的总结交流。积极研究、部署本年度的试点工作安排。

四、稳定教学队伍,保证基础课教学质量

本学期要继续采取措施,稳定教学:扩大公共基础课教师来源,可实行跨系、跨教研组招聘,有的也可面向全国招聘;继续改善和提高教师的待遇,按各类教师津贴与奖酬金的平均水平,由校、系共同给予补贴,其中基础课课时补贴按比例提高;在全校主要公共基础课中建立岗位责任制,课程负责人按正教授岗位设置,至少任期三年;设立教学研究基金,为当前以教学为主的教师开展教育科学研究提供一些条件;加强青年骨干教师和年轻课程负责人的培养,在全校公共基础课中选 30 名优秀青年教师,增发特殊津贴;助教博士生每学期由所聘教研组及教务处共同培训一次;继续在住房、职称评定等方面对基础课教师实行倾斜。从长远看,为保证基础课教师走教学和科学研究相结合的道路,本学期要组织力量对数、理、化、力、机、电等基础课教研组的教师来源、教学、科研、教学研究、教学管理及体制进行调查研究,提出改革的意见和方案。

五、改进教学管理运行机制

改进和完善学分制是下一步教学改革的一个重要问题。作为试点,在 1992 年四个理科系研讨学分制和修订教学计划的基础上,继续落实实行学分制的方案,其中课程总量合适、条件成熟的可以试行弹性学制。其他各系也要积极研究完善学分制的办法。条件成熟时召开学分制工作专题研讨会。本学期初拟结合教学计划调整改变学分计算办法,由以课内外周学时变为以课内周学时计算学分。

进一步搞好因材施教工作。完善校优生选拔培养条例。对有各种特长的学生,采取更加灵活的教学管理方式,包括单独制订培养计划、放宽转系、转专业和

跨系选课的限制,通过考试免修某些课程,允许经批准不听课、完成作业、参加考试,取得成绩和学分。

完善淘汰制度。制定同类课程的统一考试要求及评分标准;组织试题库的开发工作;第四学期后实行中期筛选。今后重修、重考实行收费,严格执行违纪处分的规定。

建立全校本科生的跟踪体系。在 1992 年将全部本科生成绩输入计算机的基础上,制定跟踪目标体系,及时了解学生在校学习期间的变化情况,总结教育规律。

六、继续搞好学风建设

要研究当前形势下学风方面出现的新问题,深入开展建设、评选优良学风班的活动,争取学风建设有新的进展。1992 年有 214 个班提出申请,62 个班被评为优良学风班。

学校要继续保持良好学风。今后,对于学生参加科技和劳务性勤工俭学和有偿服务活动,学校将创造条件给予支持和指导;学校不提倡学生以各种方式进行经商活动,禁止学生摆设摊点。前一时期,有的舆论工具引导讨论学生“下海”经商,认为这样做可以增长才干。但我们认为:学校要积极推进教学改革,在专业设置方面,更加适应社会主义市场经济与科技发展的需要;展宽专业面,在学习能力和知识结构方面,进一步增强学生的经济知识、环境保护知识、外语与交际工作能力,提高学生的全面素质;在课程体系内容改革方面,要进一步优化课程系列,深入开展教书育人活动;在加强学校与社会联系方面,进一步推进产、学、研的结合;在科技与劳务有偿服务方面,支持勤工俭学和有组织的社会调查实践;在招生和就业方面,深入进行改革等等。这才是遵循教育本身的规律,使学生在更深的层次和更广的范围内,去适应社会主义市场经济体制对人才的需求。学生自己“下海”经商,与教育本身必须具有教、学、环境三个要素的要求是不符合的。在学校中,不宜提倡这种急功近利的活动。要教育学生十分珍惜学校这样一个育人环境:严谨、勤奋、求实、创新的学风,孜孜以求、奋斗不息的敬业精神,实事求是的科学作风,民主、团结、廉洁奉公的良好风气,文明优美的校园,互相磨砺切磋的学术气氛。这些风气的培育与养成是多年来一代代师长、学子相传形成的。青年人置身于这样的校园氛围中，接受陶冶，茁壮成长。在新的社会改革的大潮中，我们还应该强调要爱护校园中这种良好的育人环境，大家都来培育它，不让它受到伤害而变形，这是我们清华师生肩负的责任。

七、加强和改进德育，搞好政治课和人文社科课的教学改革

进一步明确将现有的四门政治理论课列为校重点课，加强建设，进行课程体系、内容和方法的改革。本学期重点进行“中国革命史”课程的改革试点。通过该课的教学使学生能够正确了解中国的过去，如实把握中国的现在，科学预测中国的将来。其特点是以史论为主讲中国革命史，改变过去只讲历史、缺乏观点的状况；同时也避免了与中学历史内容重复的矛盾。

哲学课，通过研讨明确了教学基本要求，统一了教学大纲，加强了集体备课，课堂秩序有好转，到课率多数在 95% 以上，但听课率在 30% ~ 50% 之间。有待进一步改进教学方法，增加课堂讨论，多让学生参与。

人文社科课是政治理论课的重要补充，课程重点放在加强爱国主义、人生观和道德教育，加强中华民族优秀传统文化教育，为适应社会主义市场经济和社会发展需要，加强学生经济知识方面的教育。经文科委员会确定为五组课程：“人生观与伦理道德”“文学与艺术”“历史与文化”“经济与管理”“政治与社会”，可供学生选修。

（原载《北京高教研究》1993 年第 2 期）

以学分制为契机充分调动教与学两个积极性

我校有重视教学和人才培养质量的好传统。但前一个时期也受到一些负面影响。一年多来,从中央到国家教委有几个重要的文件对我们的工作有很大的推动,一个是《纲要》,一个是全教会文件,一个是关于加强德育工作的若干规定。这些文件的贯彻实施,对于我校培养人及学校领导把主要精力放到培养人的工作上来,对于学校开展正常的教学工作,深化教学改革,提高教育质量都起到了很大的保证和推动作用。

1992 年学校开展了四年一次的教学工作讨论会,那时正是教学工作困难的时期,什么教授卖馅饼、学生经商下海闹得沸沸扬扬。我们通过讨论,明确提出不鼓励学生经商,并旗帜鲜明地做这个工作。到了 1993 年,我们又明确提出抓教学质量是学校的主要工作,要像中央抓农业工作那样抓教学工作。从 4 月 13 日到 5 月底,开展了全体校级干部下系检查教学质量的工作,一方面是检查,一方面也是学习和发现各系重视教学的事例和措施。根据检查结果,我们做了一个基本估计,学校存在着教学质量滑坡的潜在危险,同时也看到了通过教学改革能够提高教学质量的巨大希望。在调查时我们在电子系看到三年级以上有 1/3 强的学生在实验室搞研究。电子系是我校招生考分最高的一个系,同时也是中关村一些公司最愿意挖人才的一个系。这么多的学生放弃赚钱,甘心在实验室钻研,这是为什么?他们说,我们更愿意求知,多一点实践的机会。我们从中得到启发,怎样发挥学生学习的积极性?以往我们对此估计不足。通过调查和讨论,我们认为希望与危险并存,提高教学质量的契机就在于如何调动教师教和学生学的积极性。我们从提高学分制的管理入手,经过一年多时间的准备,从 1994 年 9 月起,全校 10600 名学生全部进入学分制的运作状态。

实行学分制以来,总的态势良好,有几个好的情况。第一,学生学习的积极性提高了。学校建立了选课中心,开发了供全体学生选用的选课系统,每个学生手上都有一张课表。在转轨期间,也出现一些不协调现象,但学生们说,这是为了我们好,表现出很大的理解和配合。宣传教改及学分制运作情况的《新清华》小报,连续十几期,只要一出版就被学生一抢而空。转轨后,改善了原来许多课程配置不合理的现象,辅修课全部放开,增加了23门课,增纳3000人次,一些热门课程如计算机、经济、人文等,学生选课人数是我们能接纳人数的6~10倍。总的来讲,转轨基本顺利,工作还要加速。随着课程数量增加,质量提高,以及一些实验室、计算机房延长开放时间,学生学习的积极性大大提高,学生的注意力更多投向校园,这与一年前相比是一个很大的变化。另外,我们把对教师的工作量计算改成教学岗位聘任制,既有量的要求,又有质的要求,把1400人教学编制压缩到1100人,把一些课改成大课,余出一部分年轻教师去搞科研,原来有些基础较好的一二年级学生总感觉吃不饱,通过自主选课,很快地改善了他们的学习环境。

实行学分制,学生自主选课,流动性很大,班级还能不能存在,还能不能发挥作用?实践证明,班级不会散掉,我们把以往管理研究生的经验移植过来,照样评选优良学风班、先进班集体、先进团支部。如果实行学分制后就把班级搞散了,那就不可取。实行学分制后,教书育人的工作怎么做?以往似乎都是班主任、辅导员的事,现在更应发挥选课老师的作用。我们提倡选课导师除了上课以外,每学期还要和所教的学生谈一两次话,了解学生的心理状态和要求。搞教学改革,实行学分制,也同样调动了广大教师的积极性。学生一选,教师就坐不住了,教师要把自己的课程搞得最好,最符合发展的要求,学生才会选你的课。数学系就正在讨论21世纪的课该怎样教,把什么样的内容放进来。总之,这一年来,领导对教学的投入增加了,以实行学分制为契机,调动了广大教师和学生投身教改的积极性。最近我们设立了新的教学岗位,投入了100多万元,让教师在搞好教学的基础上,在收入上也有较大的增长。

下一阶段我们打算做这样三件事,第一,明确面向21世纪的教学内容体系、学生的素质以及我们对于这种课程体系改革的指导思想。我们计划把本科生和研究生的培养统一考虑,找出一种合适的培养模式。第二,探索创新精神、创新能力的培养和学生的全面发展及因材施教的辩证统一。我们学校的生源很好,怎样能更多地培养出一批有各方面才能的优秀人才,这是我们教学中还没有很好解决的问题。第三,研究怎样在新形势下加强做好教书育人的工作。怎样把教师、班主任、辅导员及各方面的力量集中起来,把对学生的教育蕴含在我们的课程体系改革之中。我们正讨论怎样把马列主义理论课和人文社会科学选修课这两大系列的课作为提高学生人文素质和加强德育的重要内容,充分发挥这两类课的作用。

总之,我们学习并深入理解国家教委对当前教学工作的总体估计,近一两年来确实在升温。只要领导把精力集中在教学上,事情就好办一些。这一年多,我们想方设法,在教学方面的投入比前年提高约25%。领导重视教学,大家都来抓,舆论上去了,阻力就小了,该投入的想方设法也要投。当然,我们还是要呼吁国家对高校的投入应有较大增加,在这个前提下,学校的领导要把教学工作当作第一件大事来抓,这样,办法就有了。

(原载《中国高等教育》1995年第1期)

面向未来　适应发展　深化改革

1994年,清华大学以全面推行学分制作为学校的重点工作之一,从秋季学期开始运作以来,达到了预期的效果。回顾以往,前瞻未来,本文就教育教学改革如何深入发展谈几个问题。

一、教育要适应情况的变化

随着我国“科教兴国”战略的实施、经济体制改革的深入和科技的综合化,及21世纪的临近,教育作为与社会发展、科技进步和社会主义市场经济体制框架的建立相协调匹配的系统工程,必须考虑下列各项重要的变化对教育与教学改革的影响:

1. 社会主义市场经济体制的逐步建立,企业和个人在市场中的主体独立性将增强,市场对资源特别是人才资源的配置起着基础性的作用。学生自主求学、选择专业和职业将随之增强。学校与学生及其家长的关系也将逐步发生变化。

2. 科技向着综合化发展,学科之间的交叉,文、理、工、经济之间的渗透融合与集成在增强。基础科学、技术科学、工程技术之间的互相作用与集成趋势也在增强。科技领域的宏观与微观,从培养人才的角度来讲,大系统与细微尺度之间,其跨越性也增加了。由此,对学生的全面素质要求将进一步提高。

3. 随着改革开放的深入,教育的文化背景与传统也日益扩大其涵盖的范围。如何继承与发扬中华民族的优秀道德与文化传统,同时学习外国文化与教育中一切有益的精华,来培养既蕴含东方优秀文化素质又善于吸收世界各国优秀文化的一代新人,这已成为我们面临的重要课题。

4. 教育作为几千年来培养适应于各个不同社会阶段的人才的手段,从古代的孔子到近代的书院,再到革命根据地延安的“抗大”,都积累了具有东方特色的教育思想及其实践成果。在面向21世纪的信息时代,教育的手段随着计算机、多媒体与信息高速公路发展,教育的信息传输将逐步走向全球化与高速化,为适应“信息爆炸”时期的教育提供了新的手段。而新的教学手段的出现,也必然对教与学、教师的教学与学生的学习实践提供了新的条件,从而影响教学活动。

5. 更重要的任务是:在21世纪,如何培养能适应建设具有中国特色的社会主义现代化事业的建设者与接班人。这一代新人应该是热爱我们的社会主义国家、热爱所从事的事业,具有深广的基础、良好的素质和创新的精神,能团结人的优秀人才。

二、清醒认识当前教学工作中的不足

从1994年全面推行学分制以来,清华学生的学习积极性与主动性有较大的提高;并为教学改革特别是课程结构、教学体系与内容的改革,提供了广阔的余地;通过教学岗位的设置,也调动了广大教师的积极性。这些都是我们前进的依托。但我们应该面向未来,面向变化了的新情况,清醒地看到目前我校教学工作中包括教学思想上,还存在几个比较重要的缺陷。这样,我们才能正确地提出今后的任务。

当前教学中存在的三个重要不足之处是:

1. 本科与研究生培养模式中存在部分错位现象:我校本科生中的工科类型,基本按五年制培养。几年来增加了人文社会科学学时和经济管理、计算机知识与技能、外语等方面的内容与学时,尽管实践环节的课程已占了近30%的教学学时,但5年时间不足以完成今后准备成为一名工程师的基本训练;而2.5至3年时间的硕士研究生,基本模式是按“科学硕士”模式培养的。其中隐含了美国研究生学制的影响,而硕士论文创新性及科学水平的要求又高于美国,因此用去5年加上2.5年的时间,仍然达不到文凭工程师(德国称为Diploma Ing)的基本要求。我校硕士毕业生每年近千人,而到工程设计、企业单位第一线工作的不足15%。这是一个很重大的结构性矛盾与缺陷。

2. 教学中重知识与技能的传授，创新精神与创新能力的培养不足：即使在优秀生源非常集中的我校（每年60%左右的全国理工科最优秀的考生被我校录取），后续的教学环节却比较整齐划一，不利于发挥学生的积极性和根据各自不同的个性造就全面发展的优秀人才。大学一年级到四年级教学过程偏重知识的学习与技能的训练。在教学思想上，对于更多地培养各类优秀人才、发扬创新精神认识不足。而培养这样的人才正是国家交付给清华大学这一类学校的重大使命。在教育过程中，知识教学偏多，学术交流、创新活动、启发智力、切磋讨论、因材施教不足。我们应当下决心，用10年或更长的时间，锲而不舍地提出并解决这一重要的任务。

3. 教育观念需要不断更新：当前在教工中，对教书育人的认识尚有待进一步深化。在教育观念中存在一些模糊认识，诸如：①教书育人是管德育的教师的事；②教书育人的“育”是否专指“德育”，还是应包括德育、智育、体育；③并不是每位教师对“因材施教”都负有责任；④教师的主要职责是传授知识与技能；⑤培养学生创新精神与创新能力，教师事倍功半，得不到肯定等等。

因此，学习马克思主义、毛泽东思想，学习邓小平同志建设有中国特色的社会主义理论，在调查研究的基础上，联系实际，找出今后教育教学改革的重要着力点，是新一年里面临的重要任务。

三、明确教学改革的目标，总体规划，分步实施

根据上述的分析，除了在开通学分制顺利转轨的基础上，扩大开课容量、保证教学人力、实施教学岗位聘任等方面再办几件实事以外，教学改革应该面向以下几个重要的方面，组织力量，学习理论，研究措施，抓好试点。争取在新的一年里有较大的进步：

1. 工作重点应放在基础课程和技术基础课程体系与教学内容的改革上，并继续推进以相近“专业群”（或专业大类）模式的教学计划与教学大纲的调整和教学资源的优化配置

进一步调整与构建面向21世纪的课程体系，做出较长远的宏观规划，拓宽基础知识结构的“公共平台”，对某些体现素质与能力综合训练的基础课程与技术基础课，统一考虑，使之成为不断线的“长线课程”；加速基础课教学内容的现代化，

基础数学、物理课程进行“模块化”“功能化”设计，开设“基础选修课”，并在拓宽的“大类专业”范围内对技术基础及部分专业基础课程体系与内容进行调整。增设面向现代工程设计、制造与运行新课程的内容，增加体现多学科交叉渗透的“集成教学”内容，大力推进校系重点课程的计算机辅助教学（CAI）的建设。

2. 逐步理顺本科与研究生培养规格与培养模式

我校的工科在总体上应培养面向现代化工程科学与工程技术的各类高层次的专门人才。在确定共同的素质要求和基础知识的主干结构之后，其培养规格的差别应主要体现在对工程实践与研究的能力，尤其是对创新能力的培养要求上。

各系统一制定本科、硕士学位的课程要求。在实行学分制的基础上，实现不同培养规格的衔接，使学生的学习可进行“多通道”设计。而不同的培养规格，又具有明确的要求与确定的联接界面。在教学讨论中，提出了几种可能的不同的工科培养规格：6（年，下同；本科加工学硕士）；4+5（本科加直读博士）；4+1（本科，工程学士毕业）；4（理科、经管类本科）等。对少数有特殊才能与天赋的学生，放开专业，实行特殊的培养模式与安排。要分步实施，逐步增加工程类型硕士生的培养比例，保证在本科与硕士生阶段，有足够的时间参加大的工程项目的实践与研究。争取在6年或稍多一点的时间内，完成现代工程师在学校阶段的基本训练，向工程建设第一线输送更多的高层次的工程骨干人才。这些设想，应当在进一步开展深入的教学研究基础上，逐步试点。

3. 大力提倡创新精神，加强对学生创新能力的培养

必须认识到按照以往的路子，我们已经成批地培养适应当时国家建设的人才；当今，我们只有在教学思想上具有新的认识与新的举措，才能培养富有创新能力的新的一代人才。

要大力总结以往因材施教的经验；宣传教师引导学生创新是教师的天职，也对教师提出更高的要求；改进对优秀教师和“一类课程”的评价体系；逐步配备导师，创造学术讨论的环境。开设讨论班和学术讲座；开发更多的CAI课程提供给学生自主学习；提倡学生（含低班学生）参加实验室活动与科学研究；大力加强实验与实践环节课程的建设；进一步抓好学生的课外科技活动和机械、土木结构、电子、数学建模的大奖赛，大力支持以“挑战杯”为代表的学生课外科技活动，提倡学习唯物辩证法，搞好学习与研究的方法论的交流。

进一步注意选拔有创造潜力的学生直读博士生；博士生逐步做到跨二级学科培养；开展研究生学术沙龙和学术交流活动。

在观念上,注意做到全面发展与因材施教辩证地统一起来。提倡注意学生的个性的全面发展,交流培养具有创新精神的优秀学生的经验。

这是一项重要的工作,必须锲而不舍,持之以恒。抓它10年,一定会有成效。

4. 面向"优质、高效"的管理目标,抓好教学管理体制的改革

建立统一考虑本科生与研究生培养的各院、系教学委员会;组建大专业类的教学协调组织;探讨在校园网络环境下更加科学高效的教学管理组织方式。近年内以"学生选课中心"和"学位与研究生教育信息网"为依托,逐步完成对招生、注册、考试、学籍成绩管理、淘汰、考研、资格认定、综合考试、学位论文、就业等一系列与教学管理相关的软硬环境的建设,以适应今后教学工作与人才培养的需要。

在"科教兴国"战略的指引下,我们应当善于观察客观情况的变化,慎于选择和综合,精心设计与调整新的支点以实现新的平衡,强化创新精神的校园培育环境。在新的世纪即将到来之际,为国家培育出更多的适应社会主义现代化建设事业的优秀人才,这是长期从事高教工作的园丁们的光荣责任。

(原载《北京高等教育》1995年第3期)

研究新的变化　建立新的平衡

——美国部分著名高校教育考察报告

余寿文　张　玟　袁德宁　张再兴

1994 年 4 月 6 日至 26 日，清华大学考察团赴美国进行了以学分制为主要内容的教育考察，先后访问了麻省理工学院(MIT)、哈佛大学、密西根大学、伯克利加州大学、斯坦福大学 5 校，其中重点在 MIT 深入考察访问 1 周。这次考察受到各校的热情接待，特别是 MIT，对考察访问做了十分周到、紧凑的安排，正副校长、教务长均安排了会见与交谈。这次考察除与各校有关领导(如 MIT 正副校长、理学院院长，哈佛大学常务副校长及文理学院院长，密西根大学常务副校长、文理学院及工学院副院长，斯坦福大学工学院副院长等)会见外，活动重点放在基层实地考察：听本科生大课，参加各种讨论课，和学生一起用餐，参观实验室、注册及选课现场、图书馆，访问各方面教授、学生及教务管理工作人员。这段时间正值清华校庆，大波士顿地区校友会为代表团举行了盛大的 83 周年校庆聚会及欢迎会，我们还会见了波士顿地区、安阿伯(Ann Arbor)、旧金山等地各个时期的校友(包括新竹清华)100 余人，在与他们的接触中获得了很多信息和教益。此外，我们还应硅谷地区 Tandem 电脑公司、Lattice 半导体公司的邀请，参观访问了 Tandem 公司教育培训中心和 Lattice 公司设计部，初步考察了公司的科技产业与教育结合的问题。

一、主要印象

对各校本科教育印象较深的几点:①每所大学都有明确的作为大学生素质培养的基本要求,包括自然科学、数学、人文、技术、写作等,约占本科学分的一半。②教学上的灵活性、多样性,鼓励学生创新精神与个性特长的发展(系科选择放开,专业随社会经济发展变化而兴衰起伏;各校有自己的办学特色和教育思想)。③教学科研结合比较紧密,师资水平高,教授都要既搞研究又必须上课,没有不上课的教授;相当比例的本科生参加各种研究工作。④教学、科研设施充裕先进,经费投入比较充足,保证了学分制与自由选课和各种教学研究与实验的实施。具体分述如下。

1. 学分制实施与导师指导

各校都实行学分制,其灵活性主要表现在:理工、人文、医、法等各个大类都有其共同的基础,在此基础上,学生可以自由选择主修专业并比较容易地转换主修系科,当然,要在上述各大类之间转换是允许的,但不容易。选科和选课是紧密联系在一起的,学生按照自己选定的系科,选修每学期的课程,又通过各个学期的选课最终实现选系科的目标。

例如,MIT 本科 4 年总学分 380,其中院、系必修课占 75%,限定性与非限定性选修课占 25%。第一年不分系,主要完成学院要求的必修课程,包括:物理、微积分、化学、生物、人文社会科学限选课(共 8 组每学期选 1 门);自然科学限选课;实验室工作要求;写作要求。第一年末选系科,基本学制 4 年。每个学生完成规定学分的时间不限。中途可以改选其他系科课程,除互相承认的共同课程外,需重新开始累计学分,因此转系意味着学生拿到学位将花费更多时间,交纳更多学费。根据历年统计,约有 1/3 学生换过一次系科,也有少数更换两次。这些名校的绝大多数学生都是在 4 年内毕业的。

各学院各系学生选课人数不固定,完全由学生根据自己对就业的需要和个人志趣选择,学校对热门专业人数既无上限,也无下限。MIT 的 EE&CS(电机工程与计算机科学)现在最热,每届 300 人左右(约占每届学生的 1/3),该系系主任说,大课没问题，实验可以上、下午及晚上全天安排，还没有遇到人数过多应付不了的局面；核工系每届只有10人左右主修；海洋工程选课学生只有2人，而正副教授有20人，但研究生有100人。

导师的设置：每届1000余名新生中的85%按1：7的比例设置导师，他们同时指导新生Seminar，开展各种小组活动，有请来的报告，有实验室小题目，有实地考察，通过这些活动帮助学生选系选课。15%要求有更多照顾的住校新生，导师学生比例为1：2~3。导师总数207人，其中117人是教师，80人是科研人员和行政管理人员，10人是研究生。同时还有300名高班学生担任副导师。

最早实行学分制的哈佛大学，与早期的学分制相比，现在已经有许多改变。学生可以自己选择"专业领域"（Concentration）。但各个"专业领域"要求的课程、学习期限及每学期应修的课程门数均有较严格的规定。新生第一年学习共同要求的课程，第二年开始按"专业领域"选课，如文理学院目前设有41个"专业领域"，每一个"专业领域"都有规定的课程。约有25%的学生改变他们的Concentration选择，或在自然科学、人文科学内部转换，或在完全不同的领域间转换。每年约有25%的学生暂时离校，或到其他地方求得学分，或工作、旅行一个学期、一个学年，或注册一些无学分的课程。规定正常修课速度每学期4门，不能少于3门，超过5门者必须经过批准。不满8个学期提前毕业的学生，或者是属于认定的优秀生，或者属于具有转学学分的转学生，或者是经特许每学期修课超过4门的学生等。注册的8个学期内未获得学位者，可以经有关部门批准增加一个"第九学期"，但第九学期内不提供住房和奖学金。关于学分制的利弊，校方认为这种制度本身是有弊病的，如有的学生选容易的课、"混学分"，好在哈佛大学多数是来搞学问的，而且学费昂贵，混的只是很少数，可不予计较，另外，学分不能区分课程的难易，也不尽合理。

在选课方法上，各校目前都还没有建立学生直接使用的计算机选课系统，而是由学生事前填好选课单，教务人员利用计算机，指导协助学生选定课表。如密西根大学选课中心设有26个终端，配26名教务人员，每位学生每次选课15分钟左右，共11天时间，在人工干预下，完成下一学期课表的选定。为提高效率、方便学生，该校下学期开始可以用电话选课，学生无须排队选课了。有的学校计划未来几年内建立学生直接使用的计算机选课系统。

2. 激励首创精神、培养动手能力的各种专门计划

学校为本科生广泛提供参加研究工作的机会，设立各种教育研究项目，这些

项目体现了许多新颖的、有特色的教育思想,如跨学科的教学,自学、研究、讨论,各种教学手段的综合运用,学生各自按一定的步骤主动发展等。例如,MIT 这类专门计划包括:

(1)UROP(Undergraduate Research Opportunities Program)即为本科生提供参加研究工作的机会,这是 MIT 在本科教育中一项有大面积意义的计划,每届学生的 3/4 在 4 年中参加过 UROP,已有 24 年历史。每个系和每个跨系实验室都向学生开放,科研工作的每个阶段都允许学生介入,包括立项建议书的书写、总体方案设计、研究试验工作、数据分析、成果总结汇报等。参加 UROP 有三种方式:取得学分,获得报酬,自愿无偿参加。大量的是二、三年级的学生,春秋季 10~12 小时/周,夏季 10 周,一年级有少数学生参加,四年级还留少数做论文。1982 年有 40% 的参加者为求学分,50% 的为取得报酬,10% 的为志愿者;1992 年,为求学分者变为 20%,求报酬者变成 80%。1993 年全校 UROP 经费开支共 400 余万元,其余大部分出自科研经费,UROP 办公室掌握一部分学校的经费支持经费困难的项目。

(2)Concourse Program 属工学院,每届收一个班 60 人,学生自愿报名。教师来自各系及哈佛大学,大多数是资深教授。如 Program 的带头人是化学学科的资深教授,他把普化、固体化学结合起来教授。物理、微积分、化学、人文各门课程都采取和大面上完全不同的教学方式,教学过程中,在较小的范围里,教师与学生面对面地交流、研讨,也有讲课,有的课配合参观博物馆,写论文。教学过程中学生的参与非常广、非常强,如 1992 年 1 月份的独立活动中,一组学生新改写了化学课的讲义。

(3)ISP(Integrated Studies Program)属文史学院,一个班学生 40 人。其宗旨是科学加人文,思考加动手,文化加技术,理论加实践。主持者认为"只有学生理解了科学与人文的关系,他们才能成长为有责任感的工程师"。ISP 人文课单独上课,由历史、物理和电子技术有专长的三位教师组织学生对美国汽车史、通信史、纺织史的自学和讨论,而物理、化学、数学等参加普通大班的教学,但由于 ISP 教师组织讨论,有专用教室,学生要参加技术学习(包括烹调、编织、打铁、做钟表、装配内燃机、通信设备等)。ISP 特别欢迎爱动手的学生参加。

(4)ESG(Experimental Study Group)属理学院。Group 带头人是生物学方面的资深教授,这个组的生物课从普化跨到分子生物学,很有特色。收 1 个班,学生 40~45 人。班里各门课程强调自学。学生可以在小组里学习和讨论,也可和教师单独讨论。班里开设高档次的选修课,如狭义相对论、常微分方程、复变函数、有机化学等。学生自己如果有新的想法,ESG 帮助找导师,找资料,找经费,师生关系极为密切,甚至学生对 Professor 直呼名字,每周一次共进午餐。组里还有许多研究生和高班生做 TA。

其中,(2)(3)(4)是专门针对新生的三个教学研究项目。

3. 加强与工业界的联系与合作

近年来,各校的工科教育及研究,开始强调面向工业界,重视工程实际。这与目前美国的科技政策强调技术为经济发展服务有很大关系。这方面密西根大学的动向引人瞩目。该校与工业界关系日益密切,主要的结合形式是校厂联合申请并承担工程研究项目。研究的主要内容是目前工业企业中非常实用的技术。由与研究项目有关的若干企业与校方共同向政府申请立项,经费由政府部门与参加企业各出资 50%,企业部门也派人和学校一起参加研究工作,研究成果厂校共享,项目完成 1~2 年内,该项技术为参加企业享有的专利。学校按收益的一定比例提成。1~2 年后可以向社会公开或转让。研究过程可以在校厂双方交叉进行,充分利用校、厂双方的仪器设备条件。例如,机械系与克莱斯勒等汽车公司及 Detroit 地区共 10 个企业,按上述方式正在开展一个“2mm 工程”项目的研究。要求通过此项技术,汽车车体各部分装配缝隙不得超过 2mm。这是一项涉及无接触测量、计算机控制、机械加工等多个领域的综合技术。参加这项工作的教授、研究生等人员中,有一半在工厂开展研究工作。承担这项任务的机械系实验室,因此也获得了充足的研究经费,整个工学院此类研究项目的经费为 700 万美元,该实验室占 350 万美元。这种研究项目的形式,在目前美国大学中是比较特殊的,但它反映了一种新的动向。

上述面向工程实际的趋势虽然还没有直接对面上的本科教育产生重大影响,但已经有所反映。例如,在厂校合作的工程研究项目中,已经有少量高年级本科生参加工作;密西根大学教学计划中不要求工厂实习,但本科生中途可以去工厂工作半年,再回校继续学习,一方面通过实习接触实际,一方面也可以做到学生、工厂互相了解、双向选择,为毕业后就业打下基础。学校设了一个专门的办公室,为学生联系去工厂实习半年的各种事宜。此外,工学院各系都设有 URE 计划(Undergraduate Research Experience),即“本科生研究实践”计划,利用每年暑假工作 10 周时间,研究一些工厂企业提出的实际课题,经费由各系的课题组及州政府有关部门提供,除本校理工科各系的本科生参加以外,也吸收其他系学生及本州其他院校学生参加。参加的学生每人都要做出总结并报告成果,做得特别好的学生,下次可以优先参加此项计划,每年学校编印一本“成果报告集”,选出优秀的成果参加全国交流,有的学生工作 10 周可以挣 2500~3000 美元。有这种经历的学生,就业时聘用单位很乐于接受。

4. 教学与科研相结合的教师队伍

MIT 及哈佛大学有一支精干的高水平教师队伍。两校教师与学生比例均为 1∶10 左右。MIT 的 5 个学院(工、理、人文、建筑、管理)1993—1994 学年度学生总数 9798 人(其中研究生 5278 人),本科生∶研究生≈1∶1.2;教师 966 人,其中教授 616 人,副教授 182 人,助理教授 168 人,助教全部由流动的 TA 担任,所有教授在担任研究工作的同时都要教课,一般每周上课 6 小时。教授薪水一半来自科研,一半由学校根据承担的教学工作支付。低年级基础课大课一般要求由资深的高水平教授担任(大课规模可达 300~400 人)。不少学校教授没有退休年龄的规定,除非自愿退休。有一些资深教授,在年老停止研究与论文工作以后,致力于各种教育研究项目(如前述的 Concourse、ISP、ESG 等)。选聘教授的主要标准是现在的成就,重视“最近一篇好论文的水平”,重视研究活动,并放手让年轻人成长。

哈佛大学 10 个学院(文理、商学、设计、神学、教育、政府管理、法学、医学、牙医学、公共健康)和应用科学分部学生总数 18694 人,正副教授 1990 人。选聘教授的原则是:广泛征集、高薪聘请各个领域的名人。

5. 比较充足的经费投入

尽管各校都声称面临经费紧张,抱怨经费有逐年减少的趋势,但毕竟目前的经费投入还是比较充足的,保证了相当优越的教学和研究条件。

MIT1993 年总经费 11.3 亿美元,如按 10000 名学生平均,人均约为 10 万美元。哈佛大学 1993 年总经费 13 亿美元(其中薪金支出占 39%,设备供应 12%,奖学金 8%),按 19000 名学生平均,人均约为 7 万美元。密西根大学全年总经费 25 亿美元,按 35000 名学生平均,人均约为 7 万美元。斯坦福大学全年经费 24 亿美元。

值得注意的是,无论公立或私立院校,学生学费收入均在总经费中占有相当大的份额。如哈佛大学(私立)1993 年总投入中,学费收入占 31%,科研收入占 25%,捐赠基金占 20%。该校历届校长发动了多次集资运动,至今学校已集资固定基金 50 亿~60 亿美元。现哈佛为全美学费最高的院校之一,每生每年收学费在

2 万美元以上,法学、医学收费更高。密西根大学(州立)全年总经费 25 亿美元中,医学院(附属医院及医学研究)收入 7 亿美元,占 28%;学费 3.5 亿美元,占 14%;科研 4 亿美元,占 16%;政府拨款 3 亿美元,占 12%;其余为校友捐赠、社会捐助及其他。学费每生每年 4800 美元,外州学生每年 17000 美元,医学院学费 20000 美元以上。

6. 现代化教学手段的结合是当前出现的一个重要趋势

随着信息化的发展,超越学校各个系科、部门,超越学校和企业之间的壁垒,甚至超越国境的全球共享信息的关系正在形成。美国一些先进的高校和公司教育中心,已经或正在采用综合的现代化教学手段,集计算机、控制、声像、图书、多媒体通信、电视教学等多种技术于一体。例如密西根大学正在建立信息集成研究中心,采用计算机、声像、图书、多媒体通信等多种技术,将全校各个学院的图书馆、计算机中心及其他信息部门联网。MIT 建有一些容量 400 人的大教室,包括各种计算机控制的电教设备、活动黑板和彩色无尘粉笔,并能实时录像,某些重要课程的录像带,学生可以到图书馆借用。硅谷 Tandem 电脑公司教育中心设有先进的多媒体教育信息网络,可以通过计算机网络和卫星教育电视频道调用斯坦福大学等高校有关的课程及教材内容,以及世界许多国家和地区有关的技术资料和信息。各国经济向全球化和信息化方向发展的趋势,必将进一步深刻地影响教育的结构和教育方式。

二、几 点 看 法

综合考察的印象,结合我国的国情,我们提出以下几点看法:

1. 适应新的变化,建立新的平衡。MIT 校长认为:“美国高等教育处于变化的时代:冷战结束,经济竞争的挑战更加突出;少数民族及女生比例增加(MIT 前者占 44%,后者占 1/3);科技发展速度加快,知识经常出现‘突然的变化’。适应变化,需要寻求知识结构和组织结构(分析与综合)新的平衡,要更加强调综合的重要性。”上述变化很多是全球性的、共同的。MIT 研究和教育都强调适应市场经济发展需要,哈佛研究工作更强调长远,不强调依赖眼前科学技术与社会的变化。美国未来学家阿尔文·托夫勒(Alvin Toffler)在《第三次浪潮》一书中写道:“我们今天是站在一个新综合时代的边缘。”我国由计划经济向社会主义市场经济转轨，本科学生培养必然要适应社会发展与经济体制变化的需要。学校的学科建设、人才培养模式、系科的组织结构，要更加注意多种学科交叉、多方面知识综合，组织多学科的综合研究，发展跨学科的教学，拓宽专业面。教学上要更多地强调联合，有条件的可以调整组织结构（如建立学院），有的也可以先在现有体制下进行，共同性课程打通，按大类开设通用性课程，扩大课程互选。逐步地向按专业大类培养学生过渡，专业方向要进一步淡化，并应由学生选择。

2. 大力加强创新精神和动手能力的培养。清华大学教学严谨，学生基础知识扎实雄厚，这是我们的长处和优势，也是几十年来教学改革成果的积累。但同时我们的弱点也恰恰隐含在这个长处之中。总体而言，我们的学生创造性不足。美国的社会（包括高校）鼓励发明创造，重视青年首创精神的培养，很值得我们借鉴。我们应该扬长补短，在加强基础、严格教学的同时，为学生创新精神和能力的培养提供机会和条件。因材施教的重点也要放在创新精神与能力培养上，不能单纯地靠上课、做题、读书、考试。要完善培养本科生创造意识和动手能力的各种实践计划，并形成制度。如学生参加研究工作、课外科技活动、创造性设计课、几个设计大奖赛等，也可以组织一些讨论式、研究式教学方式的试验性小组，这些环节要加以总结整理，使之成为一种“机制”。这项工作可以聘请一些有志于培养学生的资深退休教授来主持。在教学指导思想上，要有新的变化，相应的教学改革也要有新的导向。另一方面，我们也注意到，强调个性发展的美国高校，现在也提出要加强学生社会责任感和群体意识的培养，以适应时代的需要。我们对学生集体主义的培养教育是有特点有优势的，在实行学分制的条件下，应当继续保持和发扬，要在“推行学分制，保留班级制”这一新情况下，进一步加强和改进德育，实现全面发展与因材施教的统一。

3. 稳定本科，协调发展。美国几所研究型大学中，科研和研究生比例较大，研究生培养要求及水平较高，本科教育相对薄弱一些，“重科研轻教学”的问题，不同程度地有所反映。校方采取各种措施（如规定大课必须由高水平资深教授主讲、教授必须上课、教学经费投入比较有保证、教学设备充足等）保证本科教学。我校本科教育的规模和地位更重要一些，只有把本科教学这个根本稳定住，才能更好地提高研究生水平、发展科学研究，使学校各项事业协调发展。稳定本科，是办好世界一流大学的基础。

4. 改进人才培养模式。美国高校在校期间不强调专业训练，其重要背景是：经济结构中私有企业封闭性很强，公司有很强的专业培训机构。我国国情不同，企业的主体是全民和集体所有制，并且大都不具备专业培训条件。在校期间需要进行一定的专业才能训练。但是，计划经济体制下形成的较窄的对口专业教育，使学生知识面窄、适应性较差，不能适应社会发展与社会主义市场经济条件下对人才素质的要求。人才培养模式要受到今后“下游”（人才需求）状况的制约。在我国目前条件下，既不能固守原来意义下的对口专业人才的培养模式，也不能盲目地接受转为“通才”的建议，而应该在保留宽广基础上加强能力与创新意识的培养，加强工程实践与科学实验训练。教学上应坚持拓宽知识面。今后清华各系是否原则上应不再划分专业，可设若干专业方向，同类（如电子、水土、机械）专业的基础性课程进一步打通，专业方向课组要淡化。加强教学上的联合，利用学分制造成的灵活的环境，实现学校的资源共享（包括教师、设备等），提高办学效益。

5. 完善学分制，增强灵活性。美国高校学分制的重要特点是选系（选课）放开，为每个学生提供机会和手段，满足他们的需要和志向。这一点我们目前还不能做到。当前只能在系和拓宽后的专业已定的前提下选课，用很大的力量调动教师的积极性，抓好课程体系、内容与方法的改革。同时，进一步开通第二学位、辅修学位、辅修课组、跨系选修课，作为学生专业选择上的一种补充措施。学校要采取措施，切实增加一些经费投入，保证热门课程（如计算机、信息、经济管理等）能扩大容量、满足学生要求。一年级公共基础课程，在多大程度上引入选修机制，还有待通过实践进一步总结改进。

6. 按新的思路搞好师资队伍建设。学分制的实施，要求教师队伍有相应的结构和工作机制。美国高校选系选课之所以能放开，充分满足学生需要，一个重要条件是教学上所需教师是有保证的，其基本结构是精干的、教学与科研结合的固定队伍（正副教授），加上相当数量流动的助教。我校要满足科研和研究生发展及本科开通学分制的需要，总体上教师队伍的建设不能采取按现有结构模式“延长与或相似放大”的办法，而应有新的思路。教研要结合，教授要上课，要聘请名师和有丰富教学经验的教授上讲台，并尽快让年轻人上来，逐步改革教研组体制，分别形成固定和流动两支教学队伍等，这些都需要在新的思路下认真研究。

（原载《高等工程教育研究》1995年第2期，与张玫、袁德宁、张再兴联合署名。张玫，清华大学物理系副系主任、教授；袁德宁，清华大学教务处副处长、副教授；张再兴，清华大学计算机系副系主任、副教授）

发展工科优势　加强理科建设

——清华大学理学院重建十年后的思考

一

清华大学理科教育有着悠久的历史，早在1929年清华大学就创立了理学院，并曾培养造就了许多知名科学家和学者。据1981年统计，当时中国科学院共有学部委员(现称院士)638名，其中有清华大学(含西南联大)校友240名。1994年中国科学院首次聘任六位外籍院士，其中四位(杨振宁、李政道、陈省身、林家翘)为清华校友。1952年全国高校院系调整时，清华理学院各系分别并入其他兄弟院校。经过30多年的漫长空白之后，学校根据教育要面向现代化、面向世界、面向未来的指导方针，先后成立了应用数学、现代应用物理、化学及生物科学与技术四个系，并经国家教委批准，于1985年正式恢复重建清华大学理学院，并请周光召院士兼任院长，迄今已十年了。

十年来清华大学理学院在学校和主管领导部门的支持下，取得了显著的成绩：

1. 理学院为全校本科生、研究生开设的基础课教学质量取得稳步提高，并为进一步进行课程体系、内容、方法改革积蓄了力量与经验。其中包括为今后建设高质量的研究生学位课程准备了条件。

2. 理学院的学科建设已初具规模。科学研究水平上升的速度也较快。现有17个硕士学科点，8个博士学科点。其中生物物理学为国家重点学科。还有物理学和数学两个博士后流动站。共计有6个国家重点实验室、国家教委开放实验室及工程研究中心。有一些科研成果受到了国内外的关注。从清华大学的实践可以看到,理科与工科相互交叉合作,无论在学科建设或人才培养方面,都将有广阔的前景。

3. 四个理科系教师队伍的结构和水平有所改善和提高。目前共有教师总人数363人,其中中科院院士1人,教授95人,副教授149人,有博士学位的40岁以下的青年教师67人。具有博士学位的青年教师比例逐年增长,教师逐步走上了既搞教学,又搞科研,注重水平提高的发展道路。

学校理科系和理学院的恢复重建,以及经管学院、人文社会学院的相继成立,标志着清华大学进入了一个新的发展时期。

二

回顾清华大学理学院的历史和重建后十年来取得的成绩,我们清楚地认识到,建设一流的理科,是建设一所现代世界一流的综合性、研究型、开放式大学的必要条件。这是因为:

1. 从当代科学与技术发展的特点看,在现代一流大学里,理科和工科不可分家

科学与技术既有同一性,两者相互依赖和相互转化;又具有差异性,要各按自身规律发展。在当代,科学与技术相互作用的周期越来越短,以致交叉重叠进行。两者之间相互融合、相互影响已成为其发展的重要特点。并且,科学对技术、生产的关系,已经由以往的相对从属地位,演变为今天日益明显的主导地位,即依靠现代科学去发展高技术,然后占据产业的高地。

对21世纪生产力将带来巨大变革的高技术群的发展进程取决于相关科学前沿的研究进展。而这些科学前沿研究应是超前地、相对独立地进行。现代综合性、研究型大学理应成为这类研究的主要承担者。

因此,一个现代一流大学,从它既是教育中心,又是科学中心的作用来看,必须坚持理工结合,相互支持,相互促进,这样才能达到一流的目标。

2. 从现代高质量科技人才培养的要求看,理科基础科学训练是工程教育的重要基石

在现代工程教育中，数学和自然科学基础知识和能力培养的重要性，已越来越被人们所认识。翻开近几十年来的科技发展历史，凡意义重大的创新成果，大都出自理科基础功底深厚的人。一些世界著名大学的教育家，以及有远见的企业家，都谈到现代科技人才的持久创造力，来自对数学、自然科学和人文社会科学知识的深入掌握和能力培训。今天的工程师，已不能满足于从事一般的技术改革，作为一个整体，要求他们能设计和创造出基于新原理、新概念的全新产品。这是当今高技术竞争时代的要求。

理科训练对于提高学生的理论思维能力，有着不容忽视的直接、间接以及潜移默化的作用。而这种能力对于发挥探索和创造精神是不可缺少的。正如恩格斯说的："一个民族要站在科学的最高峰，就一刻也不能没有理论思维。"

由此可见，从培养一流科技人才的要求来看，理科和工科的相互结合非常必要。当然，我们也越来越清楚地看到，在现代一流大学里，不仅要求理工结合，还必须注意将理工、管理和人文社会科学结合起来，创造一个使各知识领域能互相交流、相互影响的优化的学术环境，这对于培养高质量人才是至关重要的。

十年来，清华大学的改革和发展正是朝着这个方向前进的。理学院重建之后，把理科从原来的教学辅助地位上升为与工科系并驾齐驱的地位，并进一步强调理工之间的结合。在这个时期内，清华大学先后建立了经管学院、人文社会学院，使学校向理工并重、文理渗透的方向迈进了一步。这对于提高学校人才培养和科学研究的总体水平，无疑是重要的步骤。

按照"211 工程"的规划，清华大学要争取到 2011 年建校 100 周年时，办成为世界一流的、具有中国特色的社会主义大学。为了实现这个奋斗目标，学校到 2000 年要朝着建设综合性、研究型、开放式的大学前进一大步。学校提出在学科建设方面的指导思想是：发展原有工科的优势，加强理科建设，加速发展经管学科，建设小而精、有特色、高水平的人文社会学科。

为此，在学校的"九五"事业规划中，加强理科建设已放在非常重要的位置上。

三

我们深感理科建设的重要性，也意识到这个建设任务的艰巨性。"九五"期间学校理学院的建设，希望按照"小而精、有特色"的思路发展。在学科建设和学术水平上,希望能尽快进入当代科学发展的主流。在人才培养上,希望在数、理、化、生等基础课的体系、内容和方法改革以及加强能力培养等方面上一个新台阶。理学院今后五年的建设目标是:保持少量精干的队伍,使他们在宽松环境下,少后顾之忧,从事探索自然规律的基础研究,发挥首创精神,参与国际学术交流与竞争。

面向和依托学校工科优势,大力发展理—理、理—工交叉结合的基础性研究。选定若干对下世纪科技发展具有重大影响的科学前沿课题,通过这种交叉合作研究,争取在发展新原理、新技术方面取得具有国际影响的成果。为此,根据理科发展的需要,配合工科发展的要求,学校决定选择若干理科的重点学科和研究方向,优先予以支持和加强。

在完成上述任务的同时,进一步使理科教师队伍年轻化,要求他们富有超前意识和首创精神,并做到教学与科研结合,努力培养出在国际科技舞台上显身手的优秀人才。

为了加强理学院的建设,学校已经并将继续采取有力的措施。近期的措施包括:支持建立理科基础性研究所及实验室基地;从海内外公开招聘理科大师及杰出人才来校任职;制定促进理、工、文学科交叉的具体政策和办法,等等。总之,学校要求总结经验,进一步按照理科教育的规律办好理科。展望未来,为了再现清华大学理学院的"昔日辉煌",任重而道远,要求我们孜孜不倦地努力以赴。

(原载《学位与研究生教育》1995 年第 6 期,与熊家炯联合署名。熊家炯,清华大学理学院副院长、教授)

中德美高等工程教育的若干比较与思考

最近一段时间以来,人们对面向 21 世纪的我国高等工程教育进行了很多的讨论。21 世纪这个表征时间概念的词汇本身,未必有什么特别的魔力,大家真正关心的是我国高等工程教育的未来面貌。在当今世界经济竞争日趋激烈的大格局下,科学技术水平的竞争、人才的竞争日益成为关注的焦点。面对迅速发展的我国经济,我们从事高等工程教育的人们都在实践与思考改革高等工程教育的途径与方法,使工程科技人才的培养更好地适应国民经济和社会发展的需要。

1993 年,我校组团对德国、美国若干所著名理工大学进行了考察。通过考察我们更清楚地认识到:两国高等工程教育与其经济发展、学校和企业界的联系以及国际市场占有存在着密切的关系。两国工程师的培养目标有着大体相当的要求,但其实施步骤又分别适合各自的国情。尽管两国高等工程教育工作者思考问题的侧重点存在相当的差别,但有着相互靠拢的趋势,他们思考的主要问题也是相似的。借鉴他们的做法,结合我国的国情,研究我国高等工程教育的人才培养目标、途径及改革取向,这是需要进行广泛调研、认真思考、通过不断探索和实践来加以回答的重大课题。本文结合考察观感,提出我们的想法供大家讨论。

一、两国高等工程教育与其经济发展、学校和企业界的联系及其国际市场占有存在着密切的关系

1. 德国的著名理工大学,为满足作为其工业优势的机械制造业的需要,发展起规模庞大、教育与培养严谨的机械系

众所周知,早在19世纪,德国大学就成为世界许多国家效法的典范。第二次世界大战以后,联邦德国经济开始重新崛起。在这种条件下,德国许多有识之士提醒政府注意工业发展对高级人才日益增大的需求。皮希特1964年指出,“教育的危机意味着经济的危机。在技术时代,任何一个产业制度,如果没有合格的后备力量都难以有所成就;我们如果缺少这种后备力量,迄今的经济发展将会骤然终止”[1]。由于取得了这种共识,在六七十年代,相对其他国家已经不那么发达的德国大学经历了一次新的发展。这次发展一方面继承了传统大学的科研和教学的双重职能,继续保持专业教育的特色,另一方面更加强调职业准备。原联邦德国1976年通过的《高校总纲法》第二条第一款规定,“高等学校的任务在于通过研究、教学和学习,以培植和发展科学及艺术,并为大学生从事需要运用科学知识和方法或艺术创造能力的职业作职业准备”[2]。

我校组团访问的三所技术大学:亚琛(Aachen)技术大学、斯图加特(Stuttgart)大学和柏林(Berlin)技术大学,正是在这种背景下获得了大发展,并取得了和传统大学平等的地位。这几所大学给我们印象很深的一点就是,“这三所大学的机械系都是本校规模最大的系,设备最先进,学生人数最多,如亚琛技术大学机械系学生占总数的22%。它反映了德国机械制造业对机制专业学生的需求。这与他们的机械制造业,特别是汽车工业,在全国工业中占主导地位,在世界范围也占有优势是相适应的”[3]。

2. 美国麻省理工学院等理工大学成长为世界一流大学的历史充分说明,能够满足国家经济发展对高级科技人才和高新科技发展需要的大学,就能获得自身发展的生机和活力

德国如此,美国也是这样。我们访问的麻省理工学院(MIT),1865年办学伊始就以培养工程技术人才、服务社会为宗旨,培养了一大批知名科学家和著名的

工业家,其中包括诺贝尔奖得主15人[4]和斯隆、斯沃普、杜邦和怀特尼等若干著名的科学家和企业家[5]。

第二次世界大战期间,麻省理工学院积极争取联邦政府的科研合同,与联邦科研和开发署签订了75个科研项目,居全美高校之首,为高等学校树立了大学与联邦政府合作的典范,开创了联邦大学的新时代[6]。许多划时代的科学发明,如雷达、盘尼西林等都是由MIT的研究人员在那时做出的。到1960年,MIT建立了数量居美国第二位的有组织研究单位,自身面貌由于有组织的研究而获得最大改观[7],从而走到美国研究型大学的前列。

与MIT相类似,斯坦福大学十分注意将自己的发展和社会经济发展相联系。斯坦福之所以能成为世界一流的研究型大学,其重要原因之一在于它在20世纪50年代创办了科学园,从而使斯坦福大学成为了美国加利福尼亚州工业研究和开发的中心。他们鼓励教师和学生具有"企业家"精神,将科研成果转化为产品和商品。斯坦福大学因而成为硅谷高新技术的孵化器。

硅谷的创始人、斯坦福大学副校长特曼早在20世纪30年代就认识到,现代工业发展最主要的资源是人而不是物,那些智力与技术密集的现代工业应该充分利用大学智力密集的优势,如传统工业一样建立在邻近大学的地区。而"如果一所大学要成为工业发展中的一个重要因素,它必须有一定数量的教师去结识地方工业中的关键人物,同他们联系,并且……帮助地方工业熟悉大学"[8]。正是由于这种正确的指导思想,斯坦福大学才成为世界一流的研究型大学。

二、德美两国工程师的培养有着大体相当的要求,但其实施步骤又分别适合各自的国情

以上我们列举了两国高等工程教育与社会经济发展相联系的情况。适应这种联系,两国工程师的培养采用众所周知的两种不同模式。尽管如此,两国工程师的培养有着大体相当的要求,不过实施步骤分别适合各自的国情。

1. 培养目标和年限

德国高等工科学校的培养目标是文凭工程师(Diploma of Engineering),培养专业性很强的科技人才,一些著名的工科大学声称要培养技术负责人。工科专业本

科的培养年限一般是五年,实际上学生取得文凭往往用六年甚至更长时间。其间有严格的基本理论学习、工程设计、实验基本训练和工业实践与实习的培养环节。除此之外,还有传统的学习自由制度、教学内容过多、考试要求严格导致学习失败或淘汰、学生经济状况等因素影响。

相对于德国而言,美国的高等工程教育本科是前专业性质或专业入门性质的教育,着重数学、自然科学、人文社会科学以及工程科学基础的教学。以 MIT 为例,本科四年培养理学士(Bachelor of Science,简称 SB),目标是要培养“学生具有运用扎实的基本原理全方位洞察、展望自然和社会现象的能力、孜孜不倦的学习习惯和严密而系统的学习方法,以保证学生今后的业务提高和个人成长”[9]。学生毕业后,进入工业企业的培训机构,从事 1~2 年的工程技术的学习,至此方完成工程师的培养过程。

可见,德国工程师的基本训练是在高等学校学习期间完成的,而美国是通过大学后的企业培训来实现的,但大体都用了六年左右的时间,来完成一个工程师所应具备的基本培训,包括基础科学、工程科学和工程技术等训练。

2. 专业面向

德国的工业大学按照技术和工程学科设置专业,专业覆盖面很宽。如亚琛技术大学机械系除了包括我们的机械工程、精仪与机械设计、汽车、热能工程等系科外,还包括化学工程(相当于我国的化工机械专业)、生物工艺、运输、航空、塑料及纺织技术等专业方向[10]。

美国大学本科的共同性特点是强调通才教育,没有我们的专业概念,强调共同基础,每所大学都有明确的作为大学生素质培养的基本要求,包括自然科学、数学、人文、技术、写作等,约占本科学分的一半[11]。在共同基础上设置较灵活的主修(Major)、兼修(Minor)、双学位制,基本上是一种专业的或职业的预备教育,并强调综合、强调多种学科交叉。例如,MIT 电气工程与计算机科学系(EECS)的本科理学士(SB)包括电气科学与工程、计算机科学与工程和跨学科三种学位。

3. 课程及论文要求

德国本科生教育分两个阶段,第一阶段为基础学习阶段,一般为两年,主要学习各系的共同基础课程,同时要通过严格的考试,对学生进行选拔和淘汰。第二阶段为专业学习阶段,规定也是两年,在这一阶段学生要选择专业方向,完成本专业的必修课、选修课和任选课程的学习任务,还要完成学校规定的实验、课程设计、专题报告、实习和毕业论文,然后在第五学年,学生花 3~6 个月时间写毕业论文[12]。

在美国,第一学年,学生可以从校基本必修课中根据学校要求和自己的情况选择若干课程,并拟定自己的课程计划。第二学年,学生通常一面继续学习各种学校要求的课程,同时开始学习系计划课程。在第三、四学年,学生集中学习自己选定的作为主修的系计划课程。除了系计划和专业课外,学生每年都有时间去修读选修课或兼修计划课程,或者与教师一起参加正在进行的课题研究[13]。

两相比较,德国大学中,专业课的学时比例比美国大学多得多,而且德国大学的必修课占很大比重。两者的论文要求也不一样,德国大学要求的毕业论文,要花较长时间去做,而美国大学没有毕业论文要求,要求的论文往往只相当于一门课的工作量[14]。

4. 实践要求

德国大学十分重视实践在教学中的作用。这主要包括三个方面,一是习题课、讨论课、实验课课时占较大比例;二是工科学生要完成工作量较大的两个课程设计;三是在校期间要完成长达26周的生产实习(包括基础实习和专业实习)[15]。

在美国大学,习题、实验等环节也有着严格的要求,但以前一般没有生产实习环节。学生要等毕业后到企业进行工程技术培训。在回归工程实践的呼声中,现在一些大学开始设置可选择的实习环节。

5. 各自特色

总的来看,两国工程师的培养有着大致相同的要求,但各自的培养模式有着自己的特色。德国大学的专业教育模式培养文凭工程师,强调统一必修要求,注重培养学生的工程设计能力、严谨务实的精神;而美国的通才模式注重基本要求、工程科学基础、多学科交叉、可选择性以及主动性和创新思想的培养。

这种不同的工程师教育模式与两国高等工程教育所处的"入口"和"出口"的不同联系是相一致的。在"入口"一端,德国人认为其完全中学毕业生已经受到较完备的普通自然科学、社会科学的教育,因此大学没有必要把普通教育作为重点的教育内容再加以传授。另外,德国人还有一个观点,认为责任感、理性和批判能力的养成、个性发展等普通教育的价值可以通过科学的专业训练来进行。相反,在美国,中学毕业生无论在学制、种族、学业水准等方面都存在较大的差异性,因此大学还要进行标准化的和赖以建立共同信念的普通教育。

在"出口"一端,德国由于其联邦各州的拨款体制以及工科院校师资来源大都有工程经历以及与工业企业界的联系,因而采用了在大学阶段培养文凭工程师的体制。相反,在美国,由于经济结构中私有企业封闭性很强,公司有很强的专业培训机构,所以美国将工程培训移到大学后的企业来进行。

但是,近年来,两国高等工程教育也存在着互相向对方靠拢的改革取向。在德国,一再有人主张建立一种类似英语国家的多层次培养模式,把面向少数学生的学术教育与面向大多数的职业预备教育更明确地区分开来[16],强调更宽广的知识面和学科交叉、缩短本科修业年限及提高办学效率。另外,德国的博士培养,有一些院校借鉴美国的经验,自80年代中期开始,建立研究生院制度。在美国,近年来试图通过延长本科学制,设置新的工程硕士学位(Master of Engineer),加深加宽专业教育,加强工艺教育。例如,MIT工学院院长提出回归工程实践,说明了美国近来的工程教育改革趋势——在教学计划中大力加强加工工艺的环节,试图以此夺回部分被德、日占有的市场[17]。

当然,相互学习或者说相互靠拢还是基于原来的模式。德国尽管有人呼吁划分层次、缩短本科、拓宽基础,但不会走向美国的本科通才模式。美国尽管更加强调工程实践,但也不会改变其通才本科的基本模式,理学硕士和理学博士作为以研究为导向的学位还将继续保持。他们一方面强调增加实践环节,另一方面还强调加宽工程科学基础;由于四年本科学制的时间局限,现在有少数院校倡导通过设置延长的五年学制的工程硕士的办法来解决。但对于学生学费负担沉重的私立大学而言,五年学制的实施,必然遇到巨大的困难。

三、目前工程硕士方面的学位标准

工程硕士学位始于80年代末MIT的电子工程与计算机科学系(EECS)。自1993年该系正式开始实施。这一学位的设置有两种动因:第一,是美国工业企业要求工学院的毕业生具有更多专业知识和工程设计经验。要满足这种需求而又不削弱工程科学基础的教学,通过传统的四年制课程进行工程教育已变得越来越困难[18]。第二,MIT以至全美国希望得到硕士学位的学生人数增加,而以往以研究为导向的理学硕士学位很难满足这种广泛的需求。

EECS这一计划的主要要求与特点是:

1. 培养学生在日益复杂的技术领域中担当领导者所必须具有的宽阔的视野与深邃的洞察力以及从事专业工作所需要的深入的知识与技能[19]。

2. 它不是四年的学士学习加上一年的硕士学习,而是衔接得相当好的计划(Seamless five-year course[20])。学生既可以通过五年拿到理学士和工程硕士两个学位,也可以通过四年只拿一个理学士学位(因为自愿或成绩不合要求)。

3. 在课程方面,与理学硕士以研究活动为主是有区别的。第一学年仍为校基本要求的必修课程;第二学年主要是本系的共核课程;从第三年到研究生一年级,EECS 提供几个课程序列,每个序列包括三到四个科目,学生可以根据自己的意愿选择其中的序列;学生根据自己选择的不同序列以 EE(电子工程)或 CS(计算机科学)或 EE+CS 作为主修[20]。

4. 为了确保学生掌握设计原理基本知识以及保证学生参加到实际的活动中,学生必须累积 48 个设计学分。这可以通过课程设计及与公司的合作教育等途径来达到。

5. 工程硕士论文大致需要半个学期相当于两门课程的工作量。EECS 的一些教授希望工程硕士论文最好是学士论文的扩展版本,而不是花费大量时间的(有的甚至长达几年)以研究为主的理学硕士论文的压缩版本。

MIT 航空航天系计划 1995 年秋季学期实行上述计划。MIT 前工学院院长现任教务长乔尔·莫西斯使工学院其他系也正在实施上述计划。据他介绍,美国卡内基·梅隆大学也打算实施类似计划[24]。

可以说,这一计划的主要宗旨,就是为学生进入实际工程领域做准备(当然学生也可以继续攻读博士学位),使工程教育回到工程实践的根本上去。

四、关于中国工程教育的若干思考

从以上简括的德国、美国的工程人才的培养经验看,一个国家的人才培养模式总要适合自己的国情。无论德国还是美国,高等工程教育的人才培养要为工业企业服务,适合工业企业的需要。一般大学如此,著名大学更要如此,否则不但自身会逐渐走下坡路,而且还会贻误国家的发展。以下结合考察观感就中国高等工程教育人才培养目标、层次、创新能力培养、工程技术教育等几个方面谈谈我们的看法。

1. 关于人才培养目标。在人才培养目标上,由于我国的经济还不够发达,能够接受本科教育的人数还只占青年中的很少一部分,因此本科教育还只能是培养专业人才,而不能成为一种普通教育或者培养所谓通才。但过去计划经济体制下形成的较窄的对口专业教育,使学生知识面窄、适应性较差,不能适应社会主义市场经济条件下对人才素质的要求,也不能适应科学技术综合发展的趋势。因此,目前我们的工程类型人才的培养目标应该是“宽口径的专业人才”,以及各种复合型人才。另外,人才培养模式要受到人才需求状况的制约。由于我国企业的主体是全民和集体所有制,并且大都不具备专业培训条件,因此在校期间要进行一定的专业技能训练,进行一定的职业预备教育。为此,要培养学生具有宽广的知识面,扎实的数学、自然科学、人文社会科学和工程科学基础知识以及专业知识;在目前特别要强调培养学生的能力和创新意识,以及必要的工程实践知识和工程设计经验。

“文革”前,我国一些高等工科院校例如清华大学努力办成“工程师的摇篮”,在六年学制中,进行工程师的基本训练。但是近年来,由于强调工程科学,学制减为五年,教师特别是中青年教师的工程经验也较欠缺,以及学生生产实习遇到较大的外部困难等原因,一定程度上削弱了工程技术教学。改革开放以来,清华大学增设研究生院,实行学位制,也侧重于工程科学。1985 年以来,在教委的领导下,我们和其他院校一起试行工程类型硕士培养,积累了一定的经验,受到工厂企业的欢迎,但是毕业硕士生的规模、流向还不能满足国民经济建设各方面的迫切需要。为此,我们一方面要继续重视和改革基础教学及专业教学,另一方面要加强工程技术教学,优化人才培养模式和培养过程,提高人才培养质量和层次。

从培养宽口径的专业人才和强调工程实践和工程设计技能的角度来讲,德国的文凭工程师的专业人才培养模式可以给我们很多借鉴。但德国的模式也适应其特定的国情和教育传统。比如重视传统工业既是其优势所在,也是其局限性所在,他们对高新技术,特别是对电子、计算机等技术领域的发展不如美国和日本等国。再比如由于崇尚“学习自由”,学生可以自己安排学习计划,可以一边学习一边打工;加上实行开放入学,在培养过程中实行高淘汰的做法,所以取得文凭要花六年甚至六年以上的时间,教育效率并不高等等。上文还提到有不少人呼吁缩短本科年限,划分教育层次。对所有这些,我们都应该有清醒的认识。

美国的高等工程教育重视培养学生具有扎实的基础知识和宽广的知识面,重视培养复合型人才,重视研究能力和创新能力等等,从而使毕业生具有较强的市场适应性。他们在这些方面的做法可以给我们一些借鉴。但我们对他们存在的不足,比如本科教育专业性不强,工程技术教育较欠缺等,也应该有清醒的认识。

2. 关于人才培养层次。对人才培养层次及其层次之间的接口问题,最近一些同志的文章中进行了讨论并提出了一些有价值的看法。在此谈谈我们的想法。

我们认为,按照社会对人才需求层次和人才培养的规律来讲,高等工程教育还是应该分专科、本科、硕士和博士等若干个层次,但每个层次应该有自己的特点和特定的功能,根据每个学校情况的不同,对某些层次可以有所侧重。比如一些重点大学,可以更侧重本科生和研究生层次。目前,重点大学的研究生教育特别是工程类型研究生教育可能需要有所发展。在层次清楚的前提下,做好各层次之间的衔接。比如本科和研究生教育,培养目标应该有所区别,但又要衔接得好,而且不至于有许多不必要的重复设置的课程和环节,从而提高人才培养效率。在这方面,应该鼓励各个学校根据自己的情况做出适当的实践与试验。

从高等工程教育的三个层次来看,都需要工程科学教育和工程技术教育。但不同的是,博士层次可以更偏重工程科学;而本科和硕士层次要更加强调面向工程实际。最近国家教委也强调要把硕士生的培养重心逐步调整为面向经济建设主战场。硕士层次与本科层次相比,应该视野更加广阔,在某一学科或工程领域有更深入的了解,更强调研究开发能力。无论是德国的文凭工程师,还是美国的工程硕士,都明确要培养"技术领导人"。在世纪之交我国许多大中型企业面临大批技术骨干都要退休的关键时刻,为他们培养和输送大批的这样的技术领导人,也应当成为我们高等工程院校的硕士生培养的重大责任。

总之,我们应该从整个高等工程教育人才培养大系统的角度,基于过去的经验,借鉴国外的好的做法,适应工业企业对宽口径的专业人才的需要,来规划人才培养层次,界定各种不同层次工程技术人才的目标与总体要求,并研究各层次工程教育之间的衔接与分工,及其间各个环节的优化。

3. 关于大力加强创新精神的培养。创新问题,不仅仅涉及一个学校的人才培养质量。应当从我们国家和民族面对21世纪的发展机遇和严峻挑战这个大背景,去增强人才创造性培养的紧迫感。当代世界,科学、技术和经济的竞争,综合国力的竞争,很大程度上是一个民族创造力的竞争。所以江泽民同志尖锐地指出,一个不能创新的民族是没有希望的民族,"创新是一个民族进步的灵魂,是国家兴旺发达的不竭的动力"。我们必须以这样的战略眼光,自觉地把增强创新意识和创新能力的要求贯穿在人才培养工作的全过程。在本科阶段,重在启发创新意识,培养创新思维,进行创新技能和基本能力训练;在硕士研究生论文阶段,要注意创新能力的培养,在工程型或学术型的硕士论文中,都应当有新的见解;在博士论文阶段,导师的作用就是充分发挥博士生在创造性研究中的积极性和主动性,把发挥创新能力作为提高博士生培养质量的重要着眼点。

就清华大学来讲,教学严谨,学生基础知识扎实雄厚,这是我们的长处和优势,也是几十年来教学改革成果的积累。但同时我们的弱点也恰恰隐含在这个长处之中。总体而言,我们的学生创造性存在欠缺的地方。美国的高校鼓励发明创造,重视青年首创精神的培养,例如 MIT 为本科生制定研究机会计划(UROP)和其他一些研究活动,很值得我们借鉴[21]。

4. 关于高等工程人才培养要更加强调“面向工程实际”。面向工程实际的工程技术教育既是我们一段时间以来的欠缺,也是德美两国高等工程教育和工业发展的经验、教训,更是我国经济发展的迫切需要。为了国家经济的振兴及民族工业的明天,必须培养学生的工程实践能力、工程设计和创新能力。但是,一方面,由于我们的工业缺乏美国工程师培训所需要的大学后培训系统;另一方面,在高等工程院校中,又缺乏德国工业大学具有较丰富工程实践经验(五年以上)的教师资源,为此我们必须切实加强高校和企业的合作。工业企业要依靠教育,教育要积极面向工业企业。要大力开拓学校与企业界和国民经济其他重要部门在人才培养方面的合作渠道,例如聘请一批有工程实践经验的青年工程师来校做专职或兼职教师;争取工业企业对学生生产实习的支持,并结合学生生产实习有计划地派青年教师深入工程第一线,诚心诚意与工业企业解决一些工程技术问题,并取得工程实践经验;创造更多机会,使本科生、研究生的毕业设计或论文的选题来自国民经济特别是工程第一线等等。最近,清华大学成立了与企业合作委员会,我们将利用这个机制及其他一切途径,争取工业企业对我们人才培养工作的支持和协助。

我们应该努力开通实施的是:在高等工程教育和经济发展之间建立一种良性的、动态的平衡。这种平衡应体现在:工程教育输出的高级工程技术人才能够适应工业企业不断变化的要求,逐步建立起适合我国经济发展状况与发展要求的从专科直到研究生的工程教育体系。工业企业逐渐增强依靠大学的教育和科研力量的意识,在企业与教育结合的基础上来提高生产率,并对工程教育的发展给予积极的支持和有效的参与,共同寻求参加的途径以及实施的可能步骤。只有这样,我们的高等工程教育事业才会有旺盛的生命力,我国的工业才能走上健康的发展轨道。

注释

[1][2][16] 陈洪捷、马清华译:《联邦德国的高等教育——结构与发展》,北京,北京大学出版社,1997,第7页、第13页、第129页。

[3][10][12][15] 陈智等:《借鉴国外经验,办出自己特色——德国部分技术大学教育考察报告》,《高等工程教育研究》1995 年第 3 期,第 54 页、第 55 页、第 54~55 页、第 55 页。

[4][5][6][7][8] 国家教委教育管理信息中心:《关于美国研究型大学的调研报告》,《教育参考资料》,第 19 期,第 30 页、第 54 页、第 56 页、第 59 页、第 53 页。

[9][13][14] 刘继宏等译:《麻省理工学院及其机械工程系》,第 2 页、第 4~5 页、第 50 页。

[11][21] 余寿文等:《研究新的变化,建立新的平衡——美国部分著名高校教育考察报告》,《高等工程教育研究》1995 年第 2 期,第 65 页、第 69 页。

[19][20] MIT,93—94,Bulletin,*Courses and Programs*;第 162 页、第 162 页。

[17][22][24] 乔尔·莫西斯:《大工程观:工程综合教育——MIT 工学院 1994—1998 年长期规划》,艾宪贞,王晓阳译,《教学参考资料》2002 年,第 3 页、第 5 页、第 5 页。

[18] 北京航空航天大学高教所译:《MIT 航空航天系战略计划》,北京航空航天大学出版社,1991 年,第 53 页。

[23] 张凤莲,江丕权:《硕士研究生培养的新模式》,《教育研究参考资料》13 期,第 3 页。

[25] 吴世明等:《21 世纪工科研究生教育的改革方向》;张光斗:《也谈 21 世纪高等工程教育的改革》,《学位与研究生教育》1995 年第 6 期,第 10~15 页。

(原载《清华大学教育研究》1996 年第 2 期,与王晓阳联合署名。王晓阳,清华大学教务处讲师)

积极实施培养模式和课程体系改革

——在清华大学第20次教学讨论会闭幕式上的讲话

这次教学讨论会,经过两个月的研讨,现在告一个段落。讨论会期间,围绕“为21世纪中国现代化建设培养更多全面发展的各类高层次人才”这个主题,校、系举行了一系列的研讨活动。我们这次研讨的重点是:统筹本科—硕士的教学计划,优化培养过程,利用学分制与推荐研究生的机制,在工科系分批试点本-硕贯通培养,并加强工程类型硕士研究生的培养,达到提高教学质量、提高办学效益、缩短培养过程的目的。

会议期间,举行了四个全校性的专题讨论会:(1)改革人才培养模式,提高教学质量和办学效益;(2)面向国民经济主战场,扩大工程类型研究生培养;(3)深化课程结构、教学体系内容方法的改革;(4)改进与加强德育,提高学生全面素质。同时,还召开了一些小型座谈会与沙龙,如部分基础、技术基础课程体系改革思路的交流研讨,本科、硕士融合课程(B+M)的建设,未来师资队伍建设的研讨,以及加速现代教育技术的推广应用等,就深化教学改革几个重要的方面进行了比较深入的讨论。

这次会议有几个明显的特点:一是具有工作会议的性质,研讨过程中既有教育思想的讨论,改革经验的总结和交流,又有教学实施方案的研讨。实际上,在讨论会期间,许多教学改革方面的工作已经开始落实、实施。例如,工科系试排了本-硕贯通的教学框架方案;十几门公共基础和技术基础课,在改革讨论的基础上重新调整了课程类型和学时,有的系重新组建了专业主干课及实验平台;与企业签订了部分硕士学位课程进修班的协议书等,为下一步实施改革打下了一定的基础。第二,是有企业界的参与,获得了社会的支持。讨论会期间,邀请了25个大型企业的代表,举行了“研究生教育与企业合作座谈会”,讨论了培养工程第一线所需人才的要求和培养过程。第三,是注重实效,场面虽不热闹,但讨论比较实在,研讨问题比较深入,在全校性专题讨论会、小型讨论会和“沙龙”等不同形式的研讨活动中,提出了不少新的思路和好的建议。

对这次教学讨论会的初步反映是好的。会议得到了广大干部、教师的拥护,讨论会的主题吸引了许多关心学校发展的同志,他们自始至终关注会议的进展,积极参与研讨,献计献策,在许多问题上,扩展和丰富了原先的思路。许多同志反映:这次所涉及的教学改革力度大,符合清华“211 工程”建设的目标与要求。讨论会也得到学生、家长和有关社会人士的关心,不少低年级学生,尤其是大一新生,主动关心和询问培养模式改革的情况。与此同时,改革培养模式,加强工程类型研究生培养等措施,还得到了企业部门的赞许和支持,他们认为这一改革“符合国家和企业的需要”。

总的看,第 20 次教学讨论会开得很好。校、系主要领导及主要从事人才培养工作的教师,集中一段时间,研究讨论了全校教学工作的方针大计,明确了改革的指导思想和取向。与此同时,有重点地研究、制订了一些准备开通的改革措施及实施方案,有的已形成了原则性的文件,其中:《工科专业统筹规划本科—硕士培养计划的工作意见(试行方案)》《加强工程类型研究生培养的若干措施》以及《加速推进课程结构及内容体系方法改革的设想》三个原则性文件,已经对下一步改革的具体取向作了规划。当然,这次讨论会也还存在一些不足之处:时间较短,其间穿插了一些其他活动,部分领导的精力投入不足,发动的面较小,有的系停留在表层的课程学时安排,对实质性的课程改革研究不够。

应该说,这次教学讨论会圆满完成了预定的任务,下一步要转入具体实施方案的落实。会后的主要任务是组织实施“统筹本-硕教学计划,优化培养过程”的培养模式改革试点,并把主要的着力点放在培养模式改革框架中最实质的部分——课程结构、教学内容体系的改革上。

现就会议期间着重研讨的几个方面的问题,做一归纳,供进一步讨论和开通实施的参考。

一、关于人才培养和教学改革的基本思路

这次教学讨论会,反复论证了人才培养模式问题,明确认识到,要把清华大学建成为我国培养高层次人才的重要基地之一,在工程、科技、管理、文法等多种学

科领域，培养适应21世纪我国国民经济和社会发展需要的德智体全面发展的各种类型高层次人才，这是我校在未来若干年内深化教育教学改革的主要任务。之所以要强调立足于高层次人才的培养，首先是基于21世纪我国国民经济和社会发展对高层次人才的要求趋势，具体说，当前许多重要工程部门、大中型企业、科技部门以及经济管理部门，对清华研究生的需求将逐年增加，清华有责任为国家输送更多的高层次骨干人才。同时，也基于我校良好的生源情况和教学、科研方面的综合实力，以及未来5~10年学校的建设目标，联系我国实际，借鉴国际上工程教育改革的进展，使我们有条件通过深化改革，发挥优势，充分利用学校的教育资源，培养更多更好的高层次人才。

最近，李岚清副总理在直属高校工作咨询会议上指出"高校改革发展要同经济和社会发展紧密结合，要适应现在和未来国家建设对人才的需要，教育改革的目的就是少花钱，多办事，办好事，充分利用教育资源，培养更多更好的人才"。根据清华大学生源、师资、设备及已有的办学经验等综合资源情况，通过本-硕贯通，统筹教学计划，优化培养过程，把上述资源充分利用起来，用较少的时间培养出更多高层次的人才，提高了人才培养的质量和效益，符合国家的需要，顺应时代的发展。

实现高层次人才的培养，需要进行人才培养模式的改革。首先，要逐步调整本科和研究生的培养格局。统筹考虑本-硕的培养计划，优化培养过程，使原先两个阶段的培养贯通融合起来，对我校原有的本科、研究生培养计划中存在的某些课程不紧凑、交叉重复等不适应与不合理部分，进行力度较大的改革，建立一个总体上有机融合、课程结构合理、素质教育得到进一步加强的培养计划。在这个培养计划中，十分注意加强本-硕培养过程中的基础课程，加强工程实践能力与创新能力的培养。充分发挥学生和学校资源的潜力。改革培养模式还需要进一步拓宽专业面向，按大类调整课程设置和教学内容，改变狭窄的对口专业教育的模式，使学生在社会主义市场经济条件下，有更好的工作适应性，要继续搞好本-硕跨学科推荐、双学位、辅修专业课组及跨专业选课等改革环节，积极培养跨学科的复合型人才。要加强对学生全面素质的教育，包括思想道德素质、业务素质、文化素质和身体心理素质。要转变教育观念，克服只重知识传授的偏向，把教育教学的重点真正转到素质和能力的培养上来。现有的硕士研究生培养模式，偏重学术型的居多，它将导致高层次工程人才短缺与失衡，因此，要着重强调，要面向国民经济建设第一线，加强工程类型人才的培养：整个教学过程要从整体上加大课程结构和教学内容体系改革的力度，在保证打好坚实基础的条件下，加强工程实践环节，包括设计、开发与专业工程训练。概括地说，改革人才培养模式，要着重抓好统筹本硕，拓宽专业，提高素质，加强基础，面向工程。

面向21世纪的课程体系、内容和方法的改革，对全校各系，都应是下一阶段教学改革的重要着力点。要继承与发扬我校十多年来在教学改革与建设方面的成果，面向21世纪科技、经济发展所带来的变化。根据培养目标的要求，构建符合下一世纪人才培养要求的新的课程体系与教学内容。

二、统筹本科——硕士培养计划，优化培养过程，分批试点贯通培养的改革方案

通过讨论，大家在“应该积极推进本-硕贯通培养方案”这个基本问题上，取得了共识。普遍认为，在世纪之交的关键时期，学校及时地提出“调整人才培养格局，实行本硕贯通培养”，是根据清华大学的具体条件，积极适应我国经济和社会发展的重大改革步骤，是在人才培养的总体上，提高教学质量和办学效益的重要措施。在这次讨论会后，要采取积极的步骤，在工科各系，按照自愿原则，通过分批试点，加以实施。

实施改革，首先要制订本科-硕士贯通培养计划。明确培养的目标应是适应21世纪中国社会主义现代化建设需要、德智体全面发展、获得工程师基本训练的高层次工程科技人才。根据培养目标和要求，制订教学要求和内容，改革课程设置，安排教学环节。要保持我校本科基础扎实的优势，继续加强基础课程的教学，保证基础课程教学质量。与此同时，加强工程实践训练，提高学生的实践、研究和创新能力，原来本科教学计划中各种实践环节和研究生论文的工作时间要给予保证，使学生受到足够的工程实践和科学研究训练。

作为一种培养模式改革的试点，就要有一定的规模，使相当部分学生进入贯通培养的通道。实行贯通培养计划的工科系，计划在1996年、1997年招生时分两批进入试点。其中第一批试点的系1996级大部分学生进入贯通培养通道，1995级学生可以按1996级试点的比例，进入贯通培养计划，1994级学生可以以较少的比例进入贯通培养；第二批试点的系，将按上述办法延迟一年。哪些系进入第一批试点，要根据改革思想是否明确、课程改革是否落实、贯通培养计划是否合理等

条件决定。1993级实验班内少数学生可进入试点。

在一定时期内,根据国家对各类人才培养的需要,考虑到学生的志愿,工科专业学生并不全部进入本科-硕士贯通的培养计划。还需要通过分流,培养本科层次的毕业生,授予工学学士学位。工学学士学位课程及论文的计划,按五年制的标准制订;采用相对灵活的学分制管理办法实施。在不进入贯通培养计划的这部分学生中,要继续搞好双(学士)学位、辅修专业课组、等级工培训等改革措施的调整和完善,在本科层次上继续培养一批跨学科的复合型人才。同时,继续进行推荐直博生的工作,在实行本-硕贯通培养模式的条件下,要采取更有效的措施吸引优秀学生直接攻读博士学位,保证直博生生源质量。

关于贯通培养所需的研究生名额。当前,利用40%左右的硕士生推荐名额和全校每年约7%的硕士生递增量,进行统筹安排。

实行本-硕贯通的培养模式,是我校人才培养的一个重大变化,实施过程中,存在许多矛盾和困难,全校各级领导和教职员工,要齐心协力,认真实践,扎扎实实地做好本职工作,埋头苦干,不事宣传,下决心通过几年的艰苦工作,走出一条培养高层次人才的新路。

三、加速推进课程体系内容和方法的改革

课程体系内容和方法的改革,应是下一阶段全校教学改革的主要着力点。不论对于实施培养模式改革的工科系,还是理科、经管、文法等系科,都应十分重视这一重要的改革。

培养模式改革的重点和难点在于课程结构、体系、内容的改革。课程体系内容改革,在培养模式改革的推动下,也得到了新的动力,提高到新的水平。而培养模式的改革必须通过课程结构、体系、内容的改革得到保证和实施。因此,面向21世纪的课程体系内容改革,是今后教学改革的重要着力点。

要根据本-硕贯通培养适应21世纪中国现代化建设需要的高层次人才这个目标,整体优化课程结构,保持并加强我校学生基础扎实雄厚的优势,同时保证有足够的工程实践,使学生受到工程师的基本训练。

在本-硕贯通培养模式下,深化教学内容体系方法改革的做法是:着眼于培养学生的实践与创新能力,提高全面素质,整体优化课程结构,更新教学内容,精减

课程门类,压缩讲课学时,增加课外练习和实践;大力采用现代教育技术,改革传统教学方式;增加投入,改善教学条件。从多方面努力,提高教学质量,提高办学效益。

在学校第20次教学讨论会期间,已经启动并需要继续深入的有以下几方面的工作:

①公共基础课和技术基础课的结构优化、内容更新、减少门类、压缩讲课学时,精讲多练。减少传授性环节,增加学生自主学习的环节。讨论会期间,不少课程积极进行改革提出了不少很好的思路,例如:

各门政治课,根据"内容要精,要管用"的原则,减少讲课学时四分之一(由每门课讲课64学时减为48学时,16学时转入课堂外实践),由教师指导学生阅读原著、进行社会调查与研究相结合,通过社会实践进行学习。在政治理论课程的改革中,迈出了可喜的一大步。全校都要给予积极的支持。数学课程着眼于素质教育,重新调整了总体的教学体系,按照本-硕融合的要求,重新安排了模块化的课程设置方案。外语课着眼于提高学生实际语言能力(读、写、听、说),改变基础外语的课程设置和教学方式,本-硕-博几个层次的外语教学统筹安排,建设语言环境,强调在语言实践中提高外语水平。

配合培养模式的转变,全校重点规划了12个项目作为今后几年全校课程体系内容方法改革的重点,其中信息技术大类、计算机基础教育、外语、力学等四个系列课程改革项目已确定作为国家教委"面向21世纪课程结构教学内容体系改革计划"重点立项。

②专业主干课程的重新组建和相应的实验平台建设。重新组建专业主干课,对许多专业来说,实际上是个专业的改造问题。如机械系为适应横向拓宽专业面,纵向实行本-硕贯通,重新组建了近代材料加工原理、机械系统计算机控制、检测技术与质量控制,抽调教师组成专门班子,去年寒假春节期间不休息,赶写教材。信息大类根据拓宽专业面向的需要,计划组建五门新的专业主干课程系列——电工电子、计算机、信息系统、控制、通讯。化工系积极进行系内课程的整体改革,为实施本-硕贯通计划创造条件。

③积极进行本-硕兼容(B+M)课程的建设。信息、机械系两个大类,数学、力学等课程,都已初步提出了一批本-硕兼容课程。本科、硕士及本-硕兼容这几类课程,不但有不同的标准、要求和内容,也应有不同的教学方式,硕士及兼容课程应该给学生更多的自主性,改变单纯由教师讲授的传统方式。

④采用现代化教学手段,加快普及电教、CAI、多媒体等现代教学技术。它不

仅会推动教学内容体系改革,也将有力地改变单向灌输的传统教学方式,实现交互式教学,使学生由被动地接受知识到主动地参与学习。推动教学观念的转变。

总之,本-硕贯通,提高教学质量,提高办学效益,已经开始成为深化教学内容体系改革新的动力,正在更高层次上带动课程体系改革的不断深入。

实现课程体系改革,是一项艰巨的任务。落实过程中存在许多困难,需要全校同志共同努力,克服困难,争取在不长的时间内做出成果,保证贯通计划的顺利实施。学校也准备在条件建设、经费投入方面对课程体系改革给予更多的倾斜。近期内"211工程"支持的13项教学项目经费将开始落实,这些经费将优先支持改革力度大、计划及人员落实的单位和课程。教学岗位、教学编制及工作量计算等要有利于课程体系的改革者。在新的培养模式下,一类课建设也要适应新时期的需要,重新制订一类课标准,要把是否进行了课程体系内容改革作为一条基本标准。这些方面,学校有关部门将陆续制订具体的实施办法。

四、面向经济建设主战场,扩大工程类型研究生培养

清华大学作为一所工科力量很强的重点高校,向工程第一线输送高层次人才是我们的责任。在人才培养模式的改革中,进一步加强面向国民经济建设第一线的工程类型高层次人才的培养,拓宽学校与企业部门的联系与合作渠道,对学校来说,这不仅是一个人才培养模式的改变,而且是学校坚持为我国的经济建设和社会发展培养和输送人才的有效途径,是一个办学方向问题。

我校与企业界的合作,已经有了一个较好的基础。讨论会期间,召开了面向工程第一线的专题讨论会,上海宝钢、东风汽车公司代表在会上发言,对扩大工程类型研究生培养工作进行了研讨,提出了好的意见。另外,邀请了企业合作委员会会员单位25家国有大中型企业来校参加"研究生教育与企业合作座谈会",促进了校企之间的沟通和了解,特别是针对目前清华研究生难以到达、更难以稳定在工程第一线这个问题,提出了一些积极的建设性意见。

在这次讨论会上,我们提出了举办"工程类型硕士课程进修班"的措施,以解决毕业生难以稳定在工程第一线的问题,受到了企业界的普遍欢迎,校内有关的各系对此也表现出很大的热情。进修班实行"一进四出",即由企业单位择优选拔推荐本科毕业、具有四年以上工龄的骨干进入课程进修班学习,学习期间不完全

脱离岗位，一边学习提高，一边参加学校考查。在学习过程中，根据各自的不同情况完成一定的要求，分四种情况结束学业：取得进修部分课程的证明；硕士课程进修班结业证书；同等学力硕士学位证书；同时取得硕士学历和学位证书。

另一方面，推进在校工程类型硕士的培养，也是一个重要课题。要发挥我校的工科优势，扩大工程类型研究生的比例。对此，全校的研究生导师还需要进一步提高认识，积极参与。制订合适的工程类型硕士论文标准，是实现工程型人才培养目标的基本保证。工程类型硕士论文应该突出工程特点，要有一定的难度和工作量，并具有科学性和先进性，有新的见解，既有别于学术研究型论文，又具有相当的水平。要进一步调整学校的科研结构。为克服目前在校研究生的部分论文与工程实践脱节、课题软化的倾向，讨论中不少同志提出要组织教师承接工程课题，争取更多的研究生到企业和工程基地去，结合实际作硕士论文，然后回校答辩；也可以和企业实行联合培养，以多种形式加强学校与企业的联系与合作。这些工作，都有待于校、系各级干部和教师协调努力，争取早日取得成效，推动工程类型硕士生的培养。

五、培养跨世纪的教学队伍，深化教学管理体制改革

培养一大批热爱教学、学术水平与教学水平兼备、认真教书育人、积极投身教学改革的主讲教师与教学骨干，并从中培养出一批教学大师，是我们在今后五到十年努力的目标，也是我校人才培养模式改革取得成功的重要保证。

在“九五”期间，要加速青年教师在重要教学岗位上的锻炼和培养。青年教师的业务工作安排，要坚持教学和科研的紧密结合，各院（系）要统筹规划主要课程的中青年课程负责人和学术带头人的梯队建设，形成一支教研结合的、数量与质量上能够胜任教学第一线工作的骨干教师队伍。为了促进教学骨干队伍的形成，学校在政策上准备采取一些有力的措施。例如，全校近百门本科、研究生主要课程，拟设立讲座教授，按课程规模限额设定，岗位聘任，竞争上岗，要求教学、科研结合，专业与基础课相互交流。重要的实验课程，要设立教学岗位。对学生课外研究工作计划（SRT）、学生课外科技活动中师生取得的优秀成果将纳入“教学优秀成果奖”。目前，凡改革课程体系、精减讲课学时的单位与课程，均不与教学设岗和教学编制挂钩。对于现行的规章制度中，不利于改革的部分，有关部门将继

续研究改进。

建设高水平的教师队伍,还必须坚持树立高尚的师德,在新的教学模式下对教师的师德要求不能放松。下一步在全体教师,尤其是中青年教师中,要大力推动开展教书育人活动,总结新时期搞好教书育人的经验,表彰教书育人工作优秀的教师。加强教师敬业精神和职业道德的教育。与此同时,要建立健全必要的教师工作评价标准、教学责任法规,建立教师工作档案,作为教师考核、晋升和聘任的重要依据。

为了适应新型教师队伍的建设,推动人才培养模式的改革,必须加快教学管理体制的改革。随着专业面向拓宽、本硕贯通培养,系管教学已成为必然趋势。当前情况下,系管教学的主要任务是:统筹安排人才培养计划(制订培养目标、确定课程设置、组织教学过程),实施教学岗位聘任,监督评价教学质量。为了加速向系管教学过渡,对某些有困难的系,学校将给予必要的支持。

以上这些意见,是对这次教学讨论会主要内容的初步归纳。不对之处,欢迎大家批评指正。讨论会后,希望大家共同努力,争取使我校人才培养模式和课程体系改革取得圆满成功。

(本文系1996年1月4日在清华大学第20次教学讨论会闭幕式上的讲话,原载《教学研究与实践》1996年第2期)

加强博士生教育工作 提高博士生培养质量

自实施《中华人民共和国学位条例》、建立博士学位研究生教育制度以来，通过十多年的实践，我国的博士生教育从起步到形成，培养规模从小到大，培养质量逐步提高，取得了重要的进展。至1994年底，已为国家培养了1.8万多名博士人才；在读博士生人数达到2.2万多人，初步建立了一批博士生培养基地；并基本形成了具有中国特色的博士生教育制度；现正继续沿着基本立足国内培养博士生的战略目标健康发展。

清华大学是我国培养博士生规模最大的重要基地之一，从1980年招收博士生至今，已录取攻读博士学位研究生近3000人，1995年招生达470人。目前，全校在学博士生已达1400多人；共已授予博士学位1118人，他们中的许多人走上科技、教育和管理的重要岗位，迅速成为各条战线的骨干，展示了博士人才的明显优势，受到用人单位的欢迎和重用。从总体上讲，我校博士生培养质量是好的，是能较好地适应我国社会主义建设需要的。

面对新世纪的多方面挑战和肩负"科教兴国"的伟大使命，我国的博士生教育责无旁贷地应当肩负起更加重大的历史责任。在建设具有中国特色、世界一流的社会主义大学的进程中，博士生教育更是创建世界一流大学的关键和结合点。可以说，没有高水平的博士生教育，就没有世界一流水平的大学。在这里如何进一步提高博士生的培养质量，如何保障提高博士生培养质量的实现，是一个至关重要的问题。

十多年来，工作在博士生教育岗位上的广大指导教师和教育管理人员，为不断提高博士生的培养质量进行了大量有益的尝试。清华大学和全国许多兄弟院校一样，在博士生教育的改革和建设中，坚持从我国国情出发，结合学校博士生教育的发展实际，进行多方面改革和建设，不断推动着博士生教育的发展和博士生培养质量的提高。

一、认真搞好学科建设是提高博士生教育质量的基本前提

清华大学提出争取在2011年建校100周年时成为世界一流的有中国特色的社会主义大学的奋斗目标，博士生教育工作必须与这一总体目标相适应。世界一流的博士生教育要在世界一流的学科建设的基础上发展起来。因此，要进一步提高博士生质量，首先就要抓好学科建设，搞好学科的调整，形成布局基本合理的学科体系。几年来我校努力发挥工科优势，加强理科建设，加速和促进经管和人文社科学科的建设，努力实现理工结合、文理渗透。同时，通过多学科的交叉、合作，发挥已有学科之间的综合优势，建设适应当今世界经济、科技发展和社会进步的新兴学科、边缘学科；并对原有学科的研究内容和发展方向进行更新改造。学校根据新兴学科、边缘学科的发展需要，组织融合，逐步形成具有特色、有机联系的学科群体。例如，当今发展迅速的信息科学与技术；国民经济急需的、涉及多学科的能源工作；具有巨大发展潜力和应用前景的核能技术；运用高新技术带动传统产业改造的先进制造；具有跨世纪发展特色、多学科交叉的生命科学与工程；以及意义深远并富有价值的材料科学与工程和关系到人类生存和持续发展的人居环境科学与工程等学科群。学校在重点建设15个国家级重点实验室和5个开放研究实验室的基础上，努力帮助那些学术力量强、研究水平高但设备条件较差的重点学科点加强实验基地建设，使学校的科学研究有可能在新的学术领域平台上继续攀登，有可能组织多种学科的博士生一起承担综合性强的大工程项目任务，使博士生可能在学科的世界前沿和国民经济建设主战场的实践中得到更大的锻炼和提高。

在重点学科建设的进程中注意培养学术带头人和学术骨干，创造条件使他们更多地直接或间接参与指导博士生。同时，要求博士生指导教师站在本学科的学术前沿，在学科建设上树立一流的标准，做出自己的特色。应该说，博士生的水平，在很大程度上取决于指导教师的学术视野和研究水平，取决于导师能不能站

在本学科领域前沿,提出有开拓性的学术方向和研究课题,只有教师指导的高起点,才有博士生质量的高水平。

二、确保生源全面素质是提高博士生培养质量的基本条件

博士生的生源质量是博士生培养质量的基础,没有好的生源素质是难以造就有创造性的高质量博士人才的。事实说明,博士生质量高低与生源质量高低的相关性,比任何教育层次的相关性都更为显著。近几年来,攻读我校博士学位的生源质量有一定下降的趋势,据此学校采取了多种改革措施,开拓优秀博士生生源渠道,除从应届硕士毕业生、在职人员中继续招收博士生外,还根据我校本科生基本素质好、业务基础强的实际情况,从1990年开始开展了吸收应届优秀本科毕业生直接攻读博士学位(简称"直博生")的改革试验,使生源质量有了明显的提高。1992年至1994年,我校直博生人数连续三年保持占当年录取博士生人数的一半左右,他们基本上都是我校应届本科毕业生中德智体全面发展的佼佼者。这些直博生,入学时作为博士预备生,经过课程学习和科研能力的考核和资格认定,才正式确认为博士生,不合格予以分流、淘汰,在1994年的博士生资格认定中,就有约10%的直博生未获通过,其中的5个百分点被取消博士生学籍。现在,我校已有一批直博生全部完成学业,通过论文答辩取得了博士学位。实践证明:这一改革基本上是成功的,培养的博士生质量是比较高的。由于打通了硕士与博士两阶段的环节,避免重复,缩短年限,也有利于吸引优秀本科毕业生攻读博士学位,从而对提高博士生培养质量发挥了积极作用。为了克服直博生缺乏硕士生阶段的科研训练、选拔时难于对其研究能力进行更多的预先考察,学校要求博士生导师对直博生要早物色、早考察、早培养。各专业要吸引本科生早参与科研工作,从本科抓起,做好衔接贯通培养。有的还可实行本科毕业生取得直博生资格后保留学籍2至3年,到工作单位实际锻炼后再返校学习的办法。为了开拓生源渠道,在继续做好招收在职人员攻读博士学位和论文博士生的同时,对于外校优秀应届本科生和硕士毕业生,采取举行学术报告答辩会和辅以必要考核的推荐办法录取。

开拓博士生招生渠道,提高博士生生源质量,是校系各级领导、各博士点导师和广大教师、管理人员的一项重要工作,只有认识一致,措施得当,协同努力,才能

做好。我校实行博士生兼助教工作,创造条件使广大博士生通过自己的劳动,提高生活待遇,这对于开拓优秀博士生生源,促进他们安心攻读学位,接受全面训练,提高培养质量也发挥了良好作用。

三、突出创新能力培养是提高博士生培养质量的中心内容

与世界一流大学培养出来的博士生相比,我国的博士生具有严谨勤奋、求实苦干的好学风,基础理论、基本技能也比较扎实。但是国外不少专家认为,虽然中国的博士生在解决问题方法、技巧方面能力很强,但在开拓新方向、独创性思维方面尚存在不足。这是一个带有普遍性的问题。固然这些问题与我国传统文化、社会和家庭教育,以及从中小学直到大学教育有关,不是单靠博士生教育阶段所能解决的,但是,博士生教育作为我国高等教育的最高培养层次,仍然要不遗余力地加强创新能力的培养,并应作为提高博士生培养质量的中心内容。

博士生创新能力的培养应当从招生开始就着力挑选有创造性的考生。在笔试,特别是面试中,要加强考核考生的创新意识和创造性思维的表现。在博士生理论课程教学中,要改革、调整现有的课程体系、内容和方法。拓宽知识域,打破现有二级学科的束缚,或按一级学科,或跨出二级学科设置课程和开展论文工作,要有计划地聘请校内外专家、教授增设反映当代科技前沿、富有启迪创新思维、适应学科交叉的高水平的课程和综合性的学术讲座。并要求博士生选修必要的跨学科和高层次的辅修课,拓宽、优化博士生的知识结构。要提倡博士生广泛阅读最新论著、开展研讨交流、倡导研究型、参与式、开创性的学习方式。在论文选题方面,鼓励学科交叉,并根据学科和国民经济建设发展的需要,开展跨学科研究,从而在新的学科生长点上,进行创造性工作。还要对一部分博士生进行特殊的培养,不以已有的学科、专业范围来约束博士生创造性的发挥。目前规定博士生在学期间必须在学术刊物上发表论文3篇以上(其中至少一篇是在本学科核心刊物上发表)。为鼓励博士生发表论文,学校设立专项奖,提供博士生在国内外学术舞台表现的机会。

博士生创新能力和创新意识的培养离不开实践。研究生教育是大学后教育,他们在攻读博士学位阶段已具备了一定的知识和能力,应该而且可以在发挥作用

的实践中成长。坚持参与式的培养方法和途径,对于博士生的实际工作能力和创新意识的培养是有益的。目前博士生在校期间的实践活动主要包括:学位论文工作的科学研究实践;担任教学助理、研究助理、管理助理的工作实践;担负一定的社会服务、组织工作的实践;以及部分时间到工厂、农村参加社会实践活动等。博士生在多种的实践活动中,接触到极为丰富多彩的感性材料和各种矛盾问题,并且要求他们及时地、独立地去处理问题,做出决策,这对于博士生创造性的培养是大有裨益的。另外,还要积极鼓励、支持工程性强的学科的博士生更多地结合生产、工程的重大课题进行论文工作,因为这类课题许多难题都是综合性的,要解决这些问题,需要多学科的知识、多方面的能力,这本身就是一个创造性素质的训练和创新能力的培养。

实行博士生招生双向选择,充分调动博士生在学科方向、课题研究方面的主动性、积极性,也有助于博士生创造性得到更大的发挥。同时,通过双向选择,也有利于导师挑选更需要的合格的博士生,使师生通力合作,教学相长。

筹建具有国际先进水平的育人平台,如研究型图书馆、科学研究的高水平综合“平台”,承接前沿或重大的课题等,让博士生在接近或具有国际水平的条件下,参与创造人类最新知识和科技最新成果,更是提高他们创新能力和创新素质的有效途径。

重视博士生创造能力和创新意识的培养,不仅是业务培养的内容,而且也是德育工作的一个重要内容。培养博士生具有良好的思想素质和心理素质,坚持创新,不怕挫折,顽强进取,树立正确的人生观、世界观和辩证唯物主义观点,这都是做出创造性成果所必需的。

四、调整管理运行机制是提高博士生培养质量的必要措施

在解决进一步提高博士生培养质量的过程中,一个十分重要的措施,是要采取必要的措施,以形成良性循环的运行机制,保证博士生培养质量的不断提高。良好的管理运行机制要在深化改革和逐步调整中形成。当前,在管理运行机制方面,包括了调整博士生招生名额的配置机制,实行博士生奖惩竞争机制,改变培养经费拨款机制以及健全有效的监督评估机制等方面。

作为博士生教育的培养单位，掌握的资源比较有限，需要调整结构，优化资源配置，以利于提高博士生培养质量。例如，在招生名额分配、学科建设支持等方面，要根据不同学科的特点，调整培养人才层次结构、学科面向结构，把招生名额的有限资源进行适当、合理地配置，使在有限的投入中，争取获得最好的效益。近些年来，我校在招生名额分配上，逐步改变平均分配的办法，对于重点学科、新兴的边缘交叉学科、社会需求旺盛、承担重大科研项目、经费充足、能切实执行导师职责、管理和思想政治工作落实、培养质量高的专业和导师给予优先考虑、重点支持。相反，将视情况暂停其招生或减少其招生人数。

提高博士生培养质量的核心问题是调动博士生的内在积极性，增强对优秀生源攻读博士学位的巨大吸引力。其一，要使他们“有用武之地”，就是说，要有高水平、有意义的研究课题，从而使他们通过攻读博士学位得到提高、做出贡献；其二，要使他们“少后顾之忧”，就是说，要设立有较高报酬的助理岗位，使他们通过自身的劳动，不仅能从经济上支持个人攻读学位，而且还能给父母或小家庭以部分支持。在实施激励措施的同时，还要强化淘汰、分流机制，坚持严格管理、高标准要求。不仅入学时要严格考核、择优录取，而且，入学后在课程学习、开题报告以及综合考试、论文答辩、学位授予等环节都要坚持严格要求，不合格者要进行必要的分流、淘汰。

在博士生培养经费拨款机制方面，要改变目前分为计划内、计划外的“两轨制”，逐步地做到博士生指导教师主要靠自筹经费招收、培养博士生，而培养单位把国家提供的培养费，除了用作必要的管理费以外，重点用于学科建设和支持从事基础研究和有发展前途而启动经费不足的学科点或指导教师。这样做，可促使导师对招收选择博士生投以更大的关注，在培养博士生中也将更严格地要求；同时，这样做，也可以约束那些缺乏重要意义课题又缺少研究经费的导师招生；使那些学科前沿研究课题和直接为国民经济建设服务的项目招到足够数量、更高质量的博士生。

为了保证博士生的培养质量，建立一定的监督管理制度是必要的。包括对博士点学科方向、学术队伍、研究课题、培养质量以及管理水平等方面进行评价，以奖优罚劣推动学科建设。同时，还要对导师的招生条件、学术水平、研究成果、培养质量、教书育人等方面情况据实审核，从而在招生名额、经费支持和各种奖励方面予以体现。另外，对于课程质量、教学效果也进行必要的评估，评出优秀课程，对于不合格的课程限期改正以至停止开课，等等。

五、切实加强德育工作是提高博士生培养质量的重要保证

坚持又红又专方向，从博士生的思想特点出发，做好德育工作，是全面提高博士生培养质量的一个根本保证。

广大博士生在年龄、知识、经历、思想等诸多方面，是较本科生、硕士生更高层次的一个青年群体，他们处于学校和社会夹层地带，特别是实行博士生兼任助教制度以后，博士生不再仅是受教育者，而且已成为学校教学、科研和管理等工作的一支重要力量。因此，这一群体既有学生、又有学校工作人员身份的特点。如何从博士生的实际情况出发，确定博士生德育工作目标、内容和方式，以保证博士生培养的全面素质提高，是在博士生教育中难度很大但又亟待回答的问题。

要有效地开展博士生的德育工作，恰当的组织体制是重要的。为此，我校成立了党委研究生工作部和研究生思想教育办公室，一套人马、两块牌子，党政结合，开展工作。相应地，各系（院、所）也成立研究生思想工作组，由所在的系（院、所）党委副书记或副主任统筹，全面负责研究生的德育工作。基于博士生的特点和双重身份，经过多年来采用不同形式的试验，目前，我校在博士生组织形式上实行“双集体制”，即各系根据博士生的人数分年级或联合几个年级成立博士生班。同时，博士生又以工作人员的身份参加教研组（室）和课题组教师的学术研讨，教学、科研工作讨论，充分发挥导师和指导小组的教书育人作用。在“两集体制”中最为重要的是建立健全党的博士生支部，以作为博士生思想政治工作的核心，保证博士生的思想教育活动、党的组织发展等方面工作的真正落实。通过导师群体的教书育人和行政人员的管理育人工作，使博士生的德育工作贯穿于培养管理工作的全过程和各个育人环节之中。

博士生的马克思主义课程学习与参加社会实践是博士生德育工作的两项重要内容。我校“现代科学技术革命与马克思主义”课程是颇有实效、管用的课程。该课程采取专职教师讲授与邀请校内外科技、经济、人文社会科学的工作者与专家作专题报告相结合，联系实际的方式讲授课程，使得课程政策性强、信息量大，而且普遍是博士生关心的热点和难点问题，因此，受到广大博士生的欢迎。该课

程还要求博士生结合自己课题研究的实践,进行总结提高,写出论文,使博士生在辩证唯物主义、历史唯物主义的世界观和方法论方面取得提高。博士生除了结合论文课题参加科技试验实践之外,我校还要求本科毕业直接攻读博士学位的研究生在入学一年后的暑期里,到厂矿企业参加4~6周时间以科技服务为主要内容的社会实践活动,以更多地接触社会、了解国情、受教育、增才干。

博士生的德育工作内容是多层次的,既有政治方向、人生道路、辩证思维方面,又有道德品质、组织纪律、法制观念方面,但当今最核心的是人生观、世界观方面的内容,要通过多方面的教育途径使他们牢固树立爱国主义、社会主义和集体主义的思想,树立献身社会主义事业、艰苦奋斗为人民服务的精神。

博士生自我教育、自我管理、自我服务的"三自活动"是我校博士生德育工作的重要特色。学校积极鼓励和支持博士生开展适合博士生特点的、喜闻乐见的各种活动。学校充分相信和依靠研究生会和研究生团委,充分发挥他们的作用,包括组织博士生开展大家关心的"热点"问题辩论会,组织"学术活动节""艺术节",开展"十佳研究生""优秀班集体""文明宿舍"评比活动等等。这些"三自"活动既有力地推动了博士生的德育工作,也锻炼了一批博士生工作骨干。在博士生德育工作中,要使"三自"活动开展好,做好党员、骨干、积极分子的工作是一个关键。我校每学期除了举办业余党校、积极分子学习班训练骨干之外,还通过举办党支部主要骨干研讨班,交流经验,奖励先进,从而一批又一批地成长了众多的、不仅业务好而且具有很强组织能力、活动能力、全面发展的博士生,其中,不少人还被学校授予"优秀博士生"称号。这些都有力地推动了博士生全面质量的提高。

如何进一步提高博士生培养质量,是当今研究生教育战线上一项重大课题,我们和兄弟院校一样,仍然处于不断地探索和实践过程中,虽然积累了一些经验,但仍然存在着许多差距,与世界一流大学的博士生培养质量相比,在若干方面还有明显的不足,还存在相当多的困难和问题需要解决。例如,在培养条件上,我国在教育、研究经费上投入不足;优秀硕士毕业生攻读博士学位的积极性不高;博士生的德育工作还比较薄弱;博士生的知识面还不够广,特别是在创造性能力的培养方面还缺乏得力的措施;博士生教育的管理运行机制、就业面向等方面也都有不少问题需要很好地研究解决。

提高我国博士生教育质量是迎接21世纪发展形势的需要,是我国深化改革、适应科技、经济发展新形势的需要,是当前研究生教育中迫切需要解决的问题,任重道远。我们要在上级领导下,与兄弟院校一起继续不断探索、努力实践,为完善具有中国特色的博士生教育制度做出贡献。

(本文原载《学位与研究生教育》1996 年第 3 期,与林功实、刘颖联合署名。林功实,清华大学研究生院副院长、教授;刘颖,清华大学学位评定委员会办公室主任、教授)

全面实行学分制，为进一步提高教学质量而努力

——在第三届教代会暨第十五届工代会第二次会议上的报告

(1994 年 3 月 25 日)

各位代表：

我校今年秋季学期将开始全面实行学分制，刚才王大中校长已讲了推行学分制的意义和目的，现就推行学分制具体工作情况，向代表们作一简要汇报。

一

学分制是一种教学管理制度。它以学分为计算学生学习分量的单位。学生修满规定学分，可以毕业。学分是课程内容深浅难易的量化表示，也是学生研读课程所需的社会必要劳动时间的反映。

清华大学 1949 年前一直实行美国式的学分制，到 1952 年开始实行学年制。院系调整后，分设统一的专业教学计划。1978 年恢复高考招生后，当时教育部提出有条件的学校可以试行学分制。80 年代初学校实行了“按计划培养与按学分累计成绩”的办法。1985 年《中共中央关于教育体制改革的决定》再次提出实行学分制的问题。我校进一步在指导性教学计划下逐步开始选修课、第二学位课、辅修课组及各种因材施教措施，当时称为“计划学分制”。从 1980 年前后到 1993 年，

有近200名学生提前毕业或提前攻读研究生,有的学生也实行了单独的优秀生培养计划,并实行双学位、二级工培训和校级优秀生等大面积因材施教的措施。应该说我校实际上已程度不同地引入了学分制管理办法。但是,专业设置过窄,教学计划总体上弹性不够,大多数学生学习上选择余地还较小。1993年我校在物理、数学两系进行全面推行学分制的试点,扩大选修课比例,但两个系选课余地太小。1993年暑期校系干部会议上,经过充分讨论,决定在较大范围内实行学分制。从1993年下半年开始,教务处及有关部处在电类和理科八个系中进行了反复考察、研究,现经校务会议研究,决定1994年秋季学期开始,在我校全面实行学分制:1994级按新的学分制教学计划运行,1993级参照这个计划实施;1990级到1992级在执行原教学计划的基础上,开通各类选修课;放开辅修课组,包括跨系的互选课程。这就是今年我校全面实行学分制范围。在国外,学分制是与选课制的导师制紧密结合来推行的,但也经历百多年的历史,形成了适合各国具体情况的特色。现在我们要建立符合我国国情和我校实际的教学管理制度,这是一项涉及面很广的本科教学综合改革,需要相当长一段时间来实践、完善。我们要积极地推行全面实行学分制的改革;但具体实施推进上,要稳妥地分步进行。

二

为什么要全面推行学分制?全面推行学分制最重要的目的是全面提高教学质量,调动教师教、学生学的积极性,培养更多的优秀人才。

(一)社会主义市场经济体制的建立和社会发展对人才全面素质提出了更高的要求,我们现在培养的大学生,是跨世纪的一代。学校的任务是要培养德智体全面发展的社会主义建设者和接班人。他们不仅要有专业才能,也要了解经济,有创造精神,具备一定的管理能力。新的形势,对学生的全面素质的要求更高,其知识能力结构也具有更深广的内涵。学分制的实施,有利于提高学生的思想文化和科学素养。

(二)我们要造就更多的全面发展的优秀人才。在学分制条件下,更好地把因材施教工作开展起来。多年来我校开通了双学位、校级优秀生、等级工培训,学生干部既学习专业,又做学生思想政治工作等大面积因材施教的措施。但总的来看,不少有潜力的有特长的学生没有充分得到很好的发展。我校的生源质量是全国各高校中最好的,如何把优秀学生培养好,这对学校的培养教育工作,对全校教师都提出更高的要求。建校以来,特别是1949年以后,清华培养了许多优秀人才。今后衡量学校教学质量,仍然要看十几年、几十年后能否培养造就出高质量的工程师、科学家、企业家及各条战线的骨干。为此,要创造条件,让学生最大限度地发挥学习潜能。开展因材施教,“充分注意学生个人特点,根据学生具体情况进行教育,才能培养出真正全面发展的人才”。“因此它有助于全面发展方针的实现,二者不是矛盾的。”我们应当认识到全面发展与因材施教两者之间的辩证关系。

(三)我们培养的人才要能适应社会和科技的发展。科学技术综合化是科技发展的重要趋势,这使我们的专业不仅要拓宽,还要发挥我校学科门类齐全的优势,培养理工结合、文理交叉的复合型人才。要为学生跨系选课,提供更好的条件。另外,我国正建立的社会主义市场经济体制,学生将逐步做到自主择业,这样,学生必然对学习提出更多选择的要求。

(四)推行学分制要着重抓好课程结构、教学内容和方法的改革。适应学生知识能力结构的更新和调整,这是教师和教学管理干部的着力点所在。最近几年学校每年抓两门对全局影响大的重要课程体系的改革,在推行学分制时,各系要理顺本系的主干课程,各类课程的教师要研究、更新本门课程的体系和课程内容。过去我们习惯的教学方法,强调系统、完整、循序渐进,讲得过细过多。多数课程只用一本教材,而课堂讲授与教材大同小异,在大学中,这并不是最好的教学方法。我们缺少一种“渗透式”的教学方法,就是说有些内容,有一个台阶,学生还不完全清楚,要通过看参考书找资料把知识学到手,我们要注意培养学生获取知识的能力。

(五)实行学分制是在我们已有的基础上前进。要继承和发展我校教学方面好的经验。例如,德智体全面发展,注重基础,重视实践,注重教学基本建设,注意大面积提高教学质量等。同时,实行学分制,也给改进学生思想政治教育和学生全面培养提供了新的机遇,在新的时期要创造教书育人的新经验。

综上所述,全面实行学分制,作为教育改革的一个重要环节,从根本上说,是服务于教育“面向现代化、面向世界、面向未来”的战略方针,服务于创办世界一流具有中国特色的社会主义大学,培养更多优秀人才这一宏伟目标的。虽然学分制有着较长的历史,也有许多国内外的经验可供借鉴,但是,要根据我国的国情,继承和发扬我校办学治学的优良传统,在新的历史时期搞出自己的特色,就绝不是一件轻而易举的事。全面实行学分制,不但需要我们在许多认识问题上转变观念,而且需要建立起一套与之相适应的教学管理体制、学生管理体制乃至后勤保障体制,这就需要我们认真规划,循序渐进,采取积极的态度,稳妥的措施,有步骤地实现各个阶段的预期目标。

三

现就今明两年推行学分制的近期目标,作一简单说明:

(一)从近期来说,全面实行学分制的一个重要步骤就是完善选课制。通过在必修课中引入选修,设立分组选修课,自由选修课,放开辅修课组等措施,把一个更加健全的选课机制引入教学过程。

(二)在健全完善选课制的过程中,要把重点放在课程体系结构和教学内容、方法的改革上,坚持把拓宽专业面向,优化课程体系,理顺课程结构作为制定学分制教学计划的着眼点。努力使各门课程的目的性更加明确,在内容上更加精炼和实用。同时,使学生所承受的必修课的学习负荷量得到合理的分布。

(三)根据我校的学制、生源质量和教学总体要求,在总结近年来试行学分制的基础上,形成全面实行学分制教学计划的总体框架。它包括下面几个要点:1. 绝大多数专业的基本学分以中等程度的学生 5 年内可以完成的课程总量为基准,学生修满基本学分准予毕业;2. 坚持加强基础教学和工程实践环节的原则,理论教学与实践环节周数比例为 7∶3;3. 适当降低教学计划规定的课内总学时(本次调整将由 3500 学时降到 3200 学时,相应学分为约 240 学分)。在调整教学计划时,各系要在优化专业主干课、加强重点课程建设、更新教学内容等实处下真功夫,切实保证教学质量的提高。

(四)在全面实行学分制过程中,逐步进行教学补贴机制的改革。首先在基础课和部分技术基础课中建立“课程负责人”聘任制和“教学岗位”聘任制,实行教学岗位聘任、工作量定额与“岗位津贴”挂钩。各系也要参照这一原则,落实本系专业主干课的教学岗位设置、教师的聘任以及有关待遇等具体措施。

(五)有步骤、有重点地改善教学条件。随着学分制的全面实行,尤其是学生课程自由度的加大,教学实验的原有布局和软、硬设备及条件也要进行相应的调整和改善。在教学经费相当紧张的情况下,要认真规划、扶持重点,首先改善一批涉及面广、负荷量大的教学实验基地的条件。对重点部位实行经费投入倾斜的同时,特别还要支持一些积极自筹经费、增加教学投入的单位。校系教学管理部门要加强对经费投入效果的监督检查,建立和健全目标责任制,并根据投入的效果,对后续的经费投入实行有效的调控。

(六)有步骤地改革、健全和完善在全面实行学分制条件下的教学运行和管理体制。我们学校长期形成了“严谨、勤奋、求实、创新”的学风,有着做好学生思想政治工作的许多宝贵经验,一切为了学生德、智、体全面发展而建立起来的、行之有效的运行机制和管理体制,都需要在新的形势下继承和发展。继承在于保持我校健康发展的精髓,发展则是为了在新的形势、新的教学模式下建立一套更加灵活、更为有效的机制。而在这方面的工作,需要我们进行积极而又慎重的探索。一个基本原则是:先易后难,协调发展。防止出现教学秩序、教学质量的滑坡。因此,在准备全面实行学分制的近期内,在新的教务管理规则付诸实施之前,还要严格执行现行的教学管理规定。我们相信,充分调动教师和学生的两个积极性、认真调查研究、总结经验,是完全有条件保证学分制的全面实施、健康地向前发展。

四

我们要积极学习贯彻《教师法》,为进一步提高教学质量而努力。全面实行学分制是我校深化教学改革,进一步提高教学质量的重大措施之一,又是与我校面向21世纪的发展规划紧密相关的。在这一场改革中,充分调动全校教职员工和学生的积极性,同心同德、积极参与,是保证我们的改革健康发展的首要因素。在这里,我想就全面实行学分制对教师再谈几点期望和要求。

(一)珍视教师的权利,以高度的使命感、责任感为当前我校教学改革的健康发展做出新贡献

《教师法》指出,教育教学改革是教师的权利。全面实行学分制教学改革,在广大教师中蕴藏着巨大的积极性。这在最近一个时期召开的老教师、中青年教师及民主党派教师座谈会上,都得到充分的体现。

长期以来奋斗在教学第一线的我校老教师,为我校教学质量的不断提高,为优良校风的发扬光大,呕心沥血,做出卓越贡献。在全面实行学分制的改革中,老教师肩负两大光荣任务,一是整理和总结长期以来的教学经验和课程建设的经

验，从发展的观点进行全面审视，对全面实行学分制条件下的课程体系，知识结构的优化提出建设性意见，这将始终是我校教学战线的宝贵财富。二是在学分制的全面实施中，鼓励和支持中青年教学骨干走上教学负责岗位。这将是老教师对我校跨越世纪的教学队伍建设又一项宝贵贡献。

承担着继往开来历史重任的中青年教师，一方面要继承我校严谨治学的优良传统，认真学习老教师的好经验、好方法，特别是对教书育人的高度责任感和敬业精神。同时，有更多的责任和条件，把学科前沿知识和近年来国内外科研上的成就引入教学过程。在课程体系和高质量教材建设等方面，进行创造性的开拓。

（二）认真开展“教书育人”，多渠道造就德智体全面发展的一代新人

在全面实行学分制的条件下，原有的教育管理机制和学生自我管理机制也要有相应的发展。其中一种重要的方式，就是要有更多的教师，自觉承担起《教师法》所强调的“教书育人、培养社会主义事业建设者和接班人，提高民族素质的使命”的任务。除了班主任、辅导员机制外，任课教师要结合讲授课程的特点，寓思想教育于课程教学之中。严谨治学、从严执教，关心学生的德智体全面发展，成为学生的良师益友。被聘为选课导师的教师，特别是其中的党员教师，更要在这方面发挥更大作用。

（三）主动适应教学模式和教学管理制度带来的变化

在全面实行学分制条件下，要求我们教师从观念上、工作习惯上适应新的变化。首先要树立全局观念和长远观念。从培养能够胜任跨世纪的经济建设、科技和社会发展的合格人才这一高度，来考虑我们的学生智能结构、教学内容、课程体系，从保障我校教学事业的长盛不衰、巩固发展的大局来看待教学岗位的设立和队伍建设。自觉地考虑全局利益，长远利益。

在具体的工作方式方法上，也要适应全面实行学分制情况下的变化。比如，教学时间的安排要有利于学生的选择，必要时要重复开课，授课方式灵活多样。又如，要适应学生对所开课程和开课教师的选择，通过认真钻研教学方法，更新教学内容。要努力开出具有特色的、受学生欢迎的高质量课程。

（四）充分发挥教师在课程体系、内容和教学法改革中的主导作用

在全面实行学分制中，一个极为重要的环节就是促进课程体系结构的优化和教学内容、教学方法的更新。促进理工结合、文理渗透，促进学科优势的发挥。这也是一项中长期的学科建设任务，它不仅仅是教学管理部门的工作，更要依靠广大教师发挥主导作用。在合理安排各类课程的衔接、改变某些交叉课程的内容重复、删除部分陈旧的内容等方面，更需要广大教师积极参与。各级教学管理部门

要认真听取来自教师中的合理化建议,使教学计划课程设置更具科学性和可操作性。

毛泽东同志曾经引用清人龚自珍的著名诗句:"我劝天公重抖擞,不拘一格降人才"。清华大学在建校以来的不同历史时期,培养出一批又一批饮誉海内外的各方面的优秀人才。尤其是新中国成立以来,更为我们祖国社会主义建设的各条战线培养出一大批德才兼备的栋梁之材。在迎接21世纪的关键历史时期,我们学校更要以"只争朝夕"的精神,为造就更多的优秀人才,包括工程型人才、研究型人才、工程管理型人才等各方面的人才创造优越的条件。在保证人才培养"大面积丰收"的同时,要努力使一些有突出才能的优秀人才在我们的大学里得到成长。全面实行学分制,就是在这方面做出的一个尝试。这一计划的实施,牵动到全校各个部门,我们希望全校教职员工同心同德,共同努力,为这一重大教学改革的顺利进行、健康发展,做出自己的贡献。

(本文系1994年3月25日在清华大学第三届教代会暨第十五届工代会第二次会议上的报告,原载《清华大学学分制教学管理体制文件汇编》第11~20页,清华大学出版社,1996年)

关于提高博士生培养质量的若干关系

《中华人民共和国学位条例》实施16年来,我国的研究生教育取得了巨大的发展成就,博士生教育从无到有、从小到大,取得了长足的进步和显著的成绩,已经初步形成了高层次人才立足国内培养的总体格局。在博士生教育已经初具规模的情况下,在新的历史时期以科学技术为中心的综合国力竞争挑战面前,必须把提高培养质量作为博士生教育工作的重心。

结合清华大学多年博士生教育的实践,我们认为,提高博士生的培养质量除了要树立"世界一流"的高标准以外,还要在指导思想和实际工作中注意处理好影响培养质量的几个重要关系:

1. 处理好数量和质量的关系,以提高质量为博士生教育的重心

数量和质量是对立统一的,没有一定的数量,质量也无从体现。目前的情况是,博士生教育在数量上已经初具规模,矛盾的主要方面在于质量。我校到1996年已经基本实现了1992年提出的年招收500人左右的发展目标,比"八五"开始时增长1倍以上。尽管随着学科建设和科研工作的发展,对博士生数量发展的需求仍然较大,但从学校的培养资源和提高培养质量的要求来看,必须坚决地把工作重心放到提高质量上来,以质量为中心进一步调整资源配置,通过提高培养质量来促进学科建设和科研工作。为此,应采取措施按照培养质量和重点学科(群)建设的需要以及重大攻关任务的需求,对招生名额分配进行调控,进一步满足培养质量高的学科和导师的招生要求,并根据发展需要为国家重点实验室和重点学科等安排更多的招生名额。另外,应加强对于招生、考试、答辩直至授学位各个环节的质量监控。在目前情况下,还应继续实行"严进严出"的做法,在"进口"方面

要加强对学术水平和全面素质的考查,逐步推行考生做学术报告、专家评审择优录取的做法,保证生源质量,宁缺毋滥。同时要着重抓好“严出”。

2. 处理好学科建设和高层次人才培养的关系,以博士生培养为两者的结合点

提高博士生培养质量和学科建设是分不开的。学科建设是“211 工程”的重点,而博士点建设和博士生培养又是学科建设的重要内容。当前的问题是在学科建设中对提高博士生培养质量重视不够,以培养数量列入建设规划者多,切实采取有力措施促进质量提高者较少。结合“211 工程”的实施,各学科(群)在建设规划、可行性研究和实际工作中要把提高博士生培养质量放在重要的位置。各个国家重点实验室和工程中心、开放实验室的建设和运行都要对提高博士生培养质量给予足够重视,并应制定为博士生开放的优惠政策。“211 工程”建设的公共条件项目如信息网络、图书资料等方面也要为提高博士生培养质量做贡献。在“211 工程”项目审定、中期检查和验收中都要把博士生培养质量作为学科建设评估的专项内容。另一方面,要通过高质量博士生的培养促进学科发展,包括吸收博士生参加科研和学科建设,壮大科研队伍;通过让青年学术骨干参与指导博士生促进学术梯队建设;通过跨学科培养博士生促进学科交叉生长,提高博士生的创新素质,等等。

3. 处理好“创新”和“跟踪”的关系,把“创新”摆在博士生教育的核心位置

创新是对博士生教育的核心要求。我们讲提高质量,其中关键的一点就是创新。为了加强和突出创新,应该着重从两个方面着手,一是努力营造浓厚的学术氛围,二是抓好博士论文选题的前沿性和创新性。

学术氛围是孕育创新的摇篮。要从加强博士生的学术交流入手,在博士生培养过程中加入学术报告和交流的环节,要求每个博士生在选题报告后每学期至少在二级学科范围内做一次学术报告,在最后一个学期(通常在答辩申请前三个月以前)做论文工作总结性学术报告,内容要求有论文工作的主要成果和创新点,还应包括同期国内外相关研究的最新进展的评述。此外,还要求每位博士生在学期间要听取一定数量的学术报告,并要求至少在一次全国性或国际学术会议上宣读

自己撰写的论文。还要试办跨学科的博士生讨论班。研究生会、研究生团委应积极组织和开展博士生学术沙龙活动。总之,要调动各方面的积极性,把学术氛围搞得更加活跃,更为浓烈。从更广的方面讲,我们要营造开放式的博士生培养环境,发展校内外、国内外的合作和交流是开放式办学的一个基本内涵。现在博士生出国从事科研合作、参加学术会议、接受培训逐渐增多,要及时总结经验,积极稳妥地把这件事情做得更好。

高水平的选题是取得创新性成果的重要前提。博士论文的选题大体可分为基础理论型、应用基础型和工程技术型,论文的创新也大致可分为"发现式""发明式"和"发展式"。然而,不论是哪种类型,也不论是哪种方式,共同的要求是要"有所发现、有所发明、有所创造、有所前进",也就是学位条例所规定的:在科学或专门技术上做出创造性的成果。结合科研任务培养人是我校的优良传统。博士论文的选题往往同科研任务是分不开的,博士生应该也必须完成好自己承担的科研任务,但要注意不能简单地以任务合同要求代替对博士论文的科学技术水平的要求。为了保证选题水平和论文工作的高起点,避免低水平的重复,博士生的选题报告应在二级(或一级)学科范围内集中、公开地进行,由以博士生导师为主体的考核小组严格审核,并要求有一定数量的教师和研究生参加。

在创新的问题上,既要强调解放思想,又要注意扎扎实实,要发挥好我们的两个优势,一个是引导学生学习和运用唯物辩证法,一个是发扬团结协作精神。

4. 处理好"专精"与"广博"的关系,拓展博士生的科技视野

我国学位条例规定,博士要"掌握坚实宽广的基础理论和系统深入的专门知识"。最近国务院学位委员会批准全国一批学科按一级学科口径培养博士生,这是拓宽我国博士生培养口径的重要举措。我校要在认真抓好"力学""电工学"和"计算机科学与技术"按一级学科招收、培养博士生工作的同时,支持其他学科根据学科的特点和可能,跨二级学科培养博士生。还要专门拨出名额支持理工结合等跨学科门类培养博士生。对于在博士生教育中应该注重"广博"还是强调"专精",专家们尚有不同的看法。我们认为,从我国本科、硕士教育的专业面向偏窄这一实际情况出发,为全面贯彻我国学位条例对博士生培养的质量要求的规定,在今后一段时间内应注意"广博与专精结合""以交叉促创新"的做法,使博士生有宽广的科技视野。为此,一方面要注意安排必要的广度与深度适宜的理论学习,

另一方面还要引导博士生结合实际工作拓展视野,使“专精”与“广博”相互促进,辩证统一。“根深才能叶茂”,我们最终的目的在于使博士生在“坚实宽广”和“系统深入”的基础上做出创造性成果,在广博与精深统一的基础上达到提高博士生培养质量的要求。应结合“211工程”的实施,有重点地建设一批高水平、前沿性、启发式、少而精的博士生课程,各个重点学科要率先开出反映本学科前沿进展的课程或系列讲座,使学生可以在较短时间内了解本学科和相关学科的最新进展和技术发展方向。博士生课程教学的特点在于通过学习和研究自主获取知识,因此,要重视和抓好博士生讨论班的建设。讨论班是国外培养研究生的通行的、成功的做法。讨论班以学生自学、研究和切磋交流为主,教师的作用主要是启发思维、传授方法、指导总结提高。还要继续总结经验抓好学科综合考试,取得实效。

5. 处理好工程技术成果和发表科技论文的关系,促进更多高水平论文的发表

发表学术论文的多寡及其水平的高低是评价学校科研水平和人才培养质量的国际通行的重要指标。然而,我国的高等学校特别是重点工科高校同时又是我国重要的工程技术研究开发基地。我校目前作为一所工科学科分支占多数的大学,无疑应当十分重视工程技术成果及其推广应用。然而创造性的工程技术成果,以工程项目验收鉴定或发明专利为表征,或获得相应的工程与技术的奖励,其中的部分成果,也应该而且可能总结为论文进行交流。目前的情况是,我校每年发表的高水平科学技术论文的数量与建设一流大学的目标相距甚远,必须引起足够重视。这种情况很大程度要靠提高博士生培养质量来改进。博士生教育占用了学校最优秀的师生资源,应该为学校科研上水平做较大的贡献。所以,一方面对从事工程技术研究的博士生,应该在工程项目鉴定、发明专利申报、工程科技奖励方面,提出更高的要求;另一方面,发表高水平的学术论文又是博士生培养过程中的必要环节,是检验博士生研究水平的重要标志。在发表论文的问题上,既要有一定的数量要求,同时也要强调“重在质量”。博士生在学期间至少在国内外学术刊物或ISTP收录的国际会议上发表3篇论文,其中至少有1篇发表在由学校学位评定委员会认定的“各学科重要期刊名册”所列的刊物上或SCI、Ei收录的刊物上,还应要求有一篇用外文发表的论文,论文均应由博士生执笔,且以在学期间工作为基础。这样一个基本要求,我们认为是适宜的。对于博士生以论文工作为

主,并作为主要获奖人取得省部级三等奖以上和发明专利的,视同发表论文两篇,但仍应有一篇在重要刊物上发表的论文,以此作为申请博士学位的必要条件。实践证明,绝大多数博士生是可以做到这一点的。博士生的学习、研究潜力很大,关键是导师要严格要求、精心指导。当然,我校各学科的情况差别很大,博士生研究工作任务的背景差别很大,发表论文并不是对博士生工作成果的唯一要求,各学科应在达到学校统一要求的前提下,结合学科实际对博士生的发表论文和完成工程技术成果做出相应的严格的具体规定。

6. 处理好德、智、体全面发展的关系,博士生导师要全面地担负起育人重任

博士生的培养质量不仅表现在科学技术素质方面,还表现在思想道德和身心素质方面,对博士生全面素质的要求同时也是对导师全面育人的要求。目前,导师的科研任务很重,要处理好完成任务和育人的关系,牢固树立“学校的根本任务是培养人”的观念,从思想认识上克服“重物轻人”的倾向。教育博士生树立正确的人生观、价值观,培养高尚的道德品质,提高人文素质,提高协作能力、动手能力、表达能力等等,导师都责无旁贷。师生之间不仅要谈学术,还要谈思想;不仅要谈知识,而且要谈世界观和方法论,谈科学作风和学术道德。现在对于学生的表达能力,大家普遍感到不尽如人意。改变这种状态要首先从博士生抓起,导师在指导学生发表论文、做学术报告的同时,要帮助他们提高表达能力和水平。在论文指导方面,目前影响博士生论文质量的一个重要原因是低水平重复性工作较多。导师要注意自身工作成果的积累和吸收他人的工作成果,注意使每届学生能在前人基础上着意创新开拓。导师要鼓励支持学生的首创精神,鼓励支持并指导学生选课和参加学术交流,积极指导学生发表论文。导师还要在发挥指导小组集体作用方面发挥好主导作用。此外,还特别要求导师要积极参与和支持博士生课程的建设,支持和帮助博士生做好助教、助研和助管工作及其所承担的社会工作,认真执行国家和学校的各项规章制度,支持管理部门的严格管理。

为了合理配置有限的教学资源,保证和提高博士生培养质量,学校仍要继续坚持和加强对导师上岗招生条件的严格审查。拟在每年制定招生计划时对申请招生的导师的科研业绩、培养质量以及科研课题、经费等培养条件进行审查,不合格者暂缓招生。要采取切实可行的措施推行双向选择。还要特别注意做好新老导师队伍的协作和交替,鉴于“九五”期间大批现在岗导师将退出一线,要通过参

加博士生指导小组、担任副导师或导师等各种方式吸引优秀的青年学术骨干参加到指导博士生的队伍中来。

思想道德教育是博士生教育的重要方面,对于博士生来说,尤应使他们懂得自己肩负的责任和义务。研究生的思想教育工作,不仅是思教部门的事,也是导师的责任,是学校各个部门的份内之事,要把它作为坚持学校的社会主义方向、建设精神文明的一个重要方面来看待,使我们广大的博士生真正成为我国社会主义建设者和接班人中的中坚和骨干。

博士生教育位于学校人才培养的最高层次,博士生培养质量如何,是对学校人才培养和科学研究综合实力的重要检验。清华大学在建设世界一流的有中国特色的社会主义大学的进程中,把"改革研究生教育,进一步提高博士生培养质量"作为人才培养的一项主要工作内容提到了突出的位置,并进一步明确了"博士生教育以提高培养质量为重心"的指导思想。在培养质量这个问题上,既要充分地借鉴教育发达国家的先进经验,还必须立足国情、校情,从实际出发,正确地分析处理从指导思想、工作方针到各个教育环节上的主要矛盾,抓住矛盾的主要方面,提出相应的工作措施,而不能盲目、简单地套用"某国"模式。在一个发展中的社会主义国家,如何建设一流的大学,如何培养一流的博士生,是时代赋予我们的重大课题。我们相信,结合"211 工程"的实施,经过广大导师、管理干部和学生的共同艰苦努力,我校博士生的培养质量一定能在"九五"期间跃上一个新的水平,向着世界一流的目标迈出扎实的一步,并逐步走出一条有中国特色的博士生培养的路子来。

(原载《学位与研究生教育》1997 年第 4 期,与龚克、林功实、郑燕康联合署名,三位均为清华大学研究生院副院长,教授)

培养中国新型工程师,路在何方

清华大学目前培养的人才,其主要部分是与理工科和经济管理的专业范围相联系的。纵观当今国际工程教育界的研究动向,都十分关注21世纪的工程教育发展。国内外许多学者提出:工程教育要“回归工程”;与科技发展综合化相适应;科技教育的人文化和理性化;教育随着信息社会的到来所具有的信息化和某种程度的国际化特征。已有不少研究论文述及这些“化”的背景和特点。在教育观念上,提出了一系列值得重视和应深入研究的问题,诸如:素质教育、创新精神的教育;终身教育;教育的功能,等等。

所有上述问题的讨论,都期望聚焦于以下问题:对全国来说,研究中国工程教育所提出的实际问题,研究如何建立有中国特色的社会主义工程教育体系;对清华大学来说,即明确认识清华大学在我国社会发展与经济建设中的地位与作用,即学校的定位及与之相关的人才培养目标。只有对上述问题有一个合乎客观实际的清醒的认识,才能在整个教育战线的战略定位与战术实施中,将改革立于坚实的基础之上。

中国处在社会主义初级阶段的长期发展过程之中。社会主义现代化建设需要培养一大批新型的工程师与经济管理者。国际上培养工程师大体上有两种模式:一种是以美国为代表的在本科阶段以通才教育为主的模式;另一种是以德国为代表的欧陆工程师培养模式。美、欧由于大学的结构功能的不同,对工程师培养所采取的顺序有别,但其最终用6~7年左右的时间培养工程师的格局大致相同,可谓殊途同归。那么,中国今后工程教育与工程技术教育的大致框架应该是什么样的呢?由于中国是发展中的国家,尚处于社会主义建设的初级阶段,她既未形成美国企业界那么强大的大学后工程培训的体系,也不具有欧陆特别是德国那样的大学与企业界的交往关系,以及工业大学本身已有一大批有实际工程与研究经验的教授和教师队伍。有人说,中国有"教授级高级工程师"工作于工业界,但大学中却甚缺"高级工程师级的教授"。因此,中国的高等工程教育难以采用美欧两种模式中的任何一种。她只能根据自己的国情,走有中国自己特点的培养工程师的道路。

要描述我们自己培养工程师的框架,先要分析跨世纪至下世纪初,我国工程界与工程教育界面临的实际情况,不妨罗列一些大的趋势:

中国作为发展中的国家,正处于社会主义的初级阶段,处于渐进式的由计划经济体制向市场经济体制过渡的阶段。学校由原来从属于国家或地区政府,逐步地使大学与社会的联系进一步增强,即在国家、社会、学校这个三角形三个顶点之间的联系中,学校与社会的联系增强了,国家与政府将逐步调整为主要掌握宏观控制的功能,或者说,将主要是从立法与政策上对大学作宏观的管理。

国家的几个大的经济区的发展,要求高等学校更好地为地区经济服务。一种典型是以珠江三角洲对华南高校的要求与支持,而以浦东开发为契机的长江三角洲对沪、苏高校,今后必将要求有大的重组与整合;另一种是中西部地区在21世纪初叶,将有相当的经济发展需要的资金注入,沿海的高校负有支援中西部地区工业高校的任务。经济建设与社会发展是工程教育的最为重要的驱动力,特别在迅速而且动态地变化着的中国,更显现出它的力度。

中国是一个农业大国,在农业、人口、能源、环境、管理、信息等方面,都具有中国的特色,如人口控制,农业与生物工程,能源与煤的高效清洁燃烧,等等。而管理更是我国工业发展的一个重点,这些都将规定今后工程学科设置面向中国经济建设的大格局。

知识产权的挑战,明显地摆在工程界的面前。改革开放以来,劳动密集型的产业,给劳动力开发带来新的机遇;但今后,中国应该在国际工业产品的进出口中,创造更多具有中国自己知识产权的产品,这样才能得到更多的经济回报。在重要的工、农、医药等类产品中,我国自己的名牌和握有自己的专利与知识产权的产品太少了!要达到强国富民的目标,理工科大学肩负培养具有创新精神、能创造出更多具有中国自己知识产权的产品的新型工程师的历史重任。

国有企业的产权重组,股份制与股份合作制的发展,要求工程师要懂经济,要有外向型交流的能力,应对中国和东方五千年的优秀文化有较充分的了解。而这个经济体制的变化,已经并将会更迅速地提到日程上来。为中国经济建设服务的工程师,都必然直接面对这些新的要求,不断完善自己的知识结构,高等学校必须主动使人才培养适应这些要求。

在中国的企业界，大学后培养制度不发达，但中国教育的发展已经有了自己的一些特色。诸如已经建立了遍及全国各个专区（地区）的广播电视教育网，广播电视大学、国家自学考试体系和社会办学近年来得到蓬勃发展。最近，卫星传播和多媒体应用进入中国教育和科研计算机网（CERNET），为远程教育提供了新的教育手段。这或许是为解决地域广大、人口众多、发展不平衡的中国工程教育包括工程职业教育的有力手段。……

大的变化还可列举若干个。但这些变化已经为构建我国工程教育的边界约束条件画出一个轮廓。在此，试为中国工程师今后的培养之路作一素描式的勾画：

提高重点理工科大学的培养质量和办学效益，深入研究本科与硕士（工程硕士与工学硕士）的培养过程，从系统工程的高度，协调发展，造就高质量、高层次的工程技术人才；

大力发展高等职业学校和高等工程职业教育（在德国有 Technische Hochschule），理顺其学制，建立中等、高等职业教育与工程硕士等学位多通道互相沟通的学位制度；

发展企业与地区的远程教育和继续教育，以此作为产学协作的一条重要渠道，并使其和广大地区的工程人才培养需求紧密联系起来；

对多数普通高校的本科人才培养，应当在实施宽口径专业人才培养过程中，增强通识教育，实施综合素质教育，培养适应社会主义市场经济需要的工程技术人才；

大力发展工程师的职前教育，目前工程院校的培养目标只能是工程师的"毛坯"，所以，培养工程师的任务只能由高校与企业接力式完成，工程师职前教育主要应由企业来完成；

大力发展大学后的在企业的继续教育，实为非常必要，当然，成为工程师后的继续教育，将延续至工程师退休，甚至人的终生。

构筑适合中国实际的工程教育框架的研究，仍在继续探寻之中。寻找适合中国国情的今后工程师培养之路，仍然是我们教育工作者的重大课题。

"文革"以前，清华大学用 6 年较长的学制，培养又红又专的"红色工程师"。其实质不在于长学制，而在于培养高质量、高水平的工程人才。因为在当时的中国，没有企业的后培训制度，又要尊重人才培养的客观规律。今天，清华承担培养人才的任务比以往更重，范围也更宽广，我们应该培养适应 21 世纪中国经济与社会发展的高质量高层次的人才。清华应成为高级人才培养的基地，科学文化发展的基地，开拓高新技术的基地和社会主义精神文明建设的基地。我们培养的人才，应该是科学技术、生产经营、治国安邦各个领域中的骨干和中坚。

只有当学校在国家发展的作用与定位上有比较清醒明确的认识，才能设定正确的培养目标。这样，才能进而推进到人才培养模式、学科专业设置、教学计划制订、课程体系与教学内容改革等方面由巨至细的改革，各项改革才能有序地进行。

（原载《高等工程教育研究》1997 年第 4 期）

面向21世纪的清华大学博士生教育

博士生教育是学历教育的最高层次,是一所高等学校的教育和科研水平的集中体现。在过去的10多年中,清华大学的博士生教育得到了长足的发展,已先后培养出各类博士1436人,成为我国科学研究和经济建设各个领域的重要骨干。学校博士生的年招生规模从1984年的40多人发展到1997年的500多人,在校博士生总数达1740人,清华大学成为中国最大的博士生培养基地。在博士生的培养数量已经形成规模的前提下,学校的博士生教育进入了以“提高培养质量”为中心的新的发展阶段。现在人类社会正在步入21世纪,世界范围的科技与社会的进步,中国的进一步改革与开放,市场经济体制的全面实现,社会与经济发展水平从“小康”到“发达”的转变,这一切必然带来人才培养环境和对于人才素质需求的极大变化。面向21世纪,如何成规模地培养高质量的博士人才,使之能够站在21世纪科学技术发展的前沿,在中国的社会与经济发展进程中发挥骨干作用,这是清华大学博士生教育面临的严峻挑战。面对这样的挑战和变化,清华大学的博士生教育必须进行“前瞻性”的调整。

纵观现代科学技术的发展趋势,结合中国21世纪发展的需要,我们认为,面向21世纪的高质量的博士生应该是更具创新性、适应性、综合性和协作性的人才,他们应该具备更广博的知识基础,具有对新事物的敏锐的观察力和综合运用各种科学工具和技术手段创造性地解决实际问题的能力。

为了实现培养适应新世纪发展需要的高质量博士生的目标,需要进行方方面面的调整与改革。归结起来,我们认为应该从以下几个方面着手,建设一个具有宽广的学科口径、先进的信息支撑环境、高水平的师资队伍、优秀的生源和科学的培养机制,面向21世纪中国科技与社会发展的博士生教育体系。

1. 大力推进交叉学科与学科群建设，在更宽阔的专业范围里培养高水平博士生

博士生的研究工作要力求“精深”，然而这种“精深”又是以“宽厚”为基础的，可以预见，科学技术的互相渗透和交融生长将是21世纪科技进步的重要特点。因此，必须进行整体规划，建设跨一级学科的博士生培养大平台，根本改变过去长期形成的过细、过窄的学科格局，使博士生在更加宽阔的科技领域中进行深入的学习和研究，实现开拓和创新。为此，清华大学计划重点建设好信息、核能、能源、先进制造、材料、生命科学和人居环境等7个学科群，带动全校各个学科的发展。如人居环境学科群涵盖建筑、土木、环境、水电、材料、热能等多个系的10多个二级学科。这7个学科群的建设和发展将为相关的数十个学科的交融生长提供一个综合的平台，有利于使学生建立宽厚的科学基础和广阔的研究与创造天地。

对于博士生教育而言，光有“宽广”是不够的，还必须把“拓宽”和“更新”结合起来，这样才能真正实现“坚实宽广”和“系统深入”的培养要求。为此，清华大学研究生院正着手建立一批面向一级学科发展前沿的高水平的博士生课程，使博士生能尽快了解本学科和相近学科的最新进展，为其进行高水平的研究选题打下基础。

2. 大力抓好以信息基础设施为中心的培养环境建设，使博士生在信息化环境中学习成长

丰富、及时的信息资源与宽松、深入的学术交流是学科发展与人才培养的必要条件。21世纪将是信息化的时代，离开一流的信息基础设施，是培养不出一流科技人才的。研究生教育不同于其他，主要不是靠课堂传授，而是要靠自主学习获取知识。这就要求要有良好的获取和交流信息的手段。充分利用先进的信息技术、建立迅捷宽广的信息交流渠道，开拓丰富的信息资源，是建立高水平博士生教育的必要支撑条件。为此，我校特别重视信息设施的建设，近年来集中投资建设一系列网络化的先进实验室；在校图书馆建立了OCLC中国中心、学术期刊光盘阅览室、多媒体阅览室等，还拨专款资助学生使用这些资源；特别是科技成果检索中心的建立，为研究生选题的先进性、独创性提供了必要条件；在校园网上开辟了各种学术沙龙，使学生和教师可以通过网络切磋、交流；校园网和中国教育科研网

(CER-NET)以及国际互联网(INTERNET)的连通,使博士生可以方便及时地获取国际、国内的各种信息。另外,我校还重点建设了一批面向研究生教育的实验室,使研究生的培养条件明显改善。

3. 大力引进人才,发挥群体优势,加强博士生教育师资队伍建设

导师是研究生培养的关键因素,没有高水平的导师,培养高质量的博士生是难以想象的。清华大学历来重视师资队伍特别是博士生导师队伍的建设。导师队伍的建设包括人员的更新和知识的更新两个层面。面对近年来出现的导师队伍结构性老化,我校在积极提拔校内年轻骨干的同时,大力引进国内外优秀人才。近几年,包括中国科学院和中国工程院院士在内的一批在国内外有所建树的年富力强的教授和一大批国内外培养的优秀博士来校任教,进一步加强了我校师资队伍。另外,我们要求建立博士生指导组,发挥群体优势,使博士生能兼收并蓄、博采众长。最近,我校建立了"高等研究中心",聘请了一批世界著名科学家为兼职研究员,同时指导博士生。

加强对招生导师的遴选,促进导师更新知识、提高水平,是抓好导师队伍建设的关键环节。我们要求招收博士生的教授必须在近年内有较好的科研成果和较高水平、发表一定数量的学术论文、有较好的科研课题和较充足的研究经费,以确保博士生培养的基本条件。我们还要求导师开设学科前沿讲座,不仅带领博士生而且也促进导师本身活跃在学科前沿。

4. 大力改革博士生选拔和培养机制,促使优秀人才脱颖而出

培养面向21世纪的高质量博士生必须有一个科学的选拔培养机制。在选拔、培养的整个过程中各个阶段的考核是关键。长期以来,对学生的考核一直是以书面知识的掌握程度为主要内容,这显然不利于全面培养学生的能力和素质。此外,管理制度方面的死板也限制了一些"特殊"人才的成长。为此,近年来我们一方面积极采取措施从内容和形式上进行改革,力求突出对能力和素质的考核,力求在培养上加强能力训练,包括自主获取知识的能力、独立分析、描述和表达问题的能力、运用语言和计算机及其他信息技术的能力、实验动手的能力、协同工作和组织能力等等;另一方面积极引入和完善奖优汰劣的竞争机制。总之,要在管理

上严格、在学术上宽松，使优秀人才能够不拘一格地脱颖而出。

5. 大力加强与企业的合作，积极为中国经济建设和社会发展服务

21世纪的经济竞争，其决定因素是科技与人才之争。中国的经济建设，要攻克许多技术科学、自然科学、人文科学和社会科学方面的课题，就需要大批的高质量、高层次人才。我校为使教育科研更好地促进经济建设，建立了大学与企业合作委员会，参加者有中国各工业部门的骨干企业和一批著名的外国企业；同时，与企业合作的发展也为博士生教育改善了条件，为他们提供了深入实际、服务社会、增长才干的机遇。我校在总结推广电工学学科建设经验的基础上，将进一步推动工科的部分系科，努力做到既面向国民经济建设主战场，又能培养高水平的高层次人才。

6. 积极推进创新，加强国际学术交流

提高博士生培养质量的重要标志，是博士论文的创造性和博士生的创新精神。要转变教育思想，特别要重视形成创新精神的激发机制与创造性成果的激励机制。这要求博士生在国际科技水平的前沿上开展国际性的学术交流，在交流中撞击创新的火花，培养创造的思维，积极推进创新的交流与合作。我们专门设立了“创新、探索性博士论文基金”，对进行新探索的课题提供支持，奖励创造性的研究成果，鼓励博士生从哲学的科学思辨高度进行研究，在国民经济建设和社会发展的第一线实践中汲取创新的营养。

21世纪对于高层次人才的多方面要求对我们的博士生教育提出了许多新的深层次问题，比如：

如何在中国这样的发展中国家建立世界一流的博士生教育？

如何将信息科学技术融入博士生教育，形成崭新的教育方式和方法？

如何创建不同于其他教育阶段的博士生选拔、考核机制？

如何在发挥中国“严谨、缜密”的教育传统的同时，形成有效地激发创新的培养机制？

如何在综合化的趋势中发展学科特色？

如何在成规模培养和规范性管理的前提下实现多样性和个性化？

如何处理高等教育的公益性和功利性的关系,使学校在服务社会的同时更好地获取自身发展的机遇和条件?

如何将“可持续发展”的思想融入研究生教育,特别是使以“改造自然”为目的的工程教育转变为“人类与自然和谐发展”的新型工程教育?

不对这些问题给出系统的回答,不在教育思想上有所突破,就难以建立适应21世纪发展的博士生教育体系。因此,我们将进一步加强教育理论和方法的研究与实践,加强国内外交流,特别是同教育发达国家著名大学及教育机构的交流和合作,努力使我校博士生教育的水平向世界著名大学看齐。

(原载《清华大学研究生教育与管理》杂志1997年第3期,又见《在提高中发展——理工科博士生教育现状剖析及对策研究》第44~46页,清华大学出版社,2002年,与龚克联合署名。龚克,清华大学研究生院副院长,教授)

转变教育思想推进教育改革

——在“全国高等学校实验室工作研究会’97 实验教学改革研讨会”上的讲话

各位领导、各位同行、各位同志们：

研讨会可以研究、讨论，可以谈得自由一点，今天的讲话不能作为学术报告，作为一个发言吧！研究当前与实验教学改革有关系的教育思想上的一些问题。

前几年到现在，在全国各个高等学校正在悄然兴起关于教学思想和教学观念的改革、转变方面的讨论。教学改革要前进，归根寻源，还是要从教学思想上有一个比较清楚的认识。我们教学改革中以前出现的问题归根到底也还是在教育思想、教育观念上的认识有些偏颇。在我们学习“十五大”精神、展望前进道路的时候，回过头来看看我们在教育思想、教育观念上还有哪些要根据变化了的情况进行新的认识。实验教学应该是高等学校，特别是理工科大学非常关键的一个部门，但是它在最近几年以来随着经济体制的改革碰到一些新的机遇，面临一些新的问题。新的机遇就意味着社会对于学生也包括对于我们的实验室，对老师，对实验、实践的要求，开辟了更广阔的领地。但是如果我们在指导思想上认识不是很清楚的话，往往有个别的实验室就会在教育投资严重不足的情况下慢慢地把一些教学资源变成一种创收的设备。当然，我们实验室工作中的确也有很多问题，大家都碰到了，工作是很琐碎的，物价又在涨，投资增加的不多，职称上对于实验工作的承认，可能还有需要完善之处。这些问题就会与高等院校对于加强实践环节，进一步培养学生的创新精神和创新能力，把实验教学真正提高到一个面向 21 世纪人才培养的高度之间产生巨大的反差和矛盾。这个现实的问题怎样解决呢？在投入的问题不能一朝一夕得到解决的情况下，就有一个从领导到全体同志对于这个问题的教学思想转变。“十五大”精神和小平同志理论中有非常重要的一条,就是去研究它所面临的一个历史阶段的重要现实问题。学习小平同志的理论,学习“十五大”精神都是理论性很强的问题,但都是与我们中国改革开放中所碰到的现实问题紧密相关的,它不是一个纯理论的讨论。所以我们讨论教学思想、教学观念转变问题也要学习这个精神。我们要转变哪些观念,要进一步搞清楚哪些问题,要和我们一段时间所碰到的现实问题相联系进行研究。像小平同志所谈关于社会主义初级阶段的理论,关于计划经济和市场经济的理论,关于社会主义本质的理论,关于一国两制的理论,等等,包括关于物质文明和精神文明建设的理论,这些大的问题都是和这十来年所碰到的问题相关的,像香港问题、台湾问题、市场经济和计划经济问题。一句话,我们转变教育思想和教育观念要学习小平同志这种解放思想、实事求是、面向现实问题的态度来讨论。我们要研究现在的教育,像我们清华大学理工科比较多的情况下碰到一些什么样的现实问题,一定要从碰到的现实问题来研究。我想有这么几个变化了的现实,并从这些变化了的现实中提出关于教育思想、教育观念的问题。

第一个变化

我们这十来年培养了很多学生走向社会。暑假前,我们组织了 5 路大军在全国对我校毕业的学生做了一个调查,现在正在消化这些材料。调查的材料给了我们这么几个方面值得进一步研究的现实:第一个反应比较强烈的是对于我们理工科培养出来的学生的全面素质,觉得有待加强,特别是经济的、人文的、社会方面的知识和思想道德品质。这是一些单位从事人事的总裁对我们人事干部提出的问题,很值得深思。我举个例子,北京燕山石化总公司人事副总裁当着我的面说,我这个公司 1997 年 6 月份股票要上市,1997 年 1 月份要进行全部财产评估和清查,可是我们所有的工程师,除了有几个人有点经济头脑以外,所有的都不行,他们做不了这个工作。这就提出一个问题,不是明天而是今天,对我们培养的学生,用户已给我们提出这个问题了,就是你学的理论、学的知识结构有偏颇,你适应不了这个工厂的要求。工厂进行财产评估,它有一套规范。但是,第一没有人知道这个规范;第二,知道这个规范,照猫画虎还是不会评。这就说明,我们人才的培养不适合社会主义建设今天的需要,更不用说明天的需要了。电视里给我一个印象很深刻,一汽集团的董事长在电视里讲了三句话。他说,我在当厂长时,想的是怎样把汽车高质量地造出来,我只要会造汽车就行;在我当经理时,我要考虑这汽车不仅要造出来，还要卖出去；而我当董事长时，我不仅要知道怎么造出来，怎么卖出去，还要知道在国际上筹集资金，要把股票上到国际上去。对于他这个人是属于帅才了，要培养这类帅才人物，他的知识结构要适应在十几年里，从厂长到经理到董事长，经历这么一个大的扩展，需要终身学习了。

我们学校在培养人才素质上，过去在计划经济时培养的学生，像我的同龄人、同学，我们往往都是分配到一个地方一干30几年直到退休。这几年发生了大变化，而且变化越来越明显。我们调查了将近千人的毕业生，最近7年，我们发现95%的学生从事技术科学工作，中间有50%的人挪过一个岗位，不叫跳槽，叫作调动。那些市场经济比较发达的国家，他们统计平均过，有的人一生要挪5~6次，我们现在已到了一次了，像我的同龄人可能多数是零次，这预示着市场经济人才市场的变化。今后提供给毕业生的选择有多样性，这个趋势是我们要他这样做的。我们国家的经济要走向市场经济，我们不能说你这个人不安心，老是跳槽，当然，对那些短视的跳槽我们要做工作了。但是从整个的趋势看，一个国家要从计划经济走向市场经济，你就必须在人才市场，对培养的人有这样的变化。这个变化在过去的7年已经变过一次，今后的10年变化多少还不知道，但是只要是搞市场经济的国家，它的变化有世界平均数在那里，我们就要应付人才培养的变化。

第二个变化

现在整个国家，世界上也是这样，大家对教育都非常关注。强国也好，发展中国家也好，都知道下一个世纪谁在人才的准备上有所提早、有所觉察，提早一着，他所得到的市场份额就会占先。21世纪叫信息的世纪、生物的世纪等等，某种意义上是一个教育的世纪。每个国家都在花力量研究下一个世纪教育应该怎么做，而且正逐渐将教育变成一种政府的行为。很明显的，美国克林顿总统上任以后不久提出13点教育科研计划的第一点，就是投巨资在专科和大学中，当然这也牵涉到第二点Internet网络，它已变成政府行为。为什么变成政府行为呢？因为政府不是用枪和炮征服一个国家了，而是要通过经济去占领市场，通过科技去占领市场。归根结底是要通过人才才能去占领市场，它是作为国家利益的重要组成部分的一种战略。我们国家提出科教兴国，但是还有很多问题要落实，实际上这是21世纪一个很重要的问题。我举一个例子，这里有很多上海的、长江三角洲的高等院校的同志，最近我们学校党委书记带了一个代表团，去上海地区、杭州地区学习,学习他们进一步教学改革的经验。我们觉察到一个非常明显的趋势,就是上海浦东地区的进一步发展。经济的发展必然要有文化上、教育上很大投入,因为几千亿的资金建设一个大的三角洲和浦东地区,为什么不花相应的资金来建设文化和教育呢?有远见的领导人,他必然会很匹配地来做这件事情。去年上海投资了20亿建立了10所寄宿制的中学,一个学校有2个亿,中学的设备硬件、软件会有很大的改善。今后若干年还必然会投入比这个大得多的资金搞高等教育。当然它要求高等教育要和整个上海地区、长江三角洲开发地区的经济开发战略,同步做伤筋动骨的改造,这是可以预期的。为什么上海建立了图书馆、博物馆、八运会的会场,下一步中学、高等教育就紧接着上去了?我在想,一个国家一个地区,经济要发展必然会对整个高等教育提出要求,从今后进一步投入来看,可能这是一个很重要的源头。要和地方的经济区相联系、和地方经济发展的重要活动相联系,你才能取得办学资源相应的份额。这就是江泽民同志提出的高等教育要全面适应国家社会发展和经济建设的需要。你只有适应了它,才能得到强大的原动力。我们清华、北大这样一些学校是教委的学校,有的同志讲找不到一个区一个部作为靠山,但是实际上普遍的原理是存在的,我们要适应于国家和地区的发展。这是第二个变化,这个变化是很现实的。

第三个变化

对学生的培养。最近我们在讨论关于培养学生的问题。有人提出,我们过去学校培养了很多革命者、建设者,下一个世纪理工科的学生,当然应该是个革命者、建设者,但是更重要的应该是个创新者。为什么这么提呢?就是我们国家工农业产品中具有我们中国知识产权的产品太少了。我们现在很多的加工是利用人家知识产权的产品,我们进行加工劳动,通过三资、合资企业得到了我们应该有的份额,可是大部分的利益和份额给人家挣回去了。我们国家是服装出口大国,多年来我们出口了将近1000亿人民币的服装,可是我们的衬衣在国际市场上的价格是7~10美元一件(指普通的),而名牌的衬衫是100~150美元一件。我们在华南的一些公司用香港公司的品牌,在中国加工的服装也达到了50~100美元一件,可是我们最好的厂、最好的设备加工的中国的服装,只卖到7~10美元一件。我们不少人在国外看到很多“中国制造”的东西,他们讲有两个原因,一是我们后处理的科学技术不如国外。我们很多织布机织出原布之后,到国外经过后处理,再进口到我们国家来加工,然后再输出。我们自己后处理的质量不够,手感不好,所以就卖不到 100 美元了。二是我们的管理不行。国外的生产条件比上海、北京差的工厂,由香港人管的,在广东那些地方,他做出来衬衣抽样的废品率或者次品率是千分之几、万分之几,一千件、一万件里不许有一件稍微有些松脱,可是我们自己生产的产品废品率是百分之几。同样,国外的公司来抽查,这百分之几与千分之几比,当然百分之几的价钱应该低一点了。如果我们的科学技术、后处理技术和管理能够上去,再有我们自己的品牌的话,那我们出口的就不是一千亿,而是一千亿乘十。纺织是比较容易理解的行业,很多其他的行业都应有自己的知识产权的产品出来。我们理工科的学生,应该来做这个工作,能够发明、创造,能够形成中国的品牌、形成中国的知识产权,能够有中国牌号的彩电、中国牌号的汽车,那么,人家能到我们这儿来加工后把很大的丰厚利润拿回去,我们也可以把我们知识产权的产品到你那儿加工把很大的利润挣回来,那我们就能民富国强。所以,下一个世纪的毕业生和我们这一代毕业生最大的不一样是他应该有更多的创造性。这个创造性是为我们国家服务的,为我们国家能够出口更多有知识产权的产品服务的,这样我们才能民富国强。你想,我们同样一千亿乘十倍就是一万亿,所有的东西都能这样做,我们国家国力不就上去了吗?我想这也是一个变化。这个变化给我们提出一个问题,也给我们的实验教学提出一个问题:我们是否还要按照原来的那种办法来教学生,让学生做实验,还是强调一些什么新的东西,服务于我们刚才提出的目标?这是第三个变化。

第四个变化

说说我们的教学和教育手段。过去我们培养的人是为科技服务,创造新的科技,现在科学新技术倒过来为我们教学提供新的手段,改造我们的教学过程。明显的像多媒体教学、网络技术。我们的实验教学如果无视而且没有积极地去取得这部分科技给我们培养人才很丰厚的反馈的话,那我们就失去了一个机会。这学期我们花了几十万元钱改装了几个大教室。过去有个奇怪的现象是大的分中,中的分小,因为有那么多老师需要升职称,大班课变成中班课,中班课变成小班课,大家都有课教,大家都有职称可升,可是我们提供给学生的是不是最好的资源?三年前,我到 MIT 去看过,MIT 那么大、那么好的学校,两个教授上全校 900 人的物理课,我听过他 4 小时的物理课。他们把最好的、最有经验的老师排在最大的教室里,提供各种各样的教学资源,投影仪、现场实验、投影黑板等都上来了。听到电磁那堂课，他现场表演了一个超导片，通过一个东西冲到天上去再掉下来，课堂上他可当场表演。当然，他也有课余的辅导，讨论班的课比较小。那一年我们的本科招生数比 MIT 多一倍，我们到了 2200 人，他到了 960 人，他两个教授，我们 27 个教师，这就提出个问题，怎么使最好的现代化的手段在课堂和课后都能用上？

我们还应该利用网络技术，你利用了网络，得到的老师就不是某某老师了，学生可以在世界上很多资料中获取有用的信息资源。我们的老师要去引导他，学生在机器上谁知他跑到哪儿去了。我们调查了去年使用最高的机时，有个学生 9 个月中在机器上玩疯了，走火入魔了，没有引导，我们正在总结这件事。我们学校有 1000 多台计算机，他们自己买的计算机放在宿舍里，学校有网络，有计算机实验室，他们可以刷卡去上机，可是他不干，要在宿舍里弄。像汽车系的学生，玩精了计算机，他们自己组织起来把局域网连起来，还到学校里来要和你学校的网相连，这是个趋势。你不能阻止学生用计算机，他们中间有很多的高手能人，在你计算机管理还没有控制好时，他总想钻到你的网络里去，拿出去一些东西，破坏你的东西，这是计算机的“黑客”，这是些新的情况。几百台的计算机面向学生，他们可以刷卡进网，可是有些学生自己凑钱买，现在一台计算机几千元，一个宿舍几个人一凑并不困难。他们玩牌的有，玩游戏的有，上网络的有，玩疯了的也有，玩好的也有。这是老革命碰到新问题了，你得引导，要么你怎么做老师呢？这已是今天的情况和变化，这个变化对我们的实验教学，对其他教学，是的确存在的现实。我想变化还能数出很多，以上是我们感觉到的活生生的几个变化，这必然对我们的教学思想和教学观念产生一些新的影响。我们就要讨论我们应该怎样来转变教学思想，转变教学观念，培养高质量的同时也更高效益地培养我们的学生。

什么叫教育思想？什么叫教育观念？我们要从理论出发，要搞清楚。教学大辞典写的教育思想和教育观念有两种：一种是比较零星的对教育的主张、建议、思想，这属于比较细观的、比较微观的东西；另一种是比较完整的，关于教育的理论、教育的学说，这是属于宏观的东西，属于统领的东西。回过头来看看前面提到的变化，我们的教育思想和教育观念有哪些地方可能需要作一些转变。所谓转变，我想有两个：一个是过去做得好的、我们要坚持下来发扬光大，不是转到没有的地方去，这一部分应坚持和发展。另一方面，情况发生了变化。在这些变化中，我们需要从教育主张、教育思想、教育观念上加以转变，转变的目的是为了适应新的情况，适应下一世纪的要求。目前，国内关于教育思想的讨论，比较集中的有下面几个问题：

一个是关于素质教育的讨论问题，一个是关于创新教育的讨论问题，一个是关于教育的综合或者叫集成,或者叫做整合(Integration)。还有一个是关于职业教育和工程教育的问题,这在理工科院校大家关注的比较多,原因就是我们国家自己的理工科教育制度现在还没有形成一个比较完整的网络模式。举一个例子,有些人进了职业学校到头了,后面的通道上不来了。可是,在国外像德国有的人进了职业学校,还有的叫 Hochschule 就属高专,他读完了,在工程实际中还可以得到更高的教育。国外有很多路,可以东边走西边走,过一段有一个接口就可以过去。我们中国的教育制度很多地方是一截一截的,高等教育是一截,硕士教育是中国的特色,别的国家硕士不像我们国家硕士,将其作为一个独立的层次。我们的博士教育是学习美国的那一套,我们的本科教育遗留有过去苏联的那一套,它实际是欧洲的那一套教育。所以我们可以看到,我国大专的这一部分不够发展。这几年有几个大专还戴上帽子往上升了,有些大学办大专是为了创收,没有真正好好地严格地按大专的规律办。本科这一部分有比较大的变化。可能在今后全国教育工作会议上讨论关于我国本科教育的专业目录,这个专业目录马上要发生变化,1999 年要按新的专业目录招生。最早我们专业目录的类别是 520 几个专业,是 1993 年的,加上新创造的像旅游专业、管理、文化经纪人等没上专业目录的,一共有 600 多个,这一次要整合成 250 个,今后进一步还要变成 150 个,有些专业以后就不见了。这样整合后,听说有些专业性的学校在专业目录里只剩下半个专业了。整个专业的口径扩大了,学生培养的要求更宽广了,这是对的,符合我们前面讲的变化。可是我们自己没有准备好,因为这一变化,学校的组织会发生变化,学院、系、教研组会发生变化,实验的平台会发生变化,有些课程在新的专业情况下重组,而不是在原来的情况下重组了。所以整个的教学改革就要考虑,不是现在有的这门课,而是过两年以后或过 5 年以后的那一门新课,是放在什么样的专业、什么样的平台上去建设那门课程。今年春天发下来的研究生(专业)目录已经变了,整个的二级学科缩小了 41.7%,这已经开始实施了,这些变化都还需要我们进一步研究。这是国内的一些变化。由此,我想提出几个我们正在讨论的问题,来研究根据这样一些变化,我们的教育思想和教育观念应该在哪些方面有新的转变和认识。

第一个,如何正确地理解全面素质的培养

刚才我讲了调查中有个人事副总裁对我说的就是这个事。今天已经变化了的状况,可能明天还会有新的变化。股份制、股份合作制正在进行,我们很多理工

科大学所碰到的那些企业在进行脱胎换骨的变化。这次去燕山石化调查,他们的总裁说这个变化是很直接的,过去我们的股份,主要是国家控股。没有股份制时都是国家的,现在我们股票上市了。6 月 27 日北京市发生了某工厂爆炸事件,大家可能在电视中看见过,十几个球罐罐区一片火海。这个厂火着 4 个小时后,美国的卫星就在美国广播了,因为看见着火了,他在那边的股东马上打电话到公司总裁那儿,问他着火的工厂是不是你这个公司的,我买了你的股份了,而总裁还不知道呢。他赶快打电话去问是不是我们的球罐着火了,查后知道,不是我们燕山石化总公司的,是北京市某工厂的。他说你只要股份上了市,那股东就对你直接关心到如此程度,而你还不知道呢,他过了 4 个小时就给你打电话了。我们设想,以后我们股份制的改造更加推进了,这中间的变化产生的对我们现在学校的影响可能要始料不及。所以对人才培养有新的要求了,你学了理工,还要懂得点会计,懂得点经济核算。所以我们提出要让学生懂一些经济,懂一些人文。人文素质问题比较复杂,有很多是中学分科引起的。有些学生不知道乌拉圭在哪个洲,巴拉圭在哪个洲。中学生要上理工科他不需要学习史地,这是个问题,我们的大学要还这个债。不管怎样,至少明天要培养这样的人才。这就提出一个问题,什么叫素质?管教学的专门做过研究,素质和先天有关,通过后天的教育和环境,最后内化成本身在思想里、在人的身上的那些东西叫素质,是内在的本质。我们过去强调的全面发展和人的个性的发展之间的矛盾统一问题就提出来了。在思想观念上我们怎样才能在人才全面发展的同时充分地注意人的个性的发展,这些和我们的教学有关系。过去讲全面发展,我们设计实验,对每个同学,按这个班一共有多少人,一张课表,一本教材,共同做完那些实验,大家都发展了。能不能让有些学生选学更多的东西,发挥自己的聪明和才智,学校承认不承认老师们这样的劳动,这牵涉到对教师的评价。过去我当过系主任,哪个教师不行了,就让他搞学生课外科技活动去。学生课外科技活动对开发学生的智力和创造力、开发学生的个性是非常重要的一个方面。思想要变一变,我们要像体育教练一样,培养一个学生,最后能破世界纪录,那这个教练可是脸上有光啊。可是我们在教师里很少见,我们好的教师应该课讲得很清楚,课讲下来 90% 的学生“胃口”消化良好。考试下来百分之七八十的学生都是 80 分,少数不及格,有一部分 90 分,口碑较好。这样的老师符合不符合我们教育思想上培养全面素质发展又个性发展比较好的学生的要求?这是明天的要求,不这样做我们不能国富不能民强啊。我们大家都“八百正经”齐头并进,都做一个非常好的螺丝钉,面对明天的任务可能这样还不够。刚才我讲了纺织品的例子,讲了我们自己能不能有自己的知识产权,你不培养学生这样的能力,你就不能完成国家明天的需要,这和我们整个国家的基本路线有悖呀！我国的基本路线以经济建设为中心,主要矛盾是要满足广大人民对于物质文化进一步的需要,我们需要民富国强。如果都这样按部就班地培养,我们的市场还是像今天一样,让日立、桑塔纳,让那些产品一个一个地进口,我们把它做出来。很多产品我们只拿到劳动那一部分,知识产权那一部分大头让他们拿回去了,这就没有完成时代赋予的责任了。

第二个,我们现在应该考虑明天的要求,提高创新教育在今后学校中的地位

我们在考虑这个问题时就涉及评价什么是好学生？什么是好教师？过去的那些评价标准我们要修改。像我们清华大学有个一类课,一共有 47 门,我们最近修改了一类课标准,提出了新的要求:第一,你这个课程中有没有体现创新性的,启发学生的智力、能力的新的改革措施。对于物理我希望他开出更多的实验,让各种各样的学生选择一些他所能做的内容,而且还希望能不拘一格。现在讲可持续发展,可是我们学校过去学生都不想学化学课,说现在化学课跟高中的差不多。你不懂化学怎么懂环境呢？不懂环境你怎么防治污染呢？不懂防治污染,你怎么成为明天的工程师呢？所以明天的要求,对今天教育思想产生很大的冲击,它牵涉到很多方面。我们过去推荐研究生免试进入学校,过去偷懒的办法,“分、分、分,学生的命根”,按分数一排:他 82.57 分,他 83.68 分,当然 83.68 分先上,82.57 分后上。一般地讲,分数高的学生的能力比较强,但是否个个都这样呢？我们有很多学生,他在大学时比较轻视一些“卫生课”,那些课考个 60 分就算了,他到实验室给你捅个东西,弄个东西,参加实验室工作,可能还有一些业余的小小的创造发明,这样一部分学生可能明天他就是创造有中国知识产权产品的种子。可是我们一般的教师不容易发现,因为教师要求课堂上 90% 的学生都考 80 几分,管他去干嘛。有人讲“狗咬耗子多管闲事”,多花了力气还不讨好,可是我们今天就要这个,所以我们要有个标准。第二,我们要求一类课程要尽力把计算机辅助教学和现代的教学手段引进到课程中去,提高教学效率,提供更大的信息量,言下之意是很多东西要让学生自己学。这就体现教学观念的变化,变化就要从对课程评价开始。可能还有很多东西,这些变化对于明天来讲,需要思考的东西太多了。我们只能择其要点先想先做,有的想通了可能还做不到,没关系,想通了就是“宝贝”；做不到,就今天走小一步,明天走第二步,等有了条件我们就往那儿走;没条件,我

眼睛看着那儿没忘记,这是个很重要的问题。

现在的教师待遇比较低,特别是实验室。我看过一些实验室,有一部分实验室的确是满目疮痍,原因是什么,投入不足。一些教师想方设法为了更好地满足最低的基本要求,但是化学试剂不知涨了多少倍。有些搞生物的同志讲,过去宰狗的现在只能宰兔子,兔子宰不了,只能宰青蛙,青蛙宰不了,就算了。有些待遇不足,实验室就把教学实验台拆了,把一部分教学实验设备弄到外面搞开发去了,明显地看着它在滑坡,这是很令人寒心的事情。这些东西不上去,我们一些创新的要求就上不去,上不去就达不到明天的目的,所以三年前我们开始废除基础课和技术基础课的课时补贴,采取岗位聘任制。最近我们在试行关于主讲教授和骨干讲员制,在分配政策上、在教师评价上做一些调整,限于财力,调整力度还比较小,但是我觉得应该做,因为在教学实验室的同志很辛苦,而且有时候的评价是不容易得到承认的。到国外看过的会知道,很多国外实验室都有很重要的technician,就是技师。教授换几任,系主任换几任,技师不敢换,因为技师手里有些招儿,你稍微讲一讲想怎么做,技师就会给你弄出来了。他是系里的宝贝,他可能不参加学术会议,没有很多头衔,但是系主任要用重金稳住他,特别是理工科实验室的技师,所以我们已在考虑在基础课、在一些主要的教学实验室,专门对一些教学实验岗位设岗。骨干技师的报酬,我们采取和副高职一样。当然副高职本来也都比较低,但至少给他一种肯定。如果今后我们的财源好一点、多一点的话,那些骨干教师、骨干岗位能上去,他也跟着上去。实验室如果没有这样一批把心放在这里、技术精益求精的技师,实验室能想上去?不可能。所以我想,教学思想观念牵涉到什么是教学、什么是称职的教学、什么是好的教师、什么是好的学生、什么是好的课程,可能都在发生变化。这些变化就应该是教学观念的转变。在转变中间,我们要把那些好的留下来。比方说,中国整个教学比较重视基础教学,中国基础教学质量是不错的。我们学校总体来讲比较重视学生的实践环节,特别在高年级,他有比较长的时间从事毕业设计,到工地、到工厂去,比较注意学生又红又专,这些东西我们要坚持下来,在新的体制下发扬光大。但是刚才讲的那些全面素质的培养,创新能力的培养,注意学生个性的发展,重新修改关于好课程、好教师、好学生的评价体系,这些东西可能需要我们转变教学思想。没有这个转变,我们很多改革虽然可以做到一件事、一门课、一个实验有所前进,但是难以在整体上适应明天培养的要求。

最后我想说一句话,我在学校主管教学,也主管研究生的培养,深切感到实验教学是关系到我们学生,特别是理科和工科的学生创新精神和创新能力的培养。

生产斗争、科学实验是伟大的革命运动,这是毛主席都肯定过的,非常重要。但是这几年如果说教学上有所滑坡,在实验教学上,因为投入的问题,下滑的状况比别的还要严重。如果我们在政策上、观念上不从根本上加以考虑和重视的话,我们就不能适应明天 21 世纪对人才培养的要求,也不能适应 21 世纪中华人民共和国要在世界上自立于民族之林的要求。像我们香港回归一样,我们骨头是硬的,脊梁是直的,说话是有分量的,明天我们应该更加有分量。我们学校培养的学生应该符合这个总体的要求。我想我们讨论的问题,是作为研讨提供给大家的,提供的一些想法肯定有片面的地方,但是我们的想法应集中在一个问题上,就是明天对我们的要求变化了,今天我们就要转变思想和观念,使培养的学生要符合明天的要求。

谢谢大家。

(原载《全国高等学校实验教学改革文集》第 3~9 页,辽宁大学出版社,1998 年)

开展课程评估建设教学质量保证体系

——关于清华大学课程教学质量的管理与评估

教学质量管理是遵循教育教学客观规律，实现学校制定的培养目标与培养要求的中心环节。其基本任务是对影响教学质量的过程要素进行控制。而教学质量评估是学校教学管理部门为确保教学质量进行宏观控制的重要手段之一。教学质量控制与评估与实现人才培养目标的关系如下图所示：

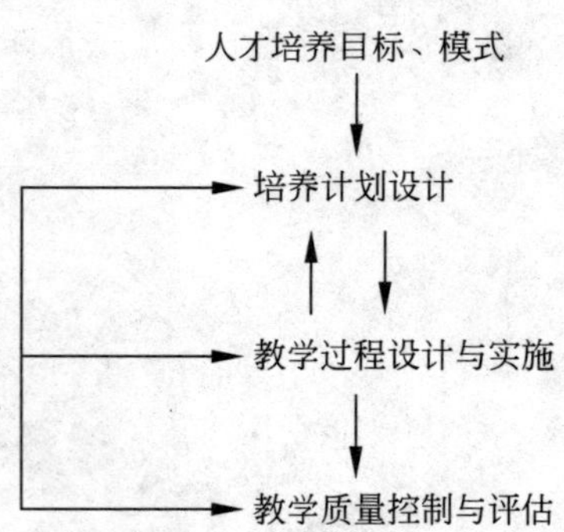

课程是学生在校学习期间知识、能力、素质培养的重要载体，对实现人才培养目标具有举足轻重的影响。因此，课程的总体设置、主要课程的体系与内容、教学方式方法等，集中体现了学校的办学思想和人才培养模式特征。清华大学历来重视课程的改革与建设，坚持开展以课程评估为重点的教学质量评估，作为学校保障教学质量的工作重心。

一、重视课程总体结构的优化，形成以核心课程为重点的课程建设和教学质量保证体系

清华大学以理工科为主，兼有经济管理和人文社会科学等学科和专业。在校本科学生11000多人，研究生4700多人，加上近年不断发展的继续教育，形成了比较完整的各类高层次人才培养体系。学校坚持把本科教育作为人才培养的基础工程，把建设高质量的本科和研究生课程作为学校教学工作的重心。建立课程教学质量保证和评价体系的工作主要有以下几方面：

1. 根据教育改革的宏观背景和学校的专业培养目标，确立课程总体结构的评价准则

目前，清华大学本科课程将近1500门，还有近700门研究生课程。大体形成必修公共基础课程、科学和技术基础课程、专业课程和各类选修课程几大结构模块。从培养质量出发，课程数量并不是主要的评价指标，关键在于教学计划中的课程结构，是否能够适应经济和社会发展对人才知识、能力和综合素质的培养要求。因此，我们坚持把课程总体结构的优化原则放在课程建设和教学质量保证体系的重要位置。

以清华大学多数工科专业本科教学的课程结构为例，由数学和自然科学类课程、外语和各种人文社会科学类课程以及计算机基础系列课程为主体的公共基础课程，以及工程技术基础课程这两大模块，在课程总学时中的比例近年来不断上升，已经占70%左右，学生任意选修课程占总学时的比例也在增长，一般都在12%以上，这意味着多数专业课程的课内学时受到不同程度的压缩。

学校教学管理部门在探讨上述课程总体结构时，考虑的主要准则是：

1）有利于学生形成基础比较宽厚、专业面向比较开阔的知识结构，适应信息化社会以及择业多样化的需求。传统的单一“职业型”专业面较窄的人才培养模式正在被适应性更强的人才培养模式取代，因此，课程总体结构的变化和调整应符合时代发展变化潮流。

2）有利于学生凭借有限的本科学习时间，形成较强的自我更新知识、终身获

取知识的能力,这应该成为本科教育,特别是基础教学的重要目标。加强基础和技术基础课程份量,促使基础教学内容的更新,将为后续的教育与在职的自我学习奠定牢固的根基。

3)有利于培养具有现代文化素养的科学技术和管理型人才所必备的综合素质,其中,强调良好的人文素质,是面向21世纪人才培养的共同呼声。未来的科学工作者和工程师与前两个世纪的先辈们相比,社会将会要求他们更多地关注和处理全球性的资源和环境问题,竞争与合作问题;如何正确处理人与人、人与自然、人与社会之间的关系,将在很大程度上取决于这些未来的新一代人才的人文素质。

上述因素促使我们不断探索课程的合理结构,并在接受社会的检验和评价过程中反思我们的课程总体设计准则。而对各门课程的教学和评价,则是在这个总框架内进行的。

2. 有计划地建设重点课程

课程建设作为学校教学基本建设的任务之一,首先应该有重点,抓住一批带动一片。把一些覆盖面大,在学生培养中起重要作用的公共基础课、技术基础课和研究生学位课作为校级重点课,像抓重点科学研究的项目一样,要求有课程建设的规划、有预期目标、有课程带头人,学校提供各方面的保证措施,使这样一批课程的教学质量达到校内,甚至国际上可比的优秀水平,成为学校的核心课。核心课程的改革与发展应有可持续性,保持持续稳定的高质量,才能使学生的培养质量有基本的保证。

课程建设什么是重点？影响课程质量的因素很多,如课程内容、体系、课程的讲授方式、方法等。其中尤以课程内容影响最大。抓住主要因素,就可以做到提纲挈领,推动课程的全面建设。课程建设的内容,在不同时期,随着教学改革的深化,又是有所侧重的,但都要为实现培养目标,形成一批高质量的优秀课程,而且具有明确的导向性。最近十多年来我们一直致力于体系、教学内容、方法的改革,把培养学生创新意识,提高创新能力,落实素质培养作为课程建设的重要内容。

3. 开展“一类课程”评选,坚持以评促建的工作方针

清华大学以“一类课程”作为学校优秀课程的称号。评价“一类课程”的评估指标、评估因子与权重系数体现了课程建设质量评估的量化标准,具有鲜明的导

向作用,它对不同学科具有一定的柔性,并随着改革的进程而调整。这项活动在清华大学已有十多年历史。由于评选标准严格,“一类课程”门数不多,但所占学生学习的总课时的比例较大,对学生课程学习质量的保证发挥了重大作用,至今仍然是学校课程建设的目标。

4. 制订并落实激励政策,促进课程建设

课程改革与建设的主体力量是任课教师,从根本上说,必须调动广大任课教师和教学管理干部的积极性。教育管理部门的任务是,一方面创造必要的条件,如经费、设备、师资力量的配置等,推进课程建设;另一方面对已建成的“一类课程”要有较大力度的奖励、宣传,并通过复审机制促进它的不断提高。一年一度的“一类课程”评选,已成为学校影响较大的教学活动。

二、课程评估的主要方法

课程评估是教学管理部门对课程教学实行宏观控制、具体指导的重要手段,而教学水平的提高与教学质量的保证则是课程评估与教学管理的目的。我校教务处、研究生院培养处既是教学管理部门,也是课程评估的主管部门,这种体制为课程评估和教学管理的密切结合提供了有利条件。

对于学校设置的各类课程如何进行管理,才能促使它们适应经济、科技和社会发展对人才培养提出的要求,课程评估的目标和指标体系提供了明确的目标导向和政策保障。采取“过程调控与目标管理相结合,重在目标评价”的方针,又有政策导向,各门课程就可以根据这个目标进行自觉的而不是盲目的建设。教学管理部门则把评估目标作为评定教学质量、奖优罚劣的依据,从而实现对教学质量的宏观控制。

而过程调控的主要方式是,把课程评估目标分解为过程评价的主要“参数”——评价因子,并且制定了教学情况调查表、听课意见表、考试成绩分析表、应届毕业生调查表等教学用表,多种渠道、多种方式采集课程教学信息,长期坚持,归档立案。十多年来我们已有上万份的统计分析表格的积累,有的系还按任课教师进行了分类归档。某门课在申请“一类课程”时必须有该课程任课教师三年以

上的信息档案，一方面向任课教师反馈信息，使教学工作能够及时得到改进；另一方面，这些多年来收集的信息使课程评估建立在更为客观、可靠的基础之上。

专家评估是目前国内课程评估中采用较多的办法。专家评估的优点是可以使评估结果更具权威性，但专家评估组织工作量较大，给学校在人力、财力、时间安排上带来一定困难。学校通过十年课程评估实践，对专家评估采取直接评估和间接评估两种方式进行，从而把集中评估与日常评估结合起来。

1. 直接评估

直接评估是对课程进行集中评估，专家组由两部分人组成：一部分由少数相对稳定的课程评估业务骨干组成，他们对教学工作有较高的研究水平，对课程有较深的造诣，责任心强；另一部分是根据课程的性质临时聘请的相关学科的专家及参评课程所属学科的带头人，评估专家与学科专家的结合，常设专家与临时聘任专家的结合，不但在课程评估标准的掌握上保持了连续性，也把课程建设的共性与参评课程的特性有机地融汇在一起。由于所聘请的专家都是本校的任课教师，评估过程对他们各自负责的课程的教学和改革也起到了更加有效的促进作用。

2. 间接评估

间接评估是指课程的日常评估。间接评估组由学校特聘的教学顾问（主要是从事教学工作数十年的退休老教师）和校、系教学管理干部组成。学校已建立教学顾问和校、系教学管理干部定期听课制度，这种制度的建立，使学校对各门课程（特别是校重点课程）的建设情况、教学质量的现状以及存在的问题真正做到胸中有数。间接评估是直接评估的重要参考。直接评估与间接评估的结合减少了课程评估的盲目性，提高了评估结果的可靠性。

三、课程评估功能与初步成果

对于大多数课程教学过程来说，教师是教学行为的主体，对课程教学质量具有关键作用。因此，课程评估体系的价值，集中体现在以下两方面：

首先,体现在规范课程教学行为准则,保证教学质量的导向功能上。

课程评估体系通常集中了许多既有学术造诣又有丰富教学经验的教授、专家以及教育管理工作者的意见和建议,并在教学实践过程中听取教师和学生的意见,加以修订和完善,从而比较客观地体现了学校对学生知识结构、能力训练和素质养成等方面的基本要求;同时,课程评估体系又是开放的,参考了国内外许多著名高校的教育教学评估指标,使自己的评估指标具有可比性。因此,从总体上说,课程评估体系是建立在教学科学与学术行为基础上,并与教育行政行为相结合的课程质量保证体系的核心,对任课教师具有普遍性、公平性和一定的权威性。正因为如此,课程评估的主要原则和指标,得到任课教师的认可,有效地减少了课程教学行为的随意性,对提高课程教学质量发挥了积极的导向作用。

其次,课程评估体系的价值还体现在对教师的教学特色,特别是教学改革中的首创精神的鼓励和保护功能上。

课程评估体系的普遍性和规范化原则,不应妨碍教师在教学过程中发挥个性特点,形成自己的特色和风格;尤其还应该充分尊重和保护教师在教学改革中的首创精神,这是一个成功的课程评估体系的必要价值观。为此,在课程评估指标的制定和实施评估过程中,采取了以下主要措施:

突出教学效果的目标参数,以优化原则简化过程参数。比如,重在评估体现课程教学质量的实际效果,而不是内容与学时的数量。教师主动调整课内外学时比例,以增加学生自主和主动学习的机会,并加强对学生课外学习的指导,始终受到鼓励。

发挥教师在自我评估中的主动性和积极性。对于初上讲台的年轻教师,尽管一般都有当助教和讲课培训的经历,仍然需要有经验的老教师通过听课给予热情的指导。许多老教师特别注意鼓励青年教师发挥自己的特色;鼓励年轻教师主动征求学生的反映,注重与学生的情感和思维方式方法的沟通,改进教学效果。最近几年,由于课程体系的改革和教学内容更新,教学方式和方法的变革较大,学校教学管理部门充分尊重教师的改革尝试,不以一时的考试效果论成败,保护了教师主动改革与进取的积极性和创造性。

正是因为正确处理了课程评估体系的共性与个性关系,才能使教师既有自我约束机制,又能发挥自己特色;既保证了课程教学的普遍性和规范性,又推动了课程教学的改革进程。

这样的课程评估体系,意味着评估的实施过程是十分严格的。仅从全校“一类课程”的数量看,就可以说明这一点。从1986年到1995年,全校1500多门本科

课程中,评出的"一类课程"只有45门,其中:

基础课与技术基础课	30门
实践性课程	4门
系列课程	8门

这些课程数量虽不多,但作用范围大,学生在校五年本科学习期间,平均可听到10门左右一类体系课,占学生学习总学时的25%~40%。这批校级"一类课程"在学校的课程建设中,起了表率作用。其中有的课程是学校作为首批重点课程,经过近10年的努力才建成"一类课程"的。有的课程连续三年申请评选,每一次落选,都能针对问题,找差距,激发起更大的动力,都有新的前进。首批获得校级"一类课程"称号的课程已经通过每三年一次的严格复审,连续10年保持了"一类课程"的称号。正因为课程评价、管理与建设过程中体现的科学性、严肃性,使得这项活动在清华大学具有相当大的影响,成为长盛不衰的教学基本建设之一,成为高质量教学的重要支柱。

四、面向21世纪,推进"一类课程"改革与建设的规划与评估体系的调整

为了适应面向21世纪人才培养模式和教学改革的需要,"一类课程"的改革与建设进入新的历史阶段。现在,我们已拟定新的标准,进一步加强了课程综合化建设,学校已确定重点建设12个系列课程,它们是:

(1)非数学专业的数学系列课;

(2)非物理专业的物理系列课;

(3)基础力学系列课;

(4)机械设计基础系列课;

(5)电子电工系列课;

(6)非计算机专业的计算机系列课;

(7)大学英语系列课;

(8)政治理论课组;

(9)人文限选课组;

(10)经济管理系列课;

(11)信息类重组专业基础系列课(包括电路电子类、信息类、控制类、计算机类、通信类);

(12)机械大类重组专业基础系列课。

这些课程已拟定了体系调整框架,以当前需要和21世纪的发展趋向作为内容改革的定位目标;同时,大力推进以现代信息科学与技术为支持手段的教学方法改革。这一过程的实施,将会使整体教学效果上升到一个新的水平。

新一轮的"一类课程"标准,突出课程体系、内容、方法的改革;把采用现代化教育技术、培养学生创新意识和创新能力方面的效果作为重要指标。"一类课程"的三个必要条件是:

1. 课程体系内容的改革适应面向21世纪人才培养目标的要求;

2. 建立与体系、内容改革相配套的教学条件(包括文字、多媒体等立体教材、开放研究式的实验室、现代化教学手段等);

3. 教学效果好,是指课程教学调动了学生的潜力,促进了学生思维能力的发挥,为学生主动学习创造了条件。

根据以上标准制定了"一类课程"评估体系框架如下:

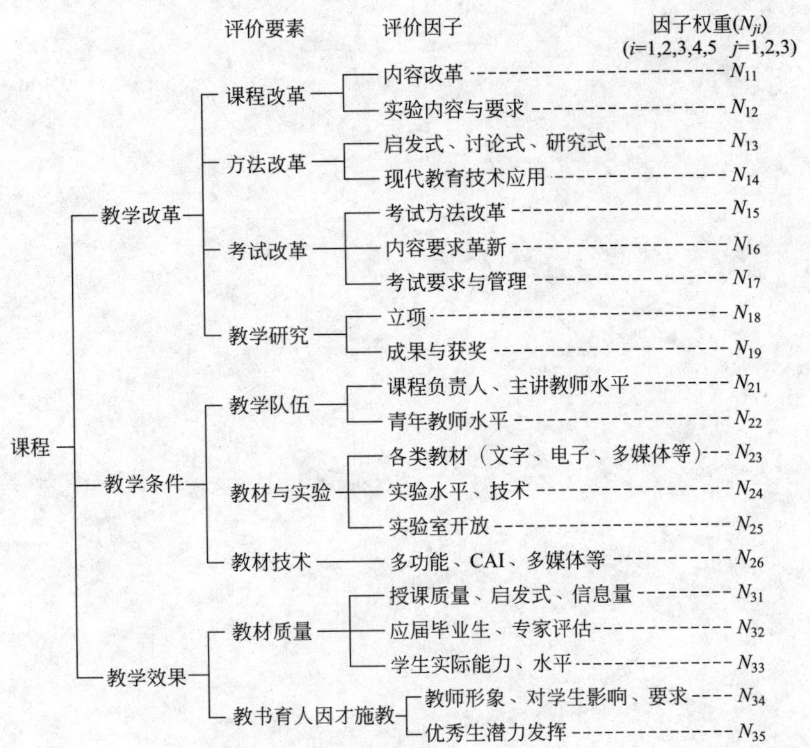

目的在于通过"一类课程"评选标准的导向,促进课程体系、教学内容和教学方法改革,在继承与发展过程中,构筑适应21世纪经济、科技和社会发展需要的崭新的教学体系。

(原载《清华大学教育研究》杂志1998年第1期,与宋烈侠、吴敏生、张文雪联合署名。宋烈侠,清华大学教务处副处长、教授;吴敏生,清华大学教务长、教授;张文雪,清华大学教务处教研科长、讲师)

贯彻党的“十五大”精神开展教育思想讨论

开展全校性的教育思想大讨论，是我校深入学习、贯彻党的“十五大”精神，进一步深化教育改革的一项重要措施。

在1997年8月中旬的全校党政干部会上，学校决定启动关于教育思想的讨论。《教育大辞典》对教育思想作了如下的界定：“教育思想即对教育现象的认识，主要包括教育主张、教育理论、教育学说。大致分为两个层次：一是零星的、不系统的看法、想法、主张、要求与建议；另一是指经过深入探索而提出的系统的教育理论、教育学说。”它具有宏观和微观两个层面：前者是对教育的目的、性质、价值、作用、功能等一些最基本的理念，是对教育的根本看法，它具有统领的作用；后者指关于教育、教学过程的思想，即育人观，即培养具有什么样质量的人以及如何培养的指导思想。学习贯彻党的“十五大”精神，密切联系当前人才培养与教育改革的实际，开展教育思想讨论，推进教育改革，是本学期我校的一件重点工作。它将对今后学校的教育改革产生重要的影响。

一、为什么要选择当前这个时机，开展全校范围的教育思想大讨论

1995年秋季召开全校第二十次教学讨论会，学校在人才培养和教育教学改革的一系列问题上都有力度较大的举措，现在正在推进过程中，为什么要选择当前这个时机，再次开展全校范围的教育思想大讨论，我想强调几点。

第一点，从国内外教育改革的背景和发展趋向看，我们对这场改革的重要意

义和深远影响，必须有足够的认识，必须有历史的紧迫感。

当前的教育改革已经是全球性的课题。最近几年，对世纪之交教育面临的挑战，世界各国，尤其是发达国家，从政府到议会，从科技界、工程界到教育界，从各个角度，提出各种战略性的研究报告和改革计划。今年初，克林顿宣布了任期内的美国教育改革和发展纲领，从普及大专教育到建造第二代INTERNET，一共13条，许诺了巨额的财政投入。俄罗斯和东欧国家，以及许多发展中国家和地区，尽管教育经费投入不足，也积极地探索改革传统的教育模式。这一形势说明了教育在未来全球和地区性综合国力中的地位，已经得到确认。而教育改革成为世界性潮流，直接动因就是要使学校培养的人才能够适应21世纪全球和地区性综合国力的竞争需要，适应社会可持续发展的需要。因此有的领导同志说：21世纪是教育的世纪。我国为了实现两个根本性转变，达到中长期发展战略目标，党中央提出“科教兴国”和“可持续发展”两大战略方针。这样一种背景，决定了我们面临的这场教育改革，和以往的教育教学改革既有密切联系，又有较大的区别，主要表现为下列几个特点：

一是教育改革的政府行为更加突出。前面提到欧美各国政府的教育发展战略，我国从教育立法到“211工程”，从中央到地方政府，这几年动作的气势和力度也越来越大。有消息说，上海市政府已经表态，最近几年将投入几十亿发展上海高教事业。浙大等四所大学合校，几经起伏，现在中央和浙江下决心加大财政投入促成联合。

二是社会各界的广泛参与。从去年到现在，国家教委出面，加上采用其他各种方式，组织了多次各界高层人士参加的专题报告和专题调研。从“两院院士”到企业界人士，从科技、经济和社会发展各个角度对下一世纪高等教育的改革和发展走向进行探讨，工程院专门组织了对我国高等工程教育的调查与研究，发表了很多有价值的改革意见和建议。

三是全国高校都在加紧动作，规模空前。例如，在本科方面，国家教委组织的课程改革立项41项，236个子项，直接参加学校100多所。竞争很激烈，包括工科教学示范基地，理科、文科人才培养基地等等，投入强度加大。最近，国家教委又正在落实大约1亿美元的世界银行贷款，主要用于加大对本科教育改革的支持力度。今后的投入，与改革的进展挂钩，采取“滚动式”投入。所以，改革过程本身就是竞争，抓不住机遇就要落后。与此同时，高教界关于教育思想的讨论正悄然兴起，论题涉及素质培养，知识、能力、素质的关系，综合性在教育中的体现、创新能力培养、规模与质量以及高等职业教育等等。

四是改革的浓度和力度空前。涉及教育领域很多根本性的问题。比如,传统的学科和专业结构面临大调整。研究生培养的学科门类和一级学科在拓展,一级学科从1990年的72个,在今年的新目录中增加了16个,变为88个。主要增加了管理门类和新兴学科;但另一方面,大幅度归并和拓宽二级学科。专业数从1990年的654个调整为381个,减少了41.7%。本科专业目录调整第二稿已经出来,教委1993年颁布的专业目标18类151种,将调整为17类64种。专业数压缩了将近90个。这也是世界性潮流。比如苏联,专业近500个,目前据说压缩到80种,而日本只有77种,专业数大体就是一级学科的数量。这个问题牵动面很大,涉及学科建设、招生、教学建制、人才市场、教学评价、教学与科研、教师队伍建设诸多方面,而在教育思想上引起的震动要持续相当一段时间。又比如,21世纪的学生需要什么样的知识、能力以及综合素质,成为教育思想讨论的热点,直接影响到现有的课程设置和训练方式。

五是随着信息社会的到来,人的学习需求以及信息科技力量正在改变传统的教育观念和教育模式。

教育本来以传播文化科技知识为己任,现在又被科技的飞速发展所改革。教育模式出现了许多新的趋向。其中有两点很突出,一个就是人的学习年限向终身扩展,这个趋向不但会对教育资源的配置产生大的影响,而且将会对传统的教学目的带来强烈冲击,因为到目前为止,大学教育的一个传统观念是,人的一生大体只有一次接受高等教育的机会,而这种教育又是同他的职业生涯联系在一起,因此不少教师“倾其所有”把知识传授给学生,很多教学行为都是从这样的“良好愿望”出发。即使这些行为已经不合时宜,改起来也很难。另一个趋向就是信息化社会的技术力量正在使教学传播方式、传播信息量以及传统的时空概念等等,发生根本性的变化,这种变化还刚刚开始,其进展可以是人们始料未及的;而迄今为止,我们的教学方式大多数还是建立在“粉笔加黑板”的基础上,很多观念也是从这种落后的教学方式派生出来的;我们的教育研究和科技开发,还没有把现代教育技术的研究放在重要位置,因此,和发达国家相比,从技术到观念都落后了许多年。

上面列举的这些教育改革的宏观背景以及区别于以往教育教学改革的若干新特点,有待于我们进一步深入认识,需要从历史的回顾和对未来的预见两方面,搞清楚我们在人才培养方面的成功与不足之处,并从教育思想和教育观念上理清楚,哪些成功的经验,今天要加以坚持并在新的形势下加以发展;哪些经验曾经取得了成功,而今天已经不适应;哪些观念曾经是合理的、先进的,而随着现实的变化,需要改变,需要发展新的教育观念与教育思想来取代。而其深层次的认识原因皆源于对教育功能即教育价值观的内在因素即教育适应社会发展需要与满足人的自身发展需要的辩证认识。正确地掌握其平衡而达到协调与稳定的发展是教学改革正确导向的一个关键。

选择当前这个时机开展教育思想讨论,还有一个重要的背景,就是党的"十五大"已经召开,这次大会高举邓小平理论的伟大旗帜,在我国经济改革和社会发展迈向新世纪的重要历史关头,树立起世界瞩目的里程碑。我们应当深入贯彻"十五大"精神,站在新的高度,进一步解放思想,发挥首创精神,更有力地推进人才培养和教育教学改革。

总之,我们应该清醒地看待我们面临的挑战,以强烈的紧迫感抓住改革与发展的机遇。这场教育改革实质上是"创新的较量",缺少创新,就没有优势,就会导致落后。从各级领导干部,到全校师生员工,需要从大局上认清形势,唤起我们改革图强的进取精神;抓住历史提供的改革和发展机遇,开创新局面,这也应该是在我们学校讲政治、讲大局的一个重要课题。

第二点,我们在推进改革的过程中,面临着许多带来挑战性的重点和难点问题,要打好"攻坚战",必须以转变教育思想和教育观念为先导。

改革是有困难、有阻力的。最大的阻力,可能来自传统的惯性与惰性,或者叫作"思维的定势"。十几年来,我们几乎年年讲改革,也确实在努力,取得不同程度的进展。但是,改革的重点和难点问题还不少,特别是在课程结构、体系、教学内容、教学方式方法、教学评价和管理等方面,还有许多不相适应的地方。现在推出的人才培养改革方案和教学计划,是力度很大的改革措施。从改善知识结构、加强能力培养特别是创新能力培养以及综合素质养成几方面看,要做的事情很多,已经到了"攻坚"阶段。比如,为了控制课程教学的总量,把学生从过多的课内学时、从一些日显陈旧的教学内容和教学方式中解放出来,需要下大决心,采取有力措施对课程结构的调整和改革做些大手笔。这里固然有政策协调问题,有评价方式问题,有教育投入问题,等等,需要具体解决。但现在看来,必须首先从改变传统的教育思想和教育观念入手,才能抓住根本。要进一步解放思想,改变观念,想通了,才能主动改革,而不是被动地跟着走;没有主动性,就没有首创精神,也就不可能有创造性,涉及教育教学改革的各项政策,也有一个教育思想问题。不利于推动改革的,就应重新审视和修订。因此,教育思想的讨论,首先需要在全体教师中引起真正的重视,要了解国内外、校内外的情况,研究现代教育的特点,洞察客观世界的变化,才能做到情况明、决心大,才有可能组织队伍,力争在教育教学改革的难点和重点问题上有所突破,有所创新。

第三点,转变教育思想和教育观念,必须有广大教师和干部的自觉参与,才是改革取得成功的最重要保证。

目前的本-硕改革是全方位的改革,涉及本科、研究生以及包括远程教育在内的各种大学后教育,课程结构、体系、教学内容、教学方式方法和教育技术,教育管理和教学评价,实践训练,等等,几乎涉及全校教师,教师是改革的主体力量。如果缺少对学校改革思路以及全局的了解,如果不从教育思想和观念上解决问题,没有"势在必行"的紧迫感,缺少热情和必要的精力投入,就难以有成功的改革。第20次教学讨论会以来,我们的改革正在取得进展,但各单位不平衡现象还很明显,主动参与面还不大,需要在全校教育思想大讨论中有较大改观。中青年教师的参与对我校教育教学改革中的长期目标和更长远的发展具有决定性意义,因此,这次教育思想讨论要特别注意调动中青年教师参与的积极性,结合教育教学改革的具体任务,组织好队伍的梯次结构。我校一大批富有经验和敬业精神的老教师,更应在世纪之交,以志在千里壮心不已的奋斗努力,将教学改革的接力棒传给年轻的一代,跨入新的世纪。学校和各院、系的主要干部,研究生指导教师,课程负责人,要结合学校教育教学改革中的重大问题,组织好有关的专题讨论,推动改革的进展。

二、教育思想讨论的主题和主要内容

培养人是我们学校的根本任务,这几年我们始终按照这一思想推进我校的教学改革。应当讲,在教学改革方面,力度是不小的。1994年全校实行了学分制,并把课时补贴改成了岗位补贴。这个改革为以后的教改松了绑。假如我们现在还是按学时发补贴,那么现在减学时难度就更大了。当时对教学岗位给相对强度较大的补贴,今年,我们又推出了主讲教授和骨干讲员的关键教学岗位津贴制度,并将逐步加大津贴的力度。这对于稳定教学队伍,起了好的作用;1995年,我们开了第20次教学讨论会,提出了本科硕士衔接培养模式的试点;1996年,着重研究了如何提高研究生培养的质量,特别是博士生培养的质量,以及启动培养工程硕士,面向国民经济建设主战场。这几年,我们研究生的数量也有相当的增加,目前,在校的研究生已接近5200人,博士生年招生量已达500人;1996年我们又召开了继续教育的研讨会,确定了我们的继续教育要按照高质量、高层次,面向企业、面向地区,采用现代化的教育手段,发展远程教育的办学思想。这一段时期的改革思路是遵循江泽民同志提出来的"要全面适应社会主义现代化建设对各类人才培养的需要"和"要全面提高办学质量和办学效益"。

教学改革的推进,特别是本科硕士统筹优化培养的推进还是碰到了不少困难。一个困难就是硕士生的名额问题。这问题经过我们的努力,基本上解决了。第一批在八个系的试点还需要进一步落实。这就是"一个主干计划,三个分流方向"。这三个分流方向,一个是本科硕士衔接,六年;一个是双学位,复合型人才,五年,个别专业六年;另外,其余的本科生,原来是按照五年来排教学计划,现在缩短为四年。这个试点正在积极推进之中。

在教学改革的总体思路上,是本科、研究生、继续教育都要抓。本科是基础,研究生反映水平,继续教育反映活力,这三个环节都是很重要的,也是适应我们国家建设对各种人才培养的需求。在教改中,我们要注意继承清华过去人才培养的传统和特色。清华培养人才的特色,从蒋南翔同志领导学校开始,就是培养高层次的人才。当时没有学位制度,所以我们过去一直采用长学制,那时候长学制不是追求目标,目标是培养高质量高层次的人才。现在有了学位制度,根据实践,我们完全有可能在六年的时间里面,完成大比例高层次人才的培养,同时提高办学的效率。

为了配合教改,今年上半年学校组织了毕业生调查。这次毕业生调查规模较大。调查做得很不错,为全校下一步讨论教育思想提供了一个重要的实践与理论依据。毕业生调查的结果张再兴同志有一个专门的报告,今天也要发表。

教育思想讨论的指导思想,首先是要处理好坚持与发展的关系。就是要坚持我们好的东西,要发展新的经验;重要的是要解放思想,实事求是。就是要从我们学校的实际出发,不要带有很多框框。讨论什么问题?我们将讨论问题分成两类,一类是可以作为专题研究的问题,比如21世纪清华大学在我们国家发展当中所处的地位和作用;清华大学发展的模式即我们提出来的"综合性、研究型、开放式"的内涵是什么;还有像我校人才培养的目标,以及教学管理工作等问题,需要设专题来研究讨论的。

还有一类问题是要紧密配合我们的教学改革,要广泛地发动我们广大的教职员工来一起讨论。这类问题有以下几个方面。

——讨论我们清华大学面向21世纪人才培养的目标。这个显然是需要讨论的重要的基础性的问题。

——如何加强全面素质的培养，特别是如何加强德育教育。包括如何把我们学校过去在培养德智体等诸方面全面发展、又红又专、重视实践、学风良好的人才方面的好的传统肯定下来，同时在新的形势下，如何发展我们的教书育人工作、采用多种形式的德育教育。

——完善学生的知识结构，其中大家提到比较多的是加强人文学科和经管学科方面的知识学习。使我们学生不仅懂业务，懂科技，而且政治上强，懂文化，懂历史，懂经济，这样才能使得我们学生的知识比较全面。与老的科学家相比，我们在人文知识方面有很大的缺陷，这与我们过去专业面很窄有关，与中学时期文理分科也有关系。

——加强能力的培养，特别是创新能力的培养。有的同志提到创新可能更适合于理科，其实也不完全是理科，我们的工程技术也需要创新。当然，工程技术当中还需要加强归纳、分析和系统综合这方面能力的训练，还有社交能力的培养等。

——注意学生个性的发展。过去由于受计划经济下培养模式的影响，对于个性的发展注意是不够的。我们要区分，发挥个性跟个人主义是两回事。没有个性的发展，就很难有创造性，很难有学习的主动性。应该不拘一格地培养人才。要注意一些特别有才能的人，不能用一种模式来培养。

——还有，就是我们的教学管理的指导思想也值得讨论。有这么一篇文章，认为国内与国外的教学管理的不同在于：国外偏重目标管理，我们偏重过程管理。每一步都管得非常严，这样的管理我们不仅非常累，也限制学生主动性、创造性的发展，所以，管理的问题也需研究。大家提的意见比较多的是推研究生、评奖学会、评优秀毕业生的标准问题，现在看来是要改。按照现在的标准，差零点几分就你上我不上，这并不公平，恐怕导向也不对。推荐研究生去年学校抓了四个系试点，效果不错。今年在全校做了推广，这两天推荐工作刚结束，初步反映看来，比以往有相当的进步。有的同学在班上排20几名，经过专家组的面试考核，我们也推荐了。

在教育思想讨论的同时，我们要抓紧制订和落实教学计划和课程安排。这里面一个重要的问题就是要压缩学时，把学时要砍下来。现在搞本-硕培养衔接，如果我们不把学时压缩下来，不砍些课程，学生是受不了的。因此，有些课得“下岗”，有些课得“减肥”。这个思想大家都要做通。当然，非等完全做通思想了再做工作那也不行。所以教务处得规定个数，比如周学时是不是就到22~24学时。有些系排到26周学时，可能学生受不了。

学时减下来是非常重要的，否则创造性培养、知识结构的改变、能力的培养都无法落实。学生每天连轴转,连思考的时间都没有,这怎么行?看起来我们是好心,实际上适得其反。压缩学时要靠改革课程体系,也要靠改革教学内容及方法。教学是我校的一件大事。会后,希望各个系主要领导要花精力抓这件事。各系教学系主任和教学委员会的主任要落实地来抓。本学期末学校也准备由校领导、教务处和教学委员会的教授们一个系一个系地研究讨论和验收。

三、这次教育思想讨论的主要目标

我们希望通过这场教育思想的讨论达到以下的目的:

第一,希望广大干部和教师通过讨论,在“十五大”精神的指导下,在更广的层面和更高的高度上,更新教育思想和观念;在新的形势下,坚持以往教育改革实践中成功的经验并加以发扬;并在新的变化了的形势要求下,突破以往的一些思维定势,解放思想,适应未来教学的新的要求;第二,教育思想讨论要开花结果,落实到新的教学计划中去。落实到面向21世纪的教学内容等课程体系的改革中去,落实到明确学生学什么,如何学和教师如何教,教什么,如何考,考什么的教学指导思想中去。也就是说,讨论要更广泛地发动教师和学生参加,讨论一定要和实际工作相结合,这是这一次教育思想讨论强调应予注意的一个重要问题。第三,在进一步调查与教学研究的基础上,对学校教育改革与发展的重要问题能用更长一些的时间,以更深的深度进行思考使我们对今后教育改革的预测更符合客观实际,使我校的教育改革在向新的目标前进时能更加科学地定位,为我国教育事业的发展做出应有的贡献。

具体地说,这次教育思想讨论涉及的问题,从宏观到具体,范围很广,贯穿在改革过程的始终。这次教育思想讨论,我们强调要做到:

扩大教育思想讨论的参与面,使全校主要干部和广大教师进一步对学校人才培养和教学改革的全局性问题有比较深入的了解。特别要结合工科人才培养模式改革中有关“统筹本科和研究生培养方案,优化培养过程”所涉及的教育思想进行认真的讨论,一些改革措施,不从指导思想上搞清楚,是难以达到预期目的的。对如何强化教育创新意识,如何加强学生综合素质的培养等重要问题,也要从教育思想上取得共识。比如,现在强调加强工科学生的人文素质培养,意义是什么,有哪些具体内涵,怎么实施,并没有完全搞清楚。另外,教育改革的推进必然会牵动现行管理体制的改革,比如,加强面向核心课程的教学岗位聘任制等等。因此,教育思想的讨论,涉及各个层面,必须保证有比较广泛的群众性。

把调整课程结构,控制课程总量,加速课程体系和教学内容、教学方法改革作为这次学校和各系的讨论的重点,为今、明两年加大课程改革的力度进行思想和舆论上的准备,要求参加教学工作的教师都要积极参加,这也是今年年终考核要加以检查的。

课程反映了按培养计划规定的学生必须具备的主要知识结构。现在面临着几个大的变化:一是随着培养方案和教学计划的较大变动,学生在校的时间缩短了,课程总量必须相应调整下来;二是未来学生需要什么样的知识结构,和现在相比,有哪些较大的变化,这是办学思想中一个很大的问题;三是基础和专业教学的关系,课程教学和实践训练的安排,如何体现优化原则,如何规划系以及学院范围的教学平台并落实其建设措施;四是教学目的和教学方式方法,怎样才能适应新的变化,等等。现在的问题,加上新的矛盾,都是改革的难点和重点,都涉及指导思想,需要投入很大精力去研究,并在实施过程中再认识,才能加强科学性,减少盲目性。

对于这次教学思想讨论如何开展,再讲几点意见:

这次教育思想讨论,在广泛动员的基础上,分成若干个专题,每个专题都应联系有启发性的具体的思想和工作问题为题开展讨论。采取小组专题研讨和大范围交流的方式进行。学校在本学期内将重点组织几次专题讨论会。

各(院)系主要结合培养方案和教学计划的修订,重点围绕课程结构、教学内容、体系,以及教学方式方法的改革,组织好教育思想的专题讨论。课程负责人特别是核心课程负责人,要负责组织有关教师进行研讨。首先要跳出“本门课程”的框架,从全局着眼,对学校人才培养的整体思路,对人才知识、能力和综合素质培养要求有个全面的认识,搞清楚本门课程的整体培养计划中的正确定位,确立优化课程整体结构的观念;系列课程或者“平台课程”要组织联席讨论,加强整体协调。“一类课程”要根据已经发生的变化和未来的发展趋向,具体地、实事求是地对已有的经验和不足进行分析讨论,搞清楚要在哪些方面转变教育思想和教育观念。

各(院)系书记和主任要亲自抓教育思想讨论,要加强宣传力度,由新闻中心和教务处、研究生院共同拟定有关教育思想讨论的专题报道计划,对教育教学改革的先进典型要进行专访报道。校内电视台要组织一些专题访谈讨论,教学研究的刊物要展开专题笔谈与发表教学思想讨论的述评。同时,开展面向学生的教学改革讨论与宣传,发动研究生和本科生参加讨论。

党的"十五大"已经指明了下世纪我国社会与经济发展的方向,我们要齐心协力,学习、贯彻"十五大"精神,开展教学思想讨论,将我校的教育改革推上一个新的台阶,为21世纪我国的社会与经济发展,培养更多的高质量人才。

附:余寿文副校长就全校性教育思想讨论答《新清华》记者问

问:余副校长,我校决定在全校师生员工中开展关于教育思想的讨论,能否请您说说这次大讨论的背景和意义?

答:开展全校性教育思想大讨论,是我校深入学习、贯彻党的"十五大"精神,促进教育改革进一步深化的一项重要措施,开展这次大讨论,主要有几方面的动因。一方面,从整个教育教学改革发展的背景和趋向看,这场讨论的意义是深远的。现在我国在经济体制方面发生了很深刻的变革,随着改革的深化和经济的发展,有人说下个世纪将是教育的世纪,很多经济发达地区会进一步加大对教育的投入,对教育发展的要求更高。一些沿海地区的发展以及西部地区的开放,也要求我们在教育上做出应有的贡献。经济的发展从某种意义上要求教育全面适应新的要求,既适应国家的要求,也要适应地区发展的要求。目前,社会各界对下个世纪教育改革已进行了频繁探讨,教育界一些重要的改革措施已经出台,很多高校正在实施"211工程"。本科生和研究生培养再拓宽专业结构已经到了具体实施阶段。中国要培养新型人才,需要有什么样的知识结构、能力及综合素质;随着信息时代的来临,教育如何利用现代信息技术,影响到今后知识传播的过程;人们的学习年限向终身学习方面发展。这些都是重要的新的变化。我们必须从教育思想和教育观念上适应这些变化。另一方面,我们在1995年召开的第20次教学讨论会上提出了一些教学改革措施,如统筹优化本-硕培养过程,进一步推进教学改革,在十几个工科系进行本-硕统筹优化的改革试点等。现在我们在改革中遇到了许多具有挑战性的难点问题,面临着教学改革的"攻坚战"。要解决一些难解决的问题,就首先需要解决教育思想问题,要转变教育思想和教育观念。如果人们的思想没有飞跃,那么攻坚战就有可能打不下来,有可能是旧的思想换上了新的包装,教学改革不能取得实质性的成功。我们要从思想上加以总结研讨,吸取过去精华的东西,推出新的东西,把坚持和发展统一起来,为全面推进教育教学改革,为使教育工作适应跨世纪的要求,打下良好的思想基础。

问:这场讨论会,要具体讨论哪些问题?

答:在全校干部、教师中,主要讨论四部分内容。第一,关于新形势下学校的培养目标问题。要搞清培养目标的定义是什么?我们曾经讲我校要培养为21世纪中国经济和社会发展服务的高层次、高质量人才,那么研究生和本科生怎样达到高层次?高层次和高质量的具体标准是什么?第二,关于全面素质的培养问题。最近我们开展了毕业生状况调查,提出要加强学生全面素质的培养,使学生不仅懂业务、懂科技,而且要懂经济、懂文化,更要有高尚的道德情操和良好的思想修养。这就需要具体界定学生的知识结构,在不同的教学计划里如何考虑宽口径下的专业人才培养,更重要的是在新形势下如何加强德育?如何增进学生的全面素质?如何深化教书育人?第三,关于学生创新能力培养和注重个性发展问题。要研究学生创造性的评价标准是什么?全面发展与个性培养是否有矛盾?培养创新能力有哪些环节?第四,关于教学管理如何适应改革需要的问题。过去的教学管理偏重过程管理,限制了教与学两方面积极性的发挥。现在我们要对怎样推荐研究生、怎样评比优秀学生、怎样评奖学金等一系列问题进行新的思考,通过管理育人才,同时又促进学生的发展。同时,我们的培养方案要落实,要压缩学时,有些课程还得“减肥”。在教学方法上“讲三练二考一”还是“讲一练二考三”?这既是一个思想上的讨论,也同我们进一步推动实际工作密切相关。

在全校性讨论基础上,我们还要在更高的层次进行专题讨论。第一,清华大学在我国今后经济建设和社会发展中的地位和作用是什么,也就是在21世纪世界发展的格局中,清华在建设世界一流、有中国特色社会主义大学这一任务的前提下,具体定位是什么?第二,清华人才培养目标是什么?第三,我们曾经提出,清华大学应该发展成为一个综合性、研究型、开放式的大学,那么,综合性、研究型、开放式的具体内涵是什么?这三个问题是带有全局性宏观性的问题,我们将组织教学研究人员进行进一步的研究、学习和比较。

问:教育思想讨论如何进行?

答:首先要进一步学习“十五大”精神,学习邓小平理论,解放思想,实事求是。自暑假以来,我们已对教育思想讨论的工作做了充分的准备。11月6日将召开教代会,进行全面动员和部署。为带动全校的讨论,学校有关部门将每月召开一次讨论会。希望各系都要按照学校总的讨论题目和要求,并结合本系的情况,可归纳出一些更具体的问题,组织广大教师进行讨论。包括研究生和本科生也可以参与进来。一定要发动群众,也希望广大师生积极、主动地参加到讨论中来。

问：讨论要达到怎样的目的？

答：第一，我们希望广大干部和教师能通过这次讨论，在更深、更广的层面和更高的高度，从思想上对教育思想和教育观念有些新的认识。能突破过去一些思维定势，适应明天教学上新的要求。第二，教育思想讨论要开花结果，落实到新的教学计划中去，落实到21世纪课程体系改革中去，落实到学生如何学、学什么和教师如何教、教什么，如何考、考什么的教学指导思想中去。也就是说，讨论一定要和实际工作相结合，这也是讨论中要注意的一个重要问题。第三，在进一步调查研究的基础上，对学校宏观上的重要问题能以更长的时间、更深的深度进行思考，使我们能对今后的预测更符合客观实际，使我校向新的目标前进时能更加科学地定位，为我国教育事业的发展做出应有的贡献。

（原载《清华大学教育研究》1998年第2期）

中国高等工程教育研究会第二届二次理事会暨学术研讨会闭幕词

同志们：

我们这次会议的第一阶段即将圆满结束。会议听取了工程院朱高峰副院长、两院院士张光斗教授和工程院时铭显院士的报告，分组讨论了当前高等工程教育的体制改革，以及师资队伍建设等方面大家共同关心的热点问题。会议交流了各个地区和各个学校在当前开展工程教育的想法、看法和实践经验，同志们都反映，会议是成功的，收获是大的，对于推进我们今后的教育教学改革是很有益处的。我们这次会议理事会又新接纳了32所大学为我们的理事单位，增选了工程院时铭显院士为研究会的副理事长，工程院沈廉教授为我们研究会的常务理事，增聘了工程院谢冰玉同志为副秘书长，使高等教育研究会和工程院从组织上加强了联系，便于今后更好地取得国家工程院的指导和帮助。会议还报告了理事会的组织建设方面情况、《高等工程教育研究》学报的情况，通报了高等工程教育信息方面的情况，以及关于分片学术活动中面向21世纪工程教育改革与发展各自的研讨情况，也交流了各个方面工作，听取了各位理事单位对理事会的意见和建议。会议组织参观了燕山大学，还听取了燕山大学教育教学改革经验。今天，教育部刘志鹏司长系统地提出了今后高等工程教育改革的思路，这些对我们今后工作都具有很重要的指导意义。理事会也讨论了我们今后的工作，大致有以下几个方面。

1. 进一步取得国家工程院对高等工程教育人才培养的指导和帮助，加强和工程院的组织上的联系，因为作为高等工程教育人才培养的学术团体能够取得最有权威的、最有学术和科技水平视野的国家科技机构的指导，对于我们今后长远的战略发展具有深远的意义。这也是理事会刚成立时大家提出的主张。研究会取得的成绩证明，这一主张是正确的。

2. 进一步加强和企业、企业集团等社会和产业界的联系与合作。这是高等工程教育的根。因为能够吸取更多的国营的、民营的企业参加研究会,进一步推动产学研结合,就能使高等工程教育成为有根之木、有源之水。

3. 进一步推进学术交流、学术研究,开展好地区的分片活动,并在活动中加强专题研究。前一阵子,西部地区在西北工大校长组织下,使西北、西南片研讨工作非常活跃。过去工作证明,分片交流推进了学术研究,有利于高等工程教育的改革和发展。

4. 进一步加强学术交流中的吸收与借鉴,办好1999年高等工程教育改革的国际研讨会。也希望各个分片把研讨会制订的研讨纲目当作新一年分片和分专题研讨的重要题目。这样将会更有利于吸收和借鉴世界先进经验,促进我国的高等工程教育发展。

5. 办好《高等工程教育研究》学报。我们能有这样一个高水平学报是难能可贵的,也是多年来大家努力的结果。学报在华中理工大学和李汉育教授等精心组织下,已经受到国内高教学术界的肯定和欢迎。这是我们高等工程教育学术交流的重要阵地,希望大家把好的稿件和最新的研究成果推荐给学报,进一步支持学报的工作。

6. 希望各分片和研究会秘书处进一步开展好有共性的小型专题研讨。例如:"高等工程人才创新能力的培养";"如何搞好校办产业,做到产学研结合";"如何发挥高教研究所(室)作用,使之既搞好理论研究,又能帮助学校推进教育教学改革和发展";等等。

要办好一个研究会有三个重要条件:第一,有理事成员单位的支持,能够加强高等工程教育的凝聚力;第二,有适量的活动经费来源;第三,有一批热心的为研究会和大家服务的工作班子。我们的研究会在秘书长陈孝戴教授组织下,各位副秘书长、各片组长和全体理事都很热心,这样我们就有可能把学会办好。在此,我向为研究会辛勤工作的各位代表、各位理事和各个成员单位表示衷心的感谢。

下面,我以受教育者身份谈三点体会。第一,联合国教科文组织在总结若干年教育工作时提出了教育的四根支柱,即:认知、实行、共处、为人。具体解释就是培养人才要教给人才知识,要指导他实践,帮助他学会与人相处,培养他成为有高尚品德和学问的人。21世纪的人才培养应该按照这四根柱子落实。第二,过去我曾在《高等工程教育研究》学报上提出过"中国工程师之路在何方",现在,我们听了工程院报告,报告把这条路大致勾画出来了。这是一个具有中国特色的工程技术教育体系,需要大家共同实践来完成,可能要几十年或上百年。第三,高等工程教育很重要的是培养人才工作,在经验交流中我们都认为21世纪"教书育人"四字必须真的成为一体。过去教书育人方面有割裂,特别是在"以阶级斗争为纲"的"文革"中,把"红"与"专"割裂得更加厉害。从历史上看,从《礼记》、孔子到韩愈,这些教育家所谈到的教书育人是一体的。我曾查《新华辞典》,有一个版本把教师一词解释为"传授知识和技能的人"。教师要不要回到"传道、授业、解惑"中去?现在看,对教师的解释显然是社会上的一种偏见,最终,只有回到"四根支柱"中去才是正确的。

各位代表,我们在秦皇岛燕山大学开会,站在燕大的最高处,我们看到了蓝天碧海,看到了点点帆影,嗅到了绿色校园的阵阵花香。应该说我们开会的条件是非常好的,燕大党政领导和会务人员作了大量工作。在此,我代表理事会和全体代表对河北省教委、秦皇岛市和燕山大学为会议提供的良好条件表示衷心的感谢!

(原载《教学研究》1999年第1期)

培养现代中国工程师任重道远

几年前作者曾提出一个题目《培养中国新型工程师，路在何方》（载《高等工程教育研究》1997 年第 4 期）。几年过去了，现实发生了大的变化，这个难题还是应该再次提出来讨论。

当前教育战线和国家的建设一样，欣逢天时、地利、人和的大好形势。天时，指跨向 21 世纪，是亚洲也是中国迅速发展的世纪；地利，说的是亚洲和中国地域发展的良好时机；人和则是改革开放二十余年来，人民生活得到很大提高，人民群众对党的基本路线高度认同。

作为党的指导思想，在"十五大"提出的邓小平理论闪耀着解放思想、实事求是的党的思想路线光辉。其中凝聚了几十年的革命和改革的实践。小平同志用马列主义的基本观点，审视中国社会主义建设的实际和新的变化，从时代要求和中国实际出发，创造性地提出了一系列新的理论观点。其中最重要的是概括了以经济建设为中心、坚持四项基本原则、坚持改革开放的基本路线。学习邓小平理论，首先应当反复学习、深入领会既紧密联系中国建设实际，又坚持马列主义基本立场与观点，提出问题、解决问题的方略。应当特别重视解放思想与实事求是的高度统一。必须学习这种马克思主义的观察处理问题的立场、观点、方法，用以研究我们所面临的实际问题，分析我们高等工程教育人才培养的特点，找出解决问题的方法。

目前，高等院校培养的人才，相当多数是理工科类和经济管理类的专门人才。纵观当今各国工程教育界的研究动向，无不对 21 世纪的工程教育发展给以极大的关注。许多国内外学者提出，工程教育要"回归工程"，科技教育要适应科技发展的综合化、人文化和理性化，要注意教育随着信息社会的到来所具有的信息化和某种程度的国际化特征，等等。不少研究论文已经述及这些"化"的背景和特点。在教育观念上，提出了一系列值得重视和亟待深入研究的问题，例如，素质教育、创新精神的教育、终身教育、教育功能等等。

在理工科大学中，所有上述问题的讨论，目前亟待聚焦于以下的问题：其一，对全国来说，就是要建立有中国特色的社会主义工程教育体系；其二，对某一大学来说，就是要明确该校在国家的社会发展和经济建设中的地位与作用，即明确学校的定位和与之相关的人才培养目标。只有对上述问题有一个合乎客观实际的清醒的认识，才能在整个教育战线的战略定位与战术实施中，使改革立于坚实的基础之上。

中国正处在社会主义初级阶段，在实现现代化的进程中，需要一大批新型的工程师与经济管理者。国际上培养工程师大体上有两种模式：一种以美国为代表，即在本科阶段，以通才教育为主，将专业人才的培养留给已较充分发展的企业工程师培训体系来完成。因此在大学毕业之后，通常还得有2~3年的培训与实践锻炼。另一种是以德国为代表的欧洲工程师培养模式。在德国的高等工业大学中，云集了一大批有5年以上的企业和研究所实践经验的教授，学校与企业之间有着良好的合作氛围，较少屏障。因此，大学计划用5年左右（实际上平均约用6年）的时间培养出文凭工程师。也就是说，美欧由于大学的结构功能不同，对工程师培养所采取的步骤和方法也有所不同，但其最终用6~7年的时间培养工程师的格局大致相同，可谓殊途同归。那么，中国今后工程教育与工程技术教育的基本构架应该是什么样的呢？由于中国是发展中国家，既未形成美国企业界那么强大的大学后工程培训体系，也不具有欧洲特别是德国大学与企业界密切联系的传统，以及在工业大学中的一大批有实际工程与研究经验的教授和教师队伍。有人说，中国有“教授级高级工程师”工作于工业界，但在大学里却缺少“高级工程师级的教授”。因此，中国的高等工程教育与工程技术教育，难以采用美欧两种模式中的任何一种，只能根据我国国情，走出一条有中国特色的培养工程师的道路。

要描述我们自己培养工程师的框架，首先要分析20世纪末至21世纪初，我国工程界与工程教育的实际情况。在这里不妨罗列一些大的发展趋势：

作为一个发展中的、处于社会主义初级阶段的国家，我们正在渐进式地由计划经济体制向市场经济体制过渡。学校由原来从属于国家或地区政府的单一模式，逐步增强与社会的联系，即在国家、社会、学校这个三角形的三个顶点之间的联系中，学校与社会的联系增强了，国家与政府的职能将逐步调整到主要是掌握宏观调控的杠杆，即从立法与政策方面对大学作宏观的管理。

我国几个大的经济区的发展，还要求高等学校要更好地为地区经济服务。例如,珠江三角洲经济发展对华南高校的要求与支持,而以浦东开发为契机的长江三角洲经济发展与沪、苏、浙高校之间必将出现更大、更深层次的重组。此外,中西部地区在21世纪初,将有相当的经济发展所需要的技术及资金注入,沿海的高校负有支援中西部地区工业发展的任务。

中国是一个农业大国,在农业、人口、能源、环境、管理、信息等方面,都有自己的特色。如人口控制、农业与生物工程、水资源、能源与煤的高效清洁燃烧等,是我国特有而且急需解决的重大问题,而管理上水平则更是我国工业发展的一个重点,这些社会需求背景都将规定我们今后学科设置的大格局。

知识产权的挑战,明显地摆在工程界的面前。今后,中国应该在国际工业产品的进出口中,拿出更多具有中国自己知识产权的产品,这样才能得到更多的经济回报。应当十分重视这一现实情况——在重要的工、农、医等方面的产品中,缺乏我国自己的名牌和具有自己的专利与知识产权的产品。要改变这一状况,达到强国富民的目标,理工科院校负有培养具有创新精神、能创造更多具有中国自己知识产权的产品的新型工程师的责任。

国有企业的产权重组,股份制与股份合作制的发展,加入WTO日益临近,要求工程师要懂经济,要有外向型交流的能力,要具有中国和东方五千年文明积淀的优秀文化的底蕴。这个问题由于经济体制的变化,已经并将会更迅速地提到议事日程上来。为中国社会发展和经济建设服务的工程师,必然要直接面对这些新的问题,从而需要不断完善自己的知识结构。高等学校必须主动使人才培养适应这样的要求。

中国的企业后培训制度不发达,但中国的教育在发展中已经形成了自己的特色。例如,建立了遍及全国各地的广播电视教育网,广播电视大学、国家自学考试体系和社会办学得到了蓬勃发展。最近,远程教育借助中国教育科研网(CERNET),采用卫星传播和多媒体技术开辟了新的教育手段。应该说,这为改善面临地域广大、人口众多、发展不平衡的中国的工程教育包括工程职业教育提供了重要而有效的手段。

……

诸如此类的大的变化还可列举若干,这些变化为构建我国工程教育的框架提供了约束条件。由此可约略勾画出中国工程师今后的培养之路:

1. 提高重点工科大学的培养质量,统筹考虑本科与硕士(工程硕士与工学硕士)研究生的培养过程,大力发展各个领域的工程硕士培养体系,从系统工程的角度出发,协调发展,造就高层次、高质量的新型现代工程师。

2. 对大多数本科大学生，应当在宽口径专业人才的培养过程中，增强通识教育及综合素质教育，培养适应社会主义市场经济的工程技术人才。重在加强基础，增强实践环节，注意留好部分专业训练与企业后培养的接口。

3. 大力发展高等工程职业教育（例如在德国有 Technische Hochschule），理顺学制，建立职业教育和工程硕士等学位的多渠道的联系。

4. 大力发展企业与地区的远程教育和继续教育，以此作为产学协调运作的一条重要渠道，使高等院校的教育资源与广大工业企业的工程技术人才培养需求紧密联系起来。

构筑适合中国实际的工程教育框架的研究，仍在继续探寻之中。寻找适合中国国情的未来工程师培养之路，仍然是我们教育工作者的责任。

“文革”前，清华大学曾用 6 年的长学制培养又红又专的“红色工程师”，其他工科院校也是 5 年学制。其实质不在于长学制，而在于培养高质量、高层次的工程技术人才。因为在当时的中国，既缺乏企业的后培训制度，又要尊重人才培养的客观规律。今天，大学承担培养人才的任务比以往更重，范围也更宽广了。我们应该培养适应 21 世纪中国经济与社会发展的高质量高层次的人才。一些历史悠久、生源优秀、教学科研实力雄厚的理工科大学应该成为高级人才培养的基地、科学文化发展的基地、开拓高新技术的基地和社会主义精神文明建设的基地。培养的人才，应该是科学技术、生产经营、治国安邦等各个领域中的骨干和中坚。

在国家发展的进程中，我们应当对不同高等学校的作用与定位，有清醒而明确的认识。只有这样，才能设定正确的培养目标，才能使之深入到人才培养模式、学科专业设置、教学计划制订、课程体系及教学内容等方面的由巨至细的改革，并使改革平稳而有序地进行。

要适应面向 21 世纪的社会发展与经济建设的要求，我们的大学必须在明确自身定位和人才培养目标的同时，实现教育思想与教学观念的转变。所谓教育思想，从狭义上讲，是指对教育现象的认识、教育的指导思想、培养什么样的人以及如何培养。实际上指的就是价值观、人才观、质量观。其中教育的价值观是关于教育目的的描述，是贯穿人才培养过程和教与学评价过程的链条。关于教育的价值观归纳起来有如下几种不同的理解。

一种是以社会发展与社会需求为导向的价值观，认为教育的主要目的在于满足并适应社会的、政治的、经济的、文化的需求；一种是以往称之为人本主义的价值观，认为教育的目的在于培养与造就人。当然，不同的社会阶段对人的要求是不同的，必然深嵌着社会的烙印。比较全面的是辩证唯物主义的价值观：它承认教育的目的既在于适应与满足特定的社会阶段的政治的、经济的和文化的发展需求，又认为培养适应于上述社会发展的全面发展的人是教育的主要归宿，同时又通过人才的培养推动社会的发展。将适应社会的需求与培养全面发展的人统一起来，党的教育方针已对此作了全面的概括。教育界的多数同志同意这样的观点，认为单纯强调社会需求忽视人的全面发展，则偏于功利；单纯强调人的个性发展，忽视教育的社会功能，是脱离现实的过度理想化的追求。所以，从教育的功能即教育的目的来看，将社会发展的需要与人的自身发展的需要统一起来的辩证的教育观，是需要认真学习和研究的。当前教育界中功利主义教育观有种种的表现：唯学历的倾向，教学与收费的失衡，忽视素质与基础而过分强调技能，以及将学历、学位、职称等都与待遇等挂钩的"教育含金量"倾向，都与辩证的教育观相距甚远，它必然会影响到教与学，影响到人才培养的质量，这些倾向是值得认真注意并切实加以解决的。以往的教育改革中的部分失误，其根源出于教育目的即教育价值观取向的失衡，其中的经验教训值得我们认真总结和借鉴。

我们讨论中国现代工程教育的问题，探求培养现代中国工程师之路，应该坚持辩证唯物主义的教育价值观。应该从中国的实际情况出发，应该在借鉴各国有益经验的同时，从贯彻"科教兴国"战略的长期性和"百年树人"教育的长效性出发，在艰苦的实践中，创建中国现代工程教育的体系，为培养现代工程师尽一份教育工作者的责任。

（本文系在"中国工程院教育委员会2000年学术年会"上的发言整理稿，原载《高等工程教育研究》2000年第4期）

21世纪初我国高等工程教育面临的几个问题

一

本文讨论如何根据工程师培养的要求,努力建立适应于中国国情的、能够良好自相适应与匹配的工程教育体系。要预计将来,先必须正确分析现在。中国工程教育发生了哪些重要的变化,举其大者于下。

自1949年以来,中国已建立了适合于中国国情的工程教育体系:含本、专科在内的高等工程教育;以工程硕士和工学硕士为表征的研究生工程教育;以企业工程继续教育为特征的工程继续教育;以及近年的含广播电视大学在内的远程工程教育。现有工程师约2,100,000人,在校各类工程专业本、专科学生约近4,000,000人。以高等工程教育为主体的大学本、专科院校约300所。已经形成了高等专科、本科(培养工学学士)、硕士研究生(工学硕士,工程硕士)和少数高层次的工学博士研究生。继续教育体系也有了较大的发展,近年来又加强了职业技术教育。因此可以说,适合当前中国经济建设与社会发展的各种不同层次结构的高等工程教育体系已经形成;但同时又面临着适应21世纪经济与社会发展的重大任务的挑战。其中尤其值得强调的是:中国已经培养了约2,100,000名的工程师,工程师的继续教育是一项值得永远关注的重要教育体系的组成部分。部分骨干企业已建立了自己的企业培养体系,开始将继续教育与工程师的升迁及使用相联系,促进了知识与技术的更新,增加了企业的活力。另外,我国于20世纪60年代建立的广播电视大学和近年建立的中国教育科研网络(CERNET)已经并正在起着重要的工程继续教育的作用。全国高等教育自学考试制度的实施也开阔了部分工程专业的自考文凭,使得社会多渠道为工程教育出力成为可能。在国务院与教育部领导下,对高等工程教育的管理体制实行了重大变革。原来各工业部属的高等院校300多所,随着对这些工业部门兼并或组建为企业集团(公司),对机械、电子、交通、土建、航空、冶金、军工等工程部门所属院校,其中部分划归教育部,多数由地方(省市)及相关经济领域管理。高等工程教育更紧密地和经济建设相结合,为适应建立社会主义市场经济的要求,开阔了良好的前景。中央、地方均遵照"科教兴国"的方针,加大了对教育的投入,工程教育面临新的发展形势,同时也提出了提高工程教育质量的要求。

经济全球化提出了教育的国际化问题,也提出了工程教育适应经济全球化的任务,其中很重要的一个变化是,工程与工程师概念发生了重大的变化,工程向着大工程变化。协调的、跨国的工程则正向新世纪走来。工程师已逐渐摆脱了工艺工程师、研究与开发工程师、设计工程师、管理工程师等狭窄的分工范围,要求在分工的基础上强调全面素质的综合,提出了现代工程师的新的要求。这些当中最重要的是在经济全球化趋势推动下的教育思想的变化。新世纪的工程教育必须考虑上述重要的变化。

二

从分析中国工程教育的现状出发,充分考虑新世纪经济全球化对工程教育的新要求,中国的工程教育还存在一些重要的问题需要加以研究解决。

适应于新世纪发展要求的新的工程教育体系有待建立,在对已有工程师再培训和现有工程教育体系分析的基础上,建立多通道、可以互相转移、具有各自人才培养特点而非以高低优劣区分的自相适应的工程教育体系。它要求各种不同教育层次类型的互相衔接、匹配与转移的认可;而且继续工程教育与远程教育的成果得到人才市场与人事管理体系在严格评估基础上的承认。

将原专属有关工业部体制管理的、脱胎于原苏联教育体系的较狭窄的专业(1997年全国各类含工科专业580多个)转向面较宽的专业(1997年合并专业后为249个),进而向更加注重综合素质和通识教育基础上,结合工科研究生教育改革和大学后继续教育的要求，强调结合工程的实践环节，用大约6~7年时间培养新型的现代工程师“毛坯”以适应工程师认证的要求。

在教育内容上，将过去多数以设计与工艺工程师为主的教育要求转向更加注重通识教育，适当增加经济、法律、环保、外语、人文等教育的要求。更重要的是，企业将从市场的竞争中感悟到综合素质优秀的各类工程师是现代企业在竞争中的制胜之宝，开发拥有系统的知识产权的产品，通晓国际竞争的一般规则，善于经营和管理的各类工程师的集合，才是适应全球经济需要的企业的最重要的有活力的人力资源。因此可以说，中国企业真正重视工程师之日方是中国工程教育真正得以发展并适应全球经济要求之时。

在这里，要特别强调的一点是：如何加强工程教育与企业实践的真正结合，是提高现代工程教育质量的关键。近20年来，中国工程教育有了巨大的发展，但是就从实践环节以及学生工程实践的能力来看，则有所削弱。有人说：工程教育“软”化了。这表现主要有二：一是实践环节的学时数由于体制改革进程的不定性和教育投资的不足而受到削弱。二是有工程实践经验的教师不足，企业的有经验的工程师难以进入人才培养的环节。于是有人讽称：中国有“教授级高级工程师”而很少有“高级工程师级教授”。即培养工程师“毛坯”的母机——教授缺乏必要的工程经验，因此如何能培养合格的工程师便成为一个急待正视与解决的问题。

最后要指出的是，工程教育是一件系统工程，它涉及教育、企业、人事管理、财政投资、科学研究等等方面。如果没有一个适应于经济全球要求的各个子系统协调的工程教育制度，并且在教育方针指引下，将这种教育更多地放手让具有独立法人资格的学校与企业及社会中介组织来进行，适当减少行政的干预，工程教育才能适应于经济全球化的明天。

三

在上述分析的基础上，我们企望勾画中国工程师培养之路。自1995年至今，笔者在《高等工程教育研究》期刊上曾两次撰文分析中国工程师培养之路——路在何方。其初衷在于引起人们对这一问题的注意。今天笔者就此再作阐述，希望引起关注与讨论。

首先，应该对现有的二百多万工程师和高级工程师，按国际工程师认证标准，结合中国的国情,进行有组织的再培训。这一点对建筑师和结构工程师的试点经验可资借鉴。各高等院校、企业的继续教育和培养部门应当尽最大努力来做培训工作。这是经济全球化对工程教育提出的补课要求,这是一项全国性的任务,应该从系统工程的角度,由国家有关部门总领其事。

再则,应该在教育部门领导下,按分工与层次要求,对不同的高等院校、继续教育部门、电视大学、职业学校统一规划。根据不同的分工,在试点的基础上,明确各类院校培养的要求,制定质量评估的引导性标准,设置不同类型学校毕业生的衔接教育与“立交桥”式接轨的要求,构建中国的工程教育的多通道的学历与学位证书体系。

其三,在拓宽基础与专业面向的要求下,对工程教育要按符合 21 世纪的人才的综合素质要求设置教育的课程。其中最重要的一点是:切实落实工程教育的实践环节的量与质的要求。规定工程师训练在工程教育不同阶段的学分与学时的最低数额。

对于高层次工程技术人员的培养,要大力提高工程硕士的培养质量,扩大培养规模,并对工学硕士的学习过程,制订明确的结合工程实际的实践环节。将企业研发中心的人才培养与院校的研究生培养、企业的博士后流动站结合好,这是使企业逐渐拥有自己的知识产权及可以生生不息、可持续发展的重要渠道。

四

在开展继续教育培养现有工程师的同时,大力发展远程及非全时性的工程教育,各个大专院校均要设法提供各种不同类型的课程培训,人事部门规定工程师资格认定的新培养要求。国家应发展规模巨大的具有重要社会需求的虚拟式大学。对地域广大、经济发展极不平衡而且人口众多的中国来说,这是一个培养与造就千百万工程人才的大道。可以相信,大众化的工程教育的成功,必然要走这样一条社会兴学、终身学习、利用信息技术进行人才培养的道路。国际上兴起的“自由大学”“凤凰城 Online 大学”,能适应人才市场多样性的需求。要融入工程教育国际化的今天,这乃是一条多快好省的工程人才培养的路子。而企业对这一办学方式的需求与支持,是决定它成败的一个关键。国家必须在这方面,从立法与税收政策方面,给予明确的规定与支持。

五

经济全球化的时代向我们走来,时不我待。为融入经济全球化的过程中,发展适合中国国情的工程教育特色,一是要下决心,推动工程师的资格认证;二是要据此制定工程教育的体系框架及其相应的评价标准。在政府宏观调控的基础上,发挥社会(企业)、高等院校与行业组织的力量,走出一条有中国特色的工程教育的道路,以适应中国现代化建设的要求。

工程师认证是经济全球化的一项必然的需求。工程师作为工程设计、实验、质量控制与经营管理的主要策划与执行者,其本身的质量与素质,直接关系到工程经济与安全。因此,欲加入全球化的经济范围,必须考虑到各国工程师认证的共同特征,又考虑到中国历史与经济发展的特点,认真考虑中国工程师认证与实施的目的与步骤。

工程教育界必须认真思考中国工程师认证制度的建立与实施,将给工程教育带来的影响,以及工程教育本身如何有准备地切实为培养合格的工程师,并在高等工程教育与高等工程继续教育方面,为工程师的认证做好责无旁贷的那部分工作。

社会主义市场经济将利用市场的杠杆,配置工程师的人力资源。因此,人才市场中工程师认证的标准与需求无疑将是一个无形的“指挥棒”,影响生源选择、课程设置、实践环节、考试考核、学位授予及毕业生就业等一系列重要环节。它深刻地影响教育过程的基本单元:教师、学生、教学资源与环境。开展工程教育认证是推动工程教育改革的有效手段之一,在我国当前情况下,应尽快着手开展工程专业评估和认证,以满足工程师专业化和职业化发展的需要。国家应高度重视和推进工程师专业化管理改革,将工程师的专业化管理从传统的人事管理模式中解脱出来,建立专业化和职业化管理制度,推动工程师整体素质的提高,保证和提高工程质量。

建立有效机制吸引工业界参与和关注工程教育改革,打破高校工程教育封闭式办学模式,使之更有效地反映工业的实际需要,培养工业企业需要的人才,以推动我国工程技术的创新水平与国际竞争能力。加强国际合作与交流,积极借鉴和学习国外先进经验,提高我国工程教育水平,同时推动工程教育的国际认证和工程师跨国流动,以适应工程国际合作与流动的发展要求。

当我们研讨工程师的资格认证与工程教育认证时,应当浓墨强调振兴经济必须发展工程,关注工程教育,尊重工程师和他们的劳动。

2002 年 4 月,中国工程院组织赴美考察工程教育,作者参加了考察,现引用考察报告的内容,介绍考察工程教育的几点收获和建议。

美国这样一个已完成工业化的世界超级大国重视“改革工程教育,培养新一代工程师”(从工程院、NSF 到各层次大学)。美国的工程教育是多层次、多样化的,既有顶尖一流的研究型大学工程教育(如 MIT),又有一般应用性大学工程教育(如 Syracuse CSULA),还有二年制社区大学与网上大学(Online)。只要是社会经济发展的需要,各层次的工程教育都能获得很好的发展,各校都有明确的定位。这是值得我们深思与借鉴的。美国不同层次的学校(如 MIT, Michigan 以及 Syracuse, CSULA 等)都十分注重与企业的结合,美国不同层次的学校对于“如何改革工程教育以适应 21 世纪科技与经济发展的需要”,基本上的认识观点是一致的,要点是:

1. 在继续保持教学与自然科学基础学习(一、二年级)的前提下,更强调在三、四年级要“理论与实践结合,知识与能力结合”,强调要通过参与工程实践培养能力。

2. 做到这一点的方式是因校而异和多样化的,如 MIT 的 UROP 与 UPOP; Michigan U 的模块化教学,让学生自己设计实验,用一项实际任务把学生组织在一个小组内去边学习边实干完成,等等。

3. 在内容上强调综合与集成,注意自然科学与人文社会科学的结合、管理经济的结合,不能就工程论工程;所以不少学校在根据需要与前提发展,发展学科间交叉与整合。

4. 用 IT 新技术来改革旧专业(如 MIT 在课程体系、教学内容与方法上的改革),改革教学方法,让学生有更多灵活性。

5. 在教学观念与教学方法方面,美国有较好的传统,就是:放手让学生去实践,鼓励创新,充分发挥学生学习的主动性。在这点上,我国的差距很大,所以虽然普遍的数理基础强,但创新精神及动手能力、团队合作与交流能力却普遍较弱,差距相当明显。

美国十分重视“企业与高校”结合来推动工程教育改革,而且有重点、有示范、有计划在进行。如 NSF 的 ERC program 等,值得我们借鉴。

我国在工程教育中,必须发展多种形式的办学体制、发展社区教育、合作办学、大力应用信息技术、促进传统工业和工程的高新技术改造。政府则从教育法规制定、工程教育体系的建立、工程教育的评估与认证、加强德育并构建适应中国国情的教育体系等方面促进工程教育的发展。

我国政府制定了“科教兴国”的发展战略。科学与技术的实现,是以工程为载体的。它重视创新,重视知识产权。它创造价值,因而能强国富民。在建设社会主义市场经济的过程中,逐步克服知识与知识分子的价值与价格偏离的状况,这是市场配置人才的必然规律。当工程师的价值受到尊重,社会承认工程师的劳动的崇高地位之时,中国工程教育的成功,就有了实际的标志。因为当今世界上未有不尊重工程师劳动价值而经济得到发展的先例。崇尚科学技术、发展工程、振兴经济、以人为本、尊重工程师,则我国工程师的宏大队伍和崭新的工程教育将会以新的面貌展现在世人的面前。

(原载《中国大学教学》2002 年第 12 期)

信息时代的中国工程教育

主席、各位同仁：

我今天讲的题目是关于信息技术的发展和中国的工程教育。原来我在清华大学做过一些教育管理工作，可是我今天讲的东西，纯粹是关于研究的一些看法。中间有些例子可能作为样本取自清华，但是我整个讲话的内容可能要跳出一个高等工程教育管理工作者的角度，只就工程教育委员会课题研究成果谈一些看法，主要是两点：第一，中国工程教育体系的问题；第二，在信息时代背景下中国工程教育体系，有些什么样的选择；这只是作为我的同事和我自己研究的看法来谈，可能不完全正确，供大家进行讨论。

第一，现在我们面临着一个新的问题，要建立一个适合中国国情、能够良好地自我适应和相互匹配的中国工程教育体系。在新世纪，这个问题应该说是很重要的。因为我们现在整个走向，是从社会主义的市场经济这个角度来配置人力资源，也就是说，今后我们培养的学生，包括本科生和研究生，将会走向社会，与市场经济配置相关联，先讨论在这样一个新的情况下，在建立新的工程教育体系中存在什么问题。然后再转过来，讨论我们如何应用信息技术本身来部分解决我们现在所碰到的问题。通过几十年中国高等教育的发展和中国高等工程教育的发展，工程教育体系已经形成了，但中间还有许多问题，就是说我们面临着21世纪经济和社会发展重大任务的挑战，但应该说也有一个很好的条件，我们很早就有了广播电视大学，到现在发展了中国教育科研网络CERNET，它本身就对工程教育、继续教育起相当大的作用，但是还有些不够的地方，我们来讨论工程教育中的重要变化。

现代工程师的概念和我们20世纪，或者20世纪中叶到80、90年代工程师的概念有相当大的变化。很重要的一个变化，上午大家讲了，就是它有综合性、复合型的变化。有个问题很有意思，就说大学总共只有4年，又加了那么多全面素质的东西，经济的、法律的、政治的、人文的，包括一些外语，要求更高了，总共才这4年，整个实践部分还有所减少，我们怎样去培养现代工程师？今天上午对工程师列了11条要求，有些同志觉得这11条要求在4年里头达到是相当困难的。怎么办？因此就说工程师的概念和原来的工程师的概念，特别和我们以前专业比较窄的时候那样一种工程师的概念已经有很大区别或者相当原则的区别了。因此工程教育思想本身发生了很多重要变化。

这些变化中间，我想还是提出我们现在有哪些问题需要进行研究。第一个，我们现在还缺乏或者说应该建立一个多通道，可以互相转移的，而且具备各自层面中人才培养特点的，但不是以高、低、优、劣来区分的多层次的工程教育体系。说到这个问题，大家记得我们在香山国际工程教育会上有过一次讨论，当时德国工程协会主席在介绍德国工程教育时，说德国工程教育中有工程师文凭和工程师(FH)文凭，后者相当于我们的高等专科，但也有他的文凭，德国的家长和学生在选择这两种不同的大学文凭的时候，并不把它区分成什么是高，什么是低，而是根据市场有什么需要，学生自己有什么兴趣，家长和他们之间有某种默契。

在我们中国可不一样，中国考大学，大家知道是分段的，第一段录取是重点院校，第二段是一般大学，第三段是大专，再下一段是高等职业，再下一段是别的什么。还没有念大学，等级已经分好了。这是一个很大的问题。今天上午朱高峰副院长讲过，我们现在高级的技工不好找。因此，我觉得我们整个工程教育体系应该是多种层次、多种分工，就像多个兵种一样，有陆军，有空军，有航空兵，有通信兵，每一个部分都是相互匹配，成为我们工程教育的一个整体。既要有像今天讨论的工程硕士这样比较重要的一部分人才，也要有进行工程师“毛坯”培养的这部分人才，同时也应该有大专和职业教育层次的人才。这些人才各司其职、各尽其用，同时还要能够互相转移，就是我们在人才培养这条路上走，过一段，可以转到另外一个地方，如同“立交桥”。当然，转的过程，要有一定的考核，够格的承认，不够的，再补充，但是能互相转换。现在这是一个很大的问题。我们本身从高考来讲就把它分成五等了，社会、家长和学生本人也把它分成若干等。怎么解决，这是一个问题，当然可以通过今后市场经济的充分发育来解决。

第二个问题，现在我们很多工科的本科生、研究生毕业后的继续工程教育怎么办？

大学以后应接受继续工程教育，工程师实际上是一辈子都要学习的。张彦通教授介绍的美国工程技术认证委员会(ABET)的认证报告里，有一条，要求工程师在每一段时间,必须有接受继续教育的记录,工程师的证书若要延长,就要递交上一段听了什么样的技术课程。我们呢?现在我们的建筑结构工程师这部分是这样做了,念土木的申请到了工程师执照以后,下次要延长,必须每年听两个礼拜或者多少学时的课程。但是现在我们整个人事升迁,包括认证本身对继续教育的要求还没有规范化和法律化。

第三个问题是工程实践环节,现在有相当大的削弱,我们清华大学也有这个问题,刚才顾秉林同志讲到,原来清华大学工科是6年制,中间有相当长的时间,将近一年时间,要做毕业设计,而且是真刀真枪地做,设计的水库要真的蓄水。但是后来变成5年了,1995年开始,又变成4年,再加上相当于学分制运作下的两年硕士,就相当于6年左右,希望培养一个工程师的"毛坯"。这样变相地恢复旧制,原因就是4年不够。不够什么东西,很简单,多了外语,多了那么多政治、人文、体育、经济、法律内容等等,这些该不该要,都该要,总共才4年,怎么办?上午讲到MIT,美国有两种解决办法。第一种解决办法就是现在我们清华大学正在采用的。我们问了美国MIT负责工程教育的院长——工学院院长,MIT的秘密在何处?他说了两句话,说白了,就是这些课程看来在21世纪都需要,也就是必须加强,没办法。你不能说,法律也不要,经济的也不要,不行,各类课堂还要高质量。MIT的做法是:在网上提供2000多门课程;开展课外研究活动,80%的学生参加,可达总学时的30%,这就是前面讲的三个方面的改革(专业交叉整合;利用课余及假期,组织各种实践;利用现代信息技术)。用信息新技术来改革旧专业(如在课程体系、教学内容与方法上的改革),改革教学方法,让学生有更多灵活性。

(根据讲话录音整理,原载《高等工程教育研究》2003年专刊)

中国高等工程教育与工程师的培养

科学技术的日新月异使得现代工业对工程技术人员的知识、能力和素质都提出了更高的要求。工业界对高等教育的期盼也愈加殷切,要求工程技术人员在经济全球化的背景下能运用科学的理论和技术的手段在"大工程"的环境中从事具体的实践活动。这些工程实践活动不仅体现在满足特定功能的工程需求,还体现在满足政治、经济、社会方面的需求,以及环境、人文、艺术等方面的需求。随着中国加入世界贸易组织(WTO),逐步融入世界经济发展的总体循环之中,中国的产业结构势必将随着世界产业的结构和分布的调整发生变化,中国在世界工业布局中的作用将逐步显现,大量的制造业有可能向中国转移,进而推动中国工业化发展的步伐。因此,培养和造就大量高素质的工程技术人员的重要性是不言而喻的。

一、高等工程教育在现代工程师培养中的作用和地位

1. 高等工程教育对工程师的培养至关重要

高等院校工程教育的基本任务是使学生接受系统的理工学科的理论知识、基本技能的学习和训练,使其在完成学业时,初步具备成为工程师的基本素质和条件。院校工程教育是中国高等工程教育的基础部分,是培养和造就合格工程师的至关重要的环节,在工程教育中具有举足轻重的地位。

中国的高等工程教育受欧美的影响较大。1949年以前,大约建立了20余所工科大学和工学院,主要采用美国与欧洲的学制与教学内容。中华人民共和国成立后,中国在20世纪五六十年代主要学习苏联的高等工程教育模式,建立了大批专门学院。五十余年来,中国的院校工程教育在不断探索中初步形成了具有中国特色的高等工程教育体系,培养了数以千万计的工程技术人才,其中一部分人成为各行各业的技术骨干和中坚力量,为经济建设和工业发展做出了重要贡献。

2001年,中国普通高等院校中有工科院校231所,其中专科院校54所;专业种数129个,专业设置数8953个;高等院校工科毕业生人数中,本科生22.0万人、专科生13.0万人、研究生2.3万人,其中获得博士学位4534人、获得硕士学位1.9万人;招生人数中,本科生50.0万人、专科生39.3万人、研究生6.0万人,其中攻读博士学位1.2万人、攻读硕士学位4.8万人;在校生人数中,本科生157.4万人、专科生91.8万人、研究生14.6万人,其中攻读博士学位3.4万人、攻读硕士学位11.2万人①。2001年工科研究生在校生占全部研究生在校生的37.22%。根据中国教育部高等教育司的统计数据,2002年普通高等学校工科本、专科在校生占普通高等学校全部本、专科在校生的32.88%。中国高等教育体系中工程教育的培养规模目前大致占到30%~40%。

中国现有的比较完整的院校工程教育体系,在规模上能够基本适应中国当前在经济发展、社会进步及科学技术方面的需求。对照目前国际通行的工程技术专业分类,中国都有相应的院校、系科与之对应。随着科学技术的飞速发展以及其在科技转化中的重要性日益为人们所认识,院校工程教育在21世纪培养现代工程师的过程中的地位和作用将会更加重要。

2. 高等工程教育在高科技发展中的基础地位将更加突出

高等工程教育的发展与国家经济的发展是相互促进又相互制约的,因此,高等工程教育的体系和结构的确定必须与国家经济的发展阶段和承受能力相适应,以保证国家用最优的教育投资,获得最大的社会效益和经济效益。中国目前依然处于实现工业化的过程中,工业化对于国民经济的发展起着至关重要的作用。国民经济腾飞的关键是科学技术,而发展科学技术的基础是高等理工科教育,其中

① 资料来源:《中国教育统计年鉴》,2001。

高等工程教育的作用更为直接。经济发展不仅需要高等工程教育培养大批合格的工程技术人员,而且在把科学技术成果通过中间试验转化为生产力的过程中,也有赖于高等工程教育培养出来的、具备综合素质的工程科学、技术、管理方面的人才。这些各级各类的工程技术人才既是现有经济活动的生产者、组织者,也是实现新技术应用,开发新工艺、新材料、新产品,设计新型生产设备,改进生产工具的研制者、开拓者,是发展经济的中坚力量。要促进国民经济的发展,并在国际竞争中争得主动,很大程度上要依靠高等工程教育所培养的各级各类的工程技术人才。

21 世纪的到来使人类社会面临着前所未有的巨变。信息技术、生物技术、能源技术、空间科学、纳米技术、环境科学的不断出现和快速发展,使得科学领域里产生了许多新兴学科和边缘学科以及相关的核心技术。这些科学技术对工业各行业产生了巨大的推动作用,使许多领域已经或正在发生革命性的变化。这些发展都离不开高等学校的工程教育为未来工程师提供的系统和严格的训练,离不开高等学校雄厚的科研实力所提供的技术基础和将研究成果转化的技术平台,以及以高等院校工程教育为基础的继续工程教育。

3. 要对全面推进继续工程教育做出贡献

继续工程教育是“工程师的教育”,是培训而不是学历、学位教育。继续工程教育是建立在大学教育基础上的对大学毕业后的在职工程技术人员所进行的一种专门训练。大学教育有较固定的教学计划,学生毕业时获得国家承认的学历和学位,继续教育的制度和内容则相对灵活。由于其学员均已受过各种不同级别的正规学校教育,所以,其参加培训的目的主要是在某些技能或知识方面更新已陈旧过时的内容,或在培训中学习一些以前未曾学过的知识和技术。继续工程教育的效益很高,因为参加继续工程教育的工程技术人员的学习动力来自技术的发展和提高自身能力的要求,目的在于推动企业创新和科技成果产业化。尽管继续工程教育不应把目标对准授予学位和颁发文凭,但为了鼓励在岗人员积极参加继续教育培训,应该在结业时进行一定方式的考核并向合格的学员颁发结业证书。还应在企业中建立起一定的制度,使技术人员的考核升级、提高待遇与参加继续工程教育相挂钩。

中国开展继续工程教育大约已有 20 年,起步比工业发达国家要晚几十年,因此我们要从国情出发并认真研究国外的发展状况。目前,国际上十分重视发展继续工程教育,把它作为人力资源开发和企业可持续发展的基础工作之一。许多国家已经把继续工程教育作为终生学习战略的一部分,确立"以能力为本位"的教育体系。例如,摩托罗拉公司、英特尔公司、IBM 公司等大公司投入大量资源,系统地建立了多种形式的"知识大学""社会大学""企业大学"等。再者,网络技术的发展又进一步推动了远程教育和在线教育,开放式的"e-继续工程教育"正在许多国家兴起,通过"e"化(电子学习 e-leaning 和电子培训 e-training),树立现代企业开放式培训资源管理的观念,广泛吸收、利用和开发企业内外的一切可利用的教育资源。

在此方面,中国的工科院校可以协助继续工程教育的推进做很多的工作。比如:①呼吁国家立法,以法律形式规范继续教育,使之与《义务教育法》《高等教育法》《职业教育法》四足鼎立;②强调专业培训;③呼吁加大经费投入;④呼吁社会共同参与;等等。

高等院校具有人才、科研、设施的优势,理应对开展继续工程教育、建立继续工程教育体系做出贡献,把加强继续工程教育作为提升工业竞争力、完成中国工业化进程中的一项重要举措来抓。同时通过大学与企业的结合,改变院校工程教育与工业企业需求之间存在的某种程度脱节的现象。

二、工业发展的要求与人才培养之间的差距

世界许多国家的经验都证明,培养出一名合格的工程师,必须使其经历工程科学知识的学习、工程实践的训练和工作实际的体验三个环节。这三个环节的实现大体需要 8~9 年的时间,事实上,是由院校工程教育和企业或者工作单位共同来承担这一培养任务的,其中工程实践训练是促进学生理论联系实际、学以致用,以便走上工作岗位后能够尽快适应工作的极重要一环。如果院校工程教育中只有理论知识的传授而缺乏实际动手能力的培养训练,那么学生基本的工程综合与设计能力是难以培养出来的,尤其是创新思维能力的培养将可能落空,毕业后很难适应当今迅速变化的科技与生产发展形势。中国的工程教育正在迅速地发展以适应经济发展的要求,但与社会的需求与企业的期盼相比,还存在着一些缺陷。

1. 面向实际的工程技术教育有所欠缺

工程教育的人才培养必须面向工程实际,这是中国未来经济发展的迫切需要,也是包括工业发达国家在内的高等工程教育和工业发展的经验。面向实际的工程技术教育是中国工程教育在这一段时间以来的主要欠缺。

它突出反映在学科专业划分过细,知识面较窄,缺乏足够的工程实践训练,学生缺乏对工程设计在工程及工程教育中的重要地位和作用的认识,缺乏解决工程问题的能力,缺乏对现代工程所必须具备的有关经济、社会方面的知识的了解,缺乏参与现代工程领导、决策、协调、控制的初步能力和管理素质。我们认为,问题出现的原因来自多方面,包括教育经费、基础素质、就业走向等诸多因素,但主要是以往中国高度集中的计划经济模式和粗放型工业生产条件下形成的传统工程教育思想和培养理念不能适应当前中国向市场经济和经济增长方式向集约型转变的需要。加之近些年来,中国工程教育中存在重“学”轻“术”的倾向,在许多工程院校,无论是直接为工业企业培养人才的数量,还是毕业生进入到国民经济第一线企业的数量都偏低。甚至直接为工业企业服务的工程性论文和设计的数量、质量也有不小的差距,这与中国工程教育在国民经济中应有的地位和应起的作用是不相称的。

2. 工程教育的培养层次、结构体系和人才类型与企业需求存在一定程度的脱节

经济建设发展对人才的需求是多样的。按照目前中国高等教育体系的结构进行划分,工程教育有专科、本科和研究生三个层次,每一个层次都需要进行有关工程科学、工程技术、工程管理等内容的教育。以专科教育为例,在一个较长的时期内,我国工程教育曾把主要精力放在培养本科生和研究生方面,专科教育大起大落,地位长期不稳定,使得有些专科教育在培养目标、规格、内容等方面,存在着向本科看齐的倾向。专科、本科层次界限不够明确,专科教育成为本科教育的“浓缩”,专科的教学计划、课程设置、教材内容和教学方法未能充分突出实际应用以适应业务和生产第一线工作的需要。

一般而言,本科生应强调与工程实际的紧密结合(因为多数工程师来自本科),博士生可以偏重工程科学研究,硕士生层次处于两者之间。从中国的现状来

看,硕士的培养还是应该更倾向于工程技术,掌握解决工程实际问题和从事工程管理的能力。因此,"工程硕士"的专业学位会逐步成为研究生教育结构的一个重要形式,以广泛适应工业化阶段研究生层次人才的需要。也就是说,根据中国目前的实际情况,专科主要培养技术工程师;本科介于技术与研究两者之间,并可根据学生的兴趣以及社会发展所引起的就业变化进行转换;研究生主要培养研究开发型的高层次工程技术人才。即使在高层次人才的培养上,也可以分为基础理论类型、开发应用类型和生产实施类型,以适应经济结构变化所引起的不同职业结构的变化对人才需求的变化。

院校工程教育应根据社会需求,认真研究与控制,通过调整专业结构,发展社会今后急需和具有前瞻性的专业,以满足人才市场的需求。对社会需求量不大的专业,根据人才市场的需求进行调节,采取压缩与限制招生的办法。要从根本上改变人才类型结构与人才市场需求脱节的局面。

3. 工程教育与产业结合、与企业的联系合作不够紧密

工程教育是由教育机构从事的培养技术人才、进行科学研究、创造科学技术成果的教育活动;工业企业是使用人才、发展生产力、使产品和服务在国际市场上具有竞争能力的主要机构。为此,工程院校必须面向工业企业,工业企业必须依靠工程教育,两方面密切合作,共同致力于应用型人才的培养。目前,中国工程教育的培养模式既不具备美国工业界对进入工业企业的毕业生进行的必要的工程师岗位培训系统,又不像德国工科大学毕业生具有参与工程实践和实习的足够的训练。另外,中国工业企业的研发机构还在逐步建立过程中,研发工作做得较少。同时,对于引进设备与技术的消化、吸收、提高和创新还未得到应有的重视。因此,工业企业与高等工程院校在培养高层次工程人才和将科研成果转化为生产力等方面还应该进一步紧密结合,增进合作。

三、高等工程教育要为明天的工程师做准备

新中国成立五十余年来,中国的工业生产得到了相当大的发展,初步形成了具有中国特色的工业体系和规模。特别是改革开放以来,工业化进程得到快速发

展。今天,继续完成工业化、实现现代化是中国在未来实现国富民强、民族复兴进程中的一项重要和艰巨的历史性任务。当前,我们面临着一个极具实质性与挑战性的问题:谁能成为明天的工程师? 高等工程教育为明天的工程师做了哪些准备? 除了传统的工程教育内容外,以下几个方面的教育应引起工程教育界的特别关注。

1. 基础知识与工程技术的教育

工程是综合应用科学理论和技术手段改造客观世界的实践活动。随着科学技术的迅速发展,现代工程所具有的科学性、社会性、实践性、创新性、复杂性等特征日益突出,工作内容不断扩展,已经形成了以研究、开发、设计、制造、运行、营销、管理、咨询等为主要环节的工程链。这一工程链中的每一个环节都存在着大量的技术问题,需要工程师予以妥善解决。这就使得现代工程需要一大批能综合应用现代科学理论和技术手段,具备求真求实的科学精神的高素质工程技术人才。因此,作为一名21世纪的工程师,应当能综合地运用科学的知识、方法和技术手段来分析与解决各种工程问题。在知识方面,应掌握坚实的基础知识;在能力方面,应具备获取新知识的能力,分析和解决问题的能力,收集、处理信息的能力,不断创新的能力和实践能力。

2. 人文与社会科学的教育

近年来,中国国内有关工科院校不可忽视人文社会科学教育的呼声很高。绝大多数工科院校已在教育计划中加入了相当份额的人文与社会科学的教学内容。

在西方中世纪,“文科”(liberal arts)一词是指通过获得知识和学问,进而获得个人的自由。自由的主要含义是思维的自由,而不仅仅是用双手工作的自由、体力劳动的自由。思维的自由意味着创造、创新,意味着新思想的诞生。文科教育起初有七个科目,分为两大类:第一类包括语法、逻辑和修辞,通过对文字、语言的组织来推进思维的过程;第二类包括算术、几何、天文和音乐,它们构成基础学科,引导学生对真实、科学和美的哲学追求。

早期的文科将科学和艺术结合在一起,并且在宽广的范围内传授,使学生在沟通与交流中,通过分析与综合,培养思维的技能。在今天的工程教育全球化的背景下,人文社会科学教育与工程教育的交缘与综合确实是一个值得重视的教育理念,它将对培养21世纪的现代工程师起到重要的影响。

3. 领导科学的教育

领导是一门科学,也是一门艺术。领导能力的培养应该成为工科学生的必修课。一个良好的工程师需要有管理能力。一方面,自己要能依章依法,并遵守工程师的道德规范,有科学精神和责任心;另一方面,在竞争日趋激烈的今天,优秀工程师必须有能力组织群体、制定战略、带好团队。因此,工程教育中的领导科学教育是在传统工程教育的基础上进行的完善和提升。

领导能力会促进和支持个人在未来的发展中确立团队精神和从事整体性的实践活动,并且有利于在工业企业或公共部门中,理解和利用组织文化和价值观念。在强调工程特点与团队协作的同时,为解决问题提供技巧和方法,并在工程实践中探究组织文化的重要性,纠正个人的局限性。领导能力的教育将促进合作,使学生在有效沟通、有效反馈、冲突管理、团队发展、伦理形成等方面得到训练。总之,领导科学的教育将为工科学生在工业企业中和未来更大范围的发展提供一个坚实的起点。特别是在工业企业要对日益增强的全球化趋势做出反应的今天,工业企业需要通过高素质的工程师编织起广大而坚实的,甚至是跨越国界与洲界的企业网络。工科学生在其职业生涯中,要面对来自不同文化和环境的同事和客户。明日的工程师们需要这种在新环境下获得领导成功的技巧。

4. "创业科学"的教育

1945年美国麻省理工学院(MIT)教授凡尼亚·布什(Vannevar Bush)发表了一篇重要的报告《科学:永无止境的前沿》,讲述科学的探索没有尽头,科学家应永远站在科学的前沿。后来,工程界在讲"工程:永无休止的转变",提出了工程师永远处于技术转移的前沿。它表明,工程教育界一个日趋重要的任务就是要教会学生如何将发明和创新从研究领域或设计实验室转移到市场中去。

从"永无止境的前沿"(the Endless Frontier)时代到"永无止境的转变"(the Endless Transition)时代的第一个转变发生在基础研究、应用研究和产品开发的相互联系中。这三个先前相对联系较为疏远的领域正在逐步缩小距离。不同类型的研究之间将不再有严格的界限,取而代之的是互相融合并且相互转移。

第二个转变发生在不同的技术领域之间。它们曾经被认为是和不同的学科以及不同的产业相联系的,但现在彼此之间正在交叉融合。以前在单个学科之间有严格的界限,而近年来跨学科的合作日益增加,新学科也在旧学科的交叉点上产生,早期的例证是生物与化学的结合形成生物化学。现在,新兴的多科性综合学科在不断诞生,例如生物信息学、行为经济学、金融工程学等等。

第三个转变是关于大学的角色。在创新体系的框架中,大学、产业、政府之间的角色越来越重要。日新月异的科技变化和初步形成的世界市场,使得科技企业家的机会和需求不断增加。在传统的专业与专业之间的隔墙被部分推倒的今天,工程师所扮演的角色已经不完全是技术专家,而是要把创造、设计和创新尽快地转换为有用和有益的形式,并提供给市场。市场呼唤工程师型的企业家和企业家型的工程师。明天的工程师要在新环境下体现自己的价值,就必须懂得如何认识和评估市场机会、设计和执行成功的商业计划。

最近,美国出版了一本名为《MIT 与创业科学的崛起》(*MIT and the Rise of Entrepreneurial Science*)的书,主要讨论了大学创业精神的演进,指出大学的教师和学生将扮演创业家的角色。对这一重要的论题的讨论与实践方兴未艾,它将会影响到高等工程教育的目标和未来。

四、培养优秀青年成为适应21世纪要求的现代工程师

最近召开的中、日、韩三国工程院圆桌会议的主题是“Better Engineers and Better Professionals”。会议讨论的是社会需要一大批优秀的工程师以及培养优秀的工程师和专业人士的问题,这是工程教育界共同面临的课题。较之于20世纪下半叶,目前一些优秀的中国青年已不愿选择工程与技术专业。许多人首选的专业是金融、贸易、管理、外语、法律等热门专业。尽管这种变化主要源于人们价值取向的变动,但同时也给工程教育提出了一个严峻的问题:我们的工程教育是否适应客观情况的变化?

现代工程师的内涵已经超出20世纪五六十年代设计工程师、工艺工程师的狭窄范围,向着“大工程”“系统工程”方向发展。今天的工程不仅包含设计、制造,同时还有关于网络、环境、法律、经济、销售、进出口、质量控制、市场、安全等方面

的内容。这就使得工程师与企业家之间的严格界限开始模糊。新科技的发明、创造与推广和企业的创业、壮大、消亡、重组之间有着千丝万缕的联系,也使得工程师与企业相互依存,很难做出严格的分界。

我们还可以列举许多现代工程师在新世纪必须面对的显著变化。这些变化在20世纪规划的工程教育框架中是不曾充分考虑的。尽管这些新的工程师所应具备的素质、知识与能力,不可能在高等工程教育中得到完全的培养,但工程教育界应该思考并在实践中去解决问题,为有志成为现代工程师的优秀学子们提供适宜的环境,培养他们具备必要的素质,造就21世纪优秀的现代工程师,吸引有志的优秀青年加入到现代工程师队伍中。

实际上,中国和国际工程教育界近年来已经为此做出了许多努力。

首先,在高等工程院校设置了适应时代要求的工程专业(或专业门类)。例如,中国国内的工业工程专业,其教学内容由加工制造、管理与经济、人因工程等课程组成;有些国家正在试点培养金融工程(Financial Engineering)的人才;其他如系统工程、物流工程与技术、社会工程学等大学科交叉的专业也应运而生。

再者,中国从1984年开始推行工程类型工学硕士培养计划,到20世纪90年代中期,发展成为工程硕士(Master of Engineering)专业学位,至今已形成每年5万~6万人在读的培养规模,涵盖十多个工程领域,其生源是获得工科学士学位、具有3年以上工程实践经验的人员,经过大约两年的课程和学位论文(设计)过程,通过学位论文答辩,可获得工程硕士学位。这是培养合格现代工程师的可行途径之一,目前发展势头良好。其培养过程使得高等学校与企业密切结合,论文是联系企业迫切需要的设计、工艺、实验与新技术开发等方面的课题,采用学校与企业派出的双导师制度,答辩委员会亦由教师与企业的高级工程师组成。这一专业学位的推行深受工程企业界的欢迎,是培养现代工程师的一种很好的模式。

第三,在中国,一些大学的工学院已实行学士-硕士学位连读制度。例如清华大学的工科院系,约有一半以上的学生选择本科-硕士连读的学习方式,每年就读的学生近千人。一般中国的工科院校取得工程学士学位的时间平均为四年,由于时间有限,学生最多只能被培养成“工程师的毛坯”。但如果合理设计工学学士与工学硕士的教学过程,一般可以在6年左右的时间内,使学生获得坚实的基础理论和较深入的专门知识,并在毕业设计与研究生论文(设计)阶段,有一年至一年半的工程实践环节。这样就可能通过更系统的教学过程培养新型的工程师,使他们成长为具备工程专业技术的高级人才。

第四,大学本科阶段就开展“大学生研究计划”和“大学生实践—创业计划”。

据调查,在美国MIT开展的“UROP”(大学生研究计划)和“UPOP”(大学生实践计划)吸引了近80%的工科学生。清华大学的“SRT”(大学生研究培养计划)和有全国大学生与研究生参与的“挑战杯”科技大赛,也吸引了大量的学生,他们在课余从事科技创造和创业的实践活动,其中成绩突出者可以承认学分和代替毕业设计环节。这些创新活动,有助于吸引优秀的年轻学生更多地投入课内外时间进行工程实践,有助于他们成长为未来的优秀工程师。

与此同时,工程技术界还开展远程工程教育,对象是已经在企业工作的工程技术人员。这些工程技术人员在工程第一线工作,利用业余时间学习工程技术与管理的课程,或者完成“研究生课程”学习。在经过考试之后,完成企业与高等院校安排指导的研究生学位论文。这种远程教育方式既加强了在职工程技术人员的基础理论,又在有条件的企业第一线完成了对其进行的专业训练。我们认为,它有可能成为今后工程技术人员继续教育的一种重要形式,也是培养现代工程师的一条有效途径。

总之,随着经济全球化趋势的发展,中国的工业竞争力问题越来越受到人们的重视。工程教育的目的是为中国实现工业现代化培养大批接受过良好工程训练的有适应能力的综合型人才。因此,要培养21世纪的工程师,就需要不断改进中国的工程教育培养体系,使工程教育的专业结构与国民经济的产业结构相适应;工程教育的层次结构与工业经济技术结构相适应;工程教育的形式结构与大学—企业的合作教育结构相适应;工程教育的布局结构与国家改革发展目标结构相适应。根据国家未来远景规划和发展目标,按照市场需要加快调整,使我们培养出来的工程师的“毛坯”能够尽快地适应企业的需求和社会的发展,成为“兴国之才、创业之才、治学之才”,为中国工业化的跨越式发展和国家工业竞争力的提升做出应有的贡献。

参考文献

[1] 朱高峰、沈士团主编:《21世纪的工程教育》,北京,高等教育出版社,2001年。

[2] 中国国家自然科学基金委员会、美国国家科学基金委员会、中国工程院主编:《中美工程教育政策双边研讨会论文集》(内部资料)。

[3] 朱高峰、张维、沈廉、王孙禺等:《我国工程教育改革与发展》(内部报告)。

[4] 朱高峰、张维、王孙禺、张彦通等:《工程教育与创新主体——开发我国工程技术人员创新能力的对策研究》(内部报告)。

[5] 余寿文:《21世纪初我国高等工程教育面临的几个问题》,载《中国大学教学》2002年第12期。

[6] "MIT and the Rise of Entrepreneurial Science". H. Etzkowitz Routledge Talyor & Francis Group 2002.

[7] Shirley A. Jackson,《工程教育的变革与挑战》,载《清华大学教育研究》2004年第2期。

(原载《清华大学教育研究》2004年第3期,与王孙禺联合署名。王孙禺,清华大学教育研究所常务副所长,中国高等工程教育研究会副秘书长,教授)

工程教育与现代工程师培养

从学校教育管理工作岗位上退下来一段时间了，但我仍然关注工程教育。对工程教育及其在国内、外的发展，做了一些研究和思考。下面的内容是从个人思考的角度来讲的，仅仅是作为一个发言，提供讨论，以期抛砖引玉。

一

以前，很多年轻人把工程、工程师作为将来就业的首选，但现在很多年轻人的首选却是金融、财贸、外语、管理、商务等等。当然，这些工作是社会发展的需要。由于中国的工业、制造业还处在加工、销售的阶段，还未进入自主设计开发的阶段，因而引起了市场需求、社会就业结构和学生就业选择的变化。这就提出了一个严肃而重要的问题：工程教育战线上的教师和教育管理干部们如何尽最大努力吸引最优秀的青年，把他们培养成为工程师。许多来华的外国教育专家认为，中国的许多高层领导人都有工程师的学历背景，肯定重视工程教育。的确，这是一个有利因素，但中国社会已经发展到了这样一个阶段，工程师在年轻人心目中的印象已经今非昔比。去年，欧洲工程教育联合会曾做过一个调查，发现年轻人首选工程专业的人数在不同国家中比前几年下降了10%~40%。这的确不是一个局部问题，而是一个国际性的问题。所以，中国要振兴，要发展，就要改革我们的工业体制和产业结构，而其关键，就是把优秀的青年吸引过来学工科，做工程师——当然是做现代的工程师，以此来振兴中国的现代工业，使它进入一个新的阶段。工业振兴的结果必然导致工程师的价值受到社会的尊重，如同发达国家一样。

有些数字表明,在世纪之交,我国1000多所工科大专院校中,除了综合大学(也设有工科)外,真正与工科相关的有230多所,其中专科院校有54所。2001年,工科研究生占全体在校研究生的37%左右;2002年,工科本专科生占全体在校生数的32.88%。也就是说,我国整个高等工程教育体系中,不同层次的工程教育的规模大概在30%~40%之间。这是个很大的数字。欧洲则大约为10%,美国的工科毕业生数曾经在全世界居第一。根据工程院教育委员会的咨询报告,一个基本结论是:中国工程教育的骨架已经形成,在世界上,我们培养的工科学生数量是很大的。到近年,在校学生人数翻了两番,我们工科培养的学生数已经是世界第一了。现在走上社会的工科毕业生(包括专科生)每年约有100万~130万。这样,5年就会有600万。但他们仅仅是工程师"毛坯",对这600万工程师"毛坯"该怎么培养与使用,这是我们中国面临的一个很大的问题。类似的问题在国外有时也存在,但量没有我们大,我们是37%呀。今年招生390多万,按1/3的比例,其中工科生就有130多万,这就是我们现在要研究的问题,应该做出前景估量和今后工程教育发展的预案。

这几年发生很多变化,其中很重要的就是产业结构的变化。我们现有高等院校的学生人数与我们国家的整个产业结构不相适应,尤其是与三大产业中的第二产业,第二产业中的工业,工业中的制造业不相适应。当然,由于教育有一定的长效性,各专业培养出来的人才五六年之后才用,因此,教育的结构既要与产业结构相适应,但又不能与产业结构完全平行和对应,需要有点超前,需要系统研究、整体策划。另外,现代工程和工程师的概念都发生了重大变化,而最重要的变化是在教育思想上的变化。去年中、日、韩三国召开的工程院圆桌会议有一个主题"Better Engineer and Better Professional",就是说,无论如何,我们要研究如何培养优秀的工程师、优秀的专业人才。对此,我们要有紧迫感。

有一个问题现在涉及不多,就是大学后的继续工程教育。我们在学校里用四年时间来培养工程师的"毛坯",每年有120多万往社会上送(还不算毕业的研究生),这些人的后续教育谁来管?一年增加120万,这是一个超前面临的问题,也是在座多数高校教育管理者工作范围内的问题。教育部对这些工作的管理也是有所分工的:研究生归学位办管,本专科生归高教司管,继续教育有时归职业教育部门管,然后由教育部来统筹;另外还有人事部管。继续工程教育的问题各国都存在,我国实际上也存在,但有些人认为学生反正会流动到社会上去,迟早会成为工程师的,用不着杞人忧天。的确,这些人迟早会适应他们的工作,但在多数情况下,他们仅仅是低水平的适应,而不是有效教育、系统训练并经过工程师认证的结果,因而难以承担有创新要求的工程项目。国外的工程师认证程序很严格,下一次认证要看上一次认证以来的记录,每年必须就本行业的最新研究成果参加一定时间的培训,而且必须有培训的证书,否则将难以得到继续认证。现在,我国的土木工程师和建筑工程师资格认证里也有了这一条:每年必须有一定时间的培训,否则将得不到新的证书。遗憾的是,这么大一个工科领域——机械、电子、航空、航天、造船、运输、化工、地矿、材料等等,只有建筑和土木专业的工程师认证有这种规定。

现代工程师是在大工程的背景下来进行工程活动的,这个大工程除了原来的工程专业以外,还牵涉到网络、环境、法律、经济、销售、安全等广大的知识领域——有些知识是不能不了解的,当然你不可能全懂,但不能完全不懂。1998 年有一次我到燕山石化做调查,问那里的领导:我们大学培养的人才怎么样,好用不好用?回答是:第一,我们燕山已经有 3700 多个技术人才;第二,你们现在的学生我们不太需要;第三,我就要你们向现有的 3700 人提供新的培训,让他们学新的内容;第四,我们企业要上市,但这么多工程师中,既懂工程,又懂经济,懂管理,能做这个上市准备工作的人才,不到两位数。我想,多少年来,对于培养 21 世纪优秀的现代工程师,我国的高等工程教育界还是做了很多努力的,可能做得还不够,但方向是对的:很多高等工程院校设置了适应时代要求的新的工程专业,比如工业工程、系统工程、物流工程和技术、金融工程以及社会工程学等等。还有很多工科院校开设了一些学科交叉的班培养复合型人才。原来的工程教育内容虽然很基本,但是还不能适应发展的需要。上次我们去美国考察,与 MIT 主管工程教育的教务长讨论这个问题。我们说:你们的学制是四年,我们也是四年,你们要求学工的学生既要知道生态、环保,又要知道经济、法律方面的知识(当然我们还有外语等课程),还要有实践,这么多要求,你们是怎么办到的?他的回答很简单:首先,这些知识都是必要的,学生的确既需要生态、环保知识,又需要经济、法律知识,这是他们作为工程师的责任;其次,MIT 有一套办法,来加强学生的理论基础与工程实践。我国从 1984 年开始试行工程类型的硕士教育,90 年代正式定为专业硕士学位——工程硕士,现在每年大概有 8 万人左右在读。这是一个了不得的数字。工程硕士要有 3 年以上的工程实践经验;在学期间要在学校与企业完成学位课和相关的设计,而不只限于论文;导师既有来自学校的,同时也有企业的高级工程技术人员,每年培养 6 万到 8 万,10 年下来就是 60 万到 80 万。只要做好了,是大有裨益的事。但是目前还有许多问题需要去解决。

实际上,工程教育应该是大专、本科、研究生以及继续教育这样一个有层次的教育体系。但仍存在一些问题。在座的有很多本科院校的教学主管校长，我建议，在研究工程教育时，要拓宽我们的思考范围，要进行多层次一体化的工程教育。我国有些大学的工学院已经在实行学士和硕士学位的连读，但是只在少数学生中试行。清华大学在 1995 年开始实施工科学生学位连读。这样做的一个很重要的动因就是四年内实践环节不够。我们规定，本科与硕士统一起来，六年之内实践环节必须有一年半的时间，否则工程师“毛坯”就难以培养。现在很多学校开展了大学生研究计划、大学生创业计划、大学生实践计划，全国还有“挑战杯”竞赛这些活动，这是整个青年工程人才培养过程中一个很重要的有机组成部分。

1994 年，清华大学有个代表团（由我负责）曾到 MIT 蹲点，看了他们的“大学生研究计划”（UROP）——当时已经实行了 24 年。这次去美国我又就此询问 MIT 工程系的教务长。他说，除了开展大学生研究计划外，前几年他们又开展了“大学生实践计划”（UPOP）。这两个计划加在一起，有 80% 的学生自愿参加。MIT 的秘诀是与工业界有比较好的联系，实践计划比较容易开展。调查表明，参加计划的学生其课外的学时数相当于教学计划总量的 30%。这些学生参与这两个计划是“玩命”的。我们中国的许多学生就缺少这股劲，对他们来说，外面的世界很精彩：唱歌、跳舞、上网。MIT 的学生一个星期没有太多时间休息，干嘛去了？都参与到计划中去了。来 MIT 的学生都是精英，用他们自己的话来讲，来这里学习就是要做到“燃烧自己”。如何燃烧？就是要在学好课程的基础上，做这些创造性的实践，把自己的能力发挥到极致。这才叫作研究型的学习。当然，我不是要求大家都来比 MIT，但大学阶段要进行认真的实践，这一点非常重要。清华大学校友、我国最高科技奖获得者金怡濂院士在一次座谈会上说：“我在清华学习时，有三样东西对我影响最大：第一，数学和物理。我在学校里的数学和物理学得好，后来搞计算机，从电路板到半导体，到大规模集成电路，到网络，这些东西变化非常快，靠什么来应对，靠学过的数学和物理基础来支撑。第二，重视实践。我当学生的时候，总是做好所有的实验，还选修物理实验课，在学习中敢于实践，这个长处在工作中得到很大好处。第三，清华的学风好，校风好，‘行胜于言’，对我有重要的影响。”后来学校搞教改，提出要砍掉一批不太有用的专业课，就是希望能加强基础，增加实践环节。从 1994 年起，清华大学实施“大学生研究培养计划”（SRT），现已在全校普遍开展。我觉得，“挑战杯”这类活动对学生是很有好处的。近来，我们讨论国外大学的教学，比较了一些重要大学的教学计划。我们学习国外经验，把课内学时、学分缩减下来，那就必须同时学习国外，把课外学习的分量加大。这样，才能做到真正的研究型的教与学。这是一个很难的问题。如果这第二方面做不到或做不好,教学质量就会受到大的影响。我们已经减少了课内学时,但我们的课外实践应该努力跟上去。为此,就要做 Project,做大作业,做校园内外的科技实践。

二

现在不少大学在试行远程继续工程教育,一些企业也在建设博士后流动站。这些都是很可贵的努力,目的是把优秀的青年吸引到工程教育中来,造就优秀的适应 21 世纪需要的现代工程师,壮大我们的工程师队伍。为此,我具体讲 4 个问题。

第一,要健全中国的工程教育体系。中国已经有工程教育体系,但不够健全。能不能建立一个多通道、多层次的工程教育体系,这个体系具有多层次人才的特点,每层次都有优秀人才,可以把它形容为一个多兵种的,陆军、海军、空军、通信兵都有的综合性集团军,而不是以层次高低来区分优劣。根据 1999 年德国工程师学会主席的报告,德国工程师分两个层次:Diploma engineer 和 Diploma-FH。后者是高等专科的工程师文凭,在西门子和大众汽车公司的高级管理层中,1/3 ~ 1/4 的成员都是高等专科学校毕业的 FH 类型的文凭工程师。德国的工程专科的学生在学校的实践培训非常扎实,在流水线上一待就是几个月,他们既有数学和物理基础,又有非常强的工程实践技能,很受企业欢迎。这样的实务性职业型工程人才与一般工程师相比,薪金可能更高,就业机会更多,对德国家庭来讲,两者没有什么高下之分,孩子愿意考高专,父母也支持。这与中国的情况大异其趣。中国大学招生分重点线、大专线和职业教育线,一开始就把孩子分成三六九等了。我们能不能改变一下做法,进校前选择学生,要做一些区分,但进校以后,就应该一视同仁、好好培养。实际上,由于对这一点处理不当,许多年轻人的信心,乃至教师们的信心都受到了挫伤。一些年轻人认为自己这辈子已经被分到第三四等了。这样的区分被家长所接受,被学生所接受,是很危险的。当然这里有教育价值观的问题,也有管理体制上深层次的原因。所以,我们应该借鉴国外的一些成功经验,把我们每个层次的工程教育都办好,办出质量,办出特色,而不是把它们分成三六九等。人人皆可成才,人尽其才,才尽其用,这是人才分配中一个很重要的思想。

第二,大学后的继续教育谁管。我们的大学只管培养,放出去就不管了或少管了。但是,中国的企业培训与继续教育还处在发展阶段,有朝一日,社会发展会要求高校提供服务,要求进行工程师认证和工程教育的认证。所以要有继续工程教育,它太重要了,必须纳入到我国的工程教育体系中来。大家知道,扩招后学生的实验条件、工程训练条件是不如以前了,有的学校甚至把自行车棚作为临时教室。要在这样的条件下开展继续教育,有很多困难!所以,要把信息技术的发展成果用于网络教学,利用网络来开展继续工程教育。美国人用网络做继续工程教育,做得不错。但是用网络做工程学位的继续教育还存在不少问题,主要是:网络教育能不能给学位?工程教育上网,怎么完成实践训练?美国在这些方面的经验值得参考。比如凤凰城大学的网上大学就办得很成功。他们的校长介绍说,成功的关键在于抓继续工程教育,学位工程教育目前主要只限于管理、护理专业,信息、电子、制造这些专业则作为继续工程教育的内容,对这些专业的学位教育他们非常慎重。根据这些经验,结合我国的国情,我们可以做出自己的选择,就是网络要大量地使用,但主要用于继续工程教育,同时,在条件许可的情况下,适当地用于学位工程教育。我想,高等院校应当充分利用这样的网络条件,为全面推进继续工程教育做出应有的贡献。继续工程教育主要不是学位教育,而是高层次的岗位培训,要把每年100万~130万的大专工科毕业生纳入继续工程教育范围。高等工程教育研究的基本课题之一,就是工程教育的专业结构要与国民经济的产业结构相适应,与我国的三大产业相适应,当前尤其是要与第二产业中的制造业相适应。所谓适应,不是平行,不是完全相等,而是有预见性、层次性、前瞻性地考虑教育与产业的关系。与此同时,工程教育的层次结构还要与工业经济的技术结构相适应。所谓技术结构,是指与工程现场有关的设计和工艺技术的总和,工程教育要培养大量的现场工程师和技术人员,要把这些人才的培养作为继续工程教育的重要内容。

第三,关于工程师和工程教育的认证。这个问题现在涉及的还不多,但从长远看,将是我们的工程教育要普遍面对的一个问题。我们已加入了WTO,我们的工业产品要出口都必须符合ISO(国际产业标准)。这就意味着制造这些工业产品的工程师和工程技术人员必须获得国际通用标准的认可。美国有个工程技术认证委员会(ABET),已有70多年的历史。2004年9月份的北京国际工程教育研讨会讨论的三个主题之一就是关于“认证”的,届时该委员会的主席会来。“认证”有两个作用:一个是对专业的工程教育进行认证。全美有1500多个工程专业需要通过认证委员会的认证,没有通过这个认证的学校,学生不敢报考。为什么?一个学生到这个学校学习,为的就是毕业后当工程师,如果人家认证机构不承认,就像开车没有驾照一样,将寸步难行。在美国,工程教育认证是一件非常重要的事情。2001年在上海中美高等工程教育高层次政策研讨会上,同济大学的吴启迪校长在会上做了个报告,就重点论述了工程师认证的问题。同济大学在建筑学专业和土木建筑专业是已经拿了证的。建设部在1995年请英国的工程师协会和其他国际组织对全国10个土建结构和后来的城市规划专业进行高等工程教育的认证,考察后,认证了首批10个学校。这些经过认证的学校的学生就业从此就受重视,可以到香港去为那里的城建做设计。如果没有经过认证,你就只能为香港的工程师打工,你做事,他签字。所以认证意味着准入。目前我国仅仅是在土建、建筑、城市规划以及建筑管理这几个专业做了认证,还有好多专业没有认证,而美国通过认证的专业就有1500多个。认证的第二个作用是对工程师本人进行认证。比如,某工程师在某大学念过工科,要查该大学是否通过工程教育认证,毕业后到社会上发展过多少年,做过些什么工程,检查职业道德的记录,这些都要认证,通过后由认证机构颁发证书。认证所考察的内容很细:如在几年的工作中,是否每年都经过培训?在何处培训?训练单位采用了什么最新技术?等等。每年的培训如果没有达到对时间长度的要求,就得补足,以后再来申请。这样的认证使得每个高校校长都兢兢业业、不敢怠慢,否则,就会使毕业生找不到工作,学校的生源就会有问题。美国的认证与我们的学校评估不同,他们的认证只就最低合格标准进行评估:学生有多少课程,有多少实践环节,几个星期的训练都做了些什么事情,有些什么实践经验。这些都要认证。通过了,就准入了。中国工程院曾经召开会议讨论认证的课题,很多院士都参加了调查研究。但是现在认证还只停留在少数的专业范围,原来建设部做过建筑工程师和结构工程师认证,但这与普及到其他行业的要求还相去甚远。2000年美国ABET实施了一个新的认证标准——EC2000,它以教育产出为主要认证指标,这个标准与我们以教育投入为主要指标的整个评估标准不一样。我们考察的是有多少学生、多少课程、多少房子、多少实验室、多少400米标准跑道。他们考察的重点却是学生分到哪里,拿多少薪金,雇主的反应如何。认证必须提供这样的文件:前五年毕业的学生在哪个公司做,做得怎么样,等等。另外,这方面的探索现在还有了新进展,叫作国际互认协定。这是把认证上升到国家对工程教育进行宏观管理的高度。比如欧洲现在就已经在德国工程师协会成立了一个新的非营利性的组织。总之,许多国家都认同这样做的必要性:要知道工程教育的"产品"是否合格,对工程师就必须进行认证,进而联系到对工程教育也要进行认证。

第四,关于对欧美工程教育进行考察的部分情况。考察团成员写的文章已刊登在《高等工程教育研究》上。我把其中一些重要的信息传递给大家。

先看欧洲。欧洲在1999年签订了一个《波洛纳宣言》,这个宣言使得整个欧洲大学共同形成一个欧洲高等教育区。《宣言》要求整个欧洲的工程教育注意创新,具有足够的柔性和对年轻人的吸引力。并从2005年开始,在全欧实行新的学位结构,建立了欧洲的学分互认系统,叫做ECTS,已经吸引了1800个大学参加。另外建立了ENGA,即欧洲教育质量保证系统。以前,欧洲高等教育体系5~6年才培养一个工程师,提供一个Diploma(学位)。从2002年起,意大利变成“3+2”(即本科+硕士)年,法国也是“3+2”。德国有两种形式,一种是“3+2”,一种“4+1”。波兰是“3+2”。瑞典有两个计划,短计划是“3+1”,长计划是“3+2”。“3+2”,这就是欧洲制定的统一标准。按“3+2”来算,完成一个工程师学位计划共300个学分:180个本科学分加120个硕士学分。我问他们,这些规定全部实行了吗?答曰,在不同国家做法不完全一样。以瑞典为例。瑞典是一个工程教育非常发达的国家,去年我碰到他们前教育部长,就问:这个《波洛纳宣言》在瑞典做得怎么样?他说了两句话:一、“这是欧洲联合的需要。”二、“做这个计划,看起来很难,但看你做不做,要做就不难。”他告诉我:“我们已经开始做。”

再看美国。我们考察了若干所美国的大学。MIT和其他几所大学的工程教育改革有四个很重要的亮点:①MIT的工科教育十几年磨了两把剑——新成立了两个“专业”,他们还只叫Division,不叫系,一个是生物工程,另一个是系统工程,后者包括纳米技术以及与纳米技术相关的专业。相比之下,我们有的学校一个晚上就可以报100个新专业。这不是说笑话。人家MIT两个专业用了十几年,但却是看准方向,实实在在地做。②MIT的教改有一个重点,就是他们2000门课程都能上网,而且是免费上网。现在,MIT已将他们的课程在网上公开,2000多门网上课程全美国的学生都可以查到。这的确是富有胆识的举措。③如前所说,MIT 80%的学生都参加了大学生研究和实践计划。实际完成的总工作量大概比原来的教学计划增加了1/3,而这1/3是不进教学计划的,他们的秘诀就在这里。学生没有三头六臂,那么多课程要学,比如语言、信息、人文和自然、环境保护等等,都不能不要。为此,他们在教学计划之外增加了很多实践环节,通过吸引大学生参加研究和实践计划(UROP和UPOP)进行。这样,就把学生相当的业余时间(包括假期)都用上了,而学生是自愿投入的。若非如此,很容易削弱实践。从学生方面看,这样做既增强了能力,又进行了创新,最后还对就业大有好处,所以也乐意。④美国工程教育办得很好的一个层次,就是工程应用型的州立大学。加州州立大学洛杉矶分校工程学院院长开宗明义地告诉我们:“我们是工程应用型的学校,不是研究型的学校,我们有 60 个教员,1400 个学生,200 个研究生。经费很充足,学生学到的都是很有用的东西。学校通过了委员会的工程教育认证,学生毕业后可以去当工程师,所以很放心。”凤凰城网上大学的规模较大,有 25000 个学生,88 个分校,学生的平均年龄 33.8 岁。兼职教师 1.1 万人,全职教师 250 人。网络教育采用成人学位教育模式,但对于工程教育,他们认为做继续教育就可以了。

除了 MIT、加州州立大学和凤凰城大学网上大学以外,我们还访问了美国工程院、美国自然科学基金会和工程教育学会。总的结论是:①美国从上到下都认为必须改革工程教育,培养新一代的工程师。这是高度一致的共识。②美国的工程教育是多层次、多样化的。③据我们考察,美国的大学实际上包括五种不同层次,其专业面的宽窄因校而异,并不存在人们称许的那种“通才教育”。这些大学教学主管和来自清华的中国留学生都说,他们所在的学校和美国其他的工学院都十分重视发展职业教育(Professional Education),强调向实践、向专业倾斜。所以,人家已经回过头来重视工程教育了。过去搞卫星、飞船上天,苏联前进了,美国科学落后了,于是美国的工程教育便把注意力转向科学化,现在美国的钟摆从 20 世纪 90 年代摆回来了,开始注意教育的职业取向了,而我们刚好还处在钟摆的前半个周期。这使我们意识到,在学习别国的成功经验时,一定要结合我们自己的国情。我们的工程教育以前科学化做得不够,因而有待加强,但是千万不能因此就忽视或弱化教育的工程性。

综上所述,我认为,我们要改革和完善中国的工程教育体系,要大力加强大学后的继续工程教育,要积极开展工程师和工程教育的认证,要重视工程师的培养,重视工程师的价值。在 90 年代访美期间,MIT 的校长为我们做了一个讲话,用了 4 个词:变化、综合、平衡、创新。这些词对我们的校长而言是很重要的。要敏察与适应国家、社会和世界的变化;要对各种积极因素进行综合;要在变化中寻求平衡;要致力于创新。今后,当企业的发展从引进、组装、加工走出来,进入到自主创新、自主开发、自主设计的新阶段,企业对科技到了真正渴求的阶段,那时,企业就需要科技,工程教育与企业的结合真正就有了内在激励的动因。中国工程师从事的是创新性的工作,他们的价值必然会受到尊重。可以说,社会承认工程师及其劳动的崇高地位之日,就是中国工程教育的成功之时,那也就是强国富民的灿烂的明天。

(本文系在中国高等教育学会工程教育专业委员会第三届理事会第一次全体会议上的讲话,发表前已经作者修改订正,原载《高等工程教育研究》2004 年第 4 期)

博士生培养经验交流

各位老师：

作为一位博士生导师，我们都有一个共同的目标，那就是培养合格的清华大学的博士生。在座的是新上岗的博士生导师，我不过比你们多培养了几年博士生，有成功的经验也有失败的教训，希望和大家一起交流，对在座的年轻的博士生导师可能有一定的借鉴作用。有些看法是个人体会，也不一定对。抛砖引玉，供大家参考。

我想简单地讲几个问题。清华大学博士生培养的一个重要方面就是要保证质量，这个质量在国际上是有公认标准的，许多国外的专家或管理人员考察一所大学的办学水平，采取的办法之一就是随机抽取该校最近若干年5本到10本博士论文或者论文摘要，就可以大致了解一个大学的整体水平到底如何。清华大学要建设世界一流大学，要走的路还很长，其中一个重要的方面就是提高博士生培养质量。博士生培养是我们学校工作的一个中心环节，他起到枢纽作用。一方面，博士生作为师兄会影响到硕士生和本科生以致整个学校的研究氛围；另一方面，博士生是学校科研的生力军，他们中的优秀分子更是最重要的研究力量，他们的培养质量是我们科学研究和学科建设的重要标志。他们还是逐步补充我们学校和全国其他高校研究队伍的年轻力量，是教师队伍建设的“活水”，一个最为活跃的因素。所以从整体上看，博士生培养具有中枢作用。那么，在博士生培养过程中有哪几个“穴位”是影响培养质量的呢？作为老师，在座的诸位都带过硕士生，有的还在国内或国外合作带过博士生，可能都有自己的理解。根据我的理解和我们研究生院多年的工作经验，正如原来研究生院院长梁尤能教授总结的，在众多的环节中有四个环节或“穴位”最为重要：一是生源的选择，这无疑非常重要；第二个环节就是选题，这是决定性的环节之一，学生与你在一起确定一个高质量的、与学生品性相适合的题目是很重要的,成功的选题对博士生培养来说就成功了一半,有很多例子可以说明这一点;第三个就是国内外都很重视的博士生资格认定,博士生经过资格认定后才有资格做论文;最后一个环节就是论文,论文是博士生三年、四年或长或短的培养期间培养质量和过程的记录与表征。梁尤能教授曾经做过一个比喻,称之为“穴位”,就是点穴的“穴位”。他常说的都江堰水利枢纽工程,运作了两千多年,就是因为从流体力学与水工设计的原理讲,它处理好了几个关键点,什么地方导流,什么地方分流。关键点解决好了,结果是千年无水患,灌溉了四川平原。今天大家在一起,就是要交流一些体会,我会举几个我的学生的例子,有成功的,有指导全国优秀博士论文、清华优秀博士论文获得者的经验;也有失败的,我曾经有三个学生不同程度地被淘汰。失败的原因有学生个人的,也有老师和学生共同的。这些经验和教训,对我们培养博士生来讲都是一笔财富。

作为博士生导师,我们的认识首先要有一个转变,有不少导师一开始没有认识到这一变化,我们必须预见这种变化。从《中华人民共和国学位条例》要求看,对博士生的要求有三个方面:首先是基础知识坚实宽广,硕士生的要求是坚实,博士生增加了宽广;其次是专业知识要深入系统,不仅知识要深入而且必须系统;最后,也是最重要的就是博士论文要求有创造性,这和硕士生要求不一样,硕士生论文要求有新的见解,博士论文要求有创造性,就是经过博士学习阶段,他能够独立地开展科学研究工作,而不再需要导师的帮助和指导。这和本科生教育有本质的区别,本科生某种意义上是“批量”生产的。

我先讲第一个环节,即生源问题。清华大学总体上来讲,在全国来看生源是相当好的。大概有那么四种类型:第一种情况就是我们吸收清华一些出类拔萃的学生(当然很多优秀学生申请出国攻读博士学位去了),我带的学生中,就有专业头几名的,有的是全国力学竞赛中名列前茅的,而且人品很好,这我们当然最欢迎。另外,我们还要欢迎那些基础知识扎实,但不一定那么出类拔萃的学生,应该说清华大学的学生都具备成才的条件(当然有些学生在大学期间自暴自弃或者没有抵挡住外面的诱惑,这些学生除外),只要品性好、学习努力,为人实在的,只要我们老师好好地带,就一定能够成才。第三种学生,就是思想比较“活”,不是那种创造性思维的那种“活”,而是进入 90 年代以来,外面的世界充满了太多的诱惑,有些学生很“活”,不安心学习和研究。

我最怕学习不努力但思想很“活”的学生,你的精力还不够“对付”他的,而且他还会影响其他同学。第四种学生是外校来的好学生,比如东北、西北来的,只要培养得法,也是非常优秀的。我的学生有来自哈尔滨和兰州的,基础不错,人很实在，只要你多和他交朋友，他们照样可以做得相当好，虽然不一定是最优秀的。当前，有一种倾向，需要我们注意。现在有很多老师特别是我们的年轻老师，手里有很多任务，考虑任务多，考虑培养人才少。虽然出发点和愿望是好的，但不要忘记，我们的主要任务是培养人才。我们既要有短期的目标，更要有长远的目标，就是要把我们的学生培养成为一个世界上或国家的专业骨干人才，这些可能近期看不到，要十年、二十年甚至更长时间才能看到。想想我们自己能有今天，肯定都有终生难忘的老师的指引。我指导的研究生中有的已成为院士、长江学者、清华大学最年轻的博导，每当想到这些，我都感到由衷的幸福，这种幸福是"积分"的结果。以上总结的四类学生供大家参考，提供一个比较的坐标。

第二个环节是选题。选题是非常重要的，这不是我个人的看法，而是很多博导的共同看法。现在清华的博士生总量是太大，我们要使清华的博士生进入研究的前沿，而且是处于国际科研前沿。我曾经做过比较，有一年 MIT 的教授是 800 多名，而他们近十年每年招博士生最多不过 500 人。我当研究生院长时，每年博士招生约 570~580 人，能拿到学位的大概就是 500 人左右，已经够多了。当然，我们的生源还是不错的，现在我们每年招生已经达到 1000~1100 人了，我们的博导没人家多，经费也没人家多，保持这么大的量，我们的博士生选题的水平就会下降。第二，清华大学在不久的将来，还是以工科为骨干学科的学校，必然导致会选择很多国民经济建设第一线需要的选题。以前曾经总结电机系高景德、卢强、韩英铎院士的博士点经验，他们曾经为我国电网的经济与安全运行做出了突出贡献。他们提出的选题目标就是既能"顶天"又能"立地"，表现的成果就是他们曾经既获得过国家自然科学二等奖，也获得过国家科技进步奖，他们就是在关键问题上，处在研究的关键的位置上。当然对一个博士生来说，要求既"顶天"又"立地"是困难的，但就怕你的选题既不"顶天"也不"立地"，这样的课题在目前有相当一批。我曾经认识和接触过一些博士生，有一位同学，本科时相当优秀，是清华大学的十佳，但因为选题原因，毕业时博士论文水平平平。当然，我们不能要求所有的博士生都十分优秀，但总希望有些学生是自己相当满意的。选题关键就是要选学科研究前沿或者国民经济发展中的重大问题而且具有研究价值的题目，就怕一些题目只是看起来"含金量"很高，但缺乏研究价值。比如曾经一度提倡的"交钥匙"工程，这种题目中有相当多的部分就不适合博士生来做，当然参加一些项目是必要的，可以了解具体的过程，但不能变成利用它来交钥匙。高水平的选题要靠两个方面：一是博士生导师自身必须处在科学研究的前沿，要和国内外同等水平的同行经常交手。我记得 80 年代初，当时很多人出国留学，到了国外就是感到自己的视野极大地开阔了。当时在清华你的视野就受到局限,虽然你同样很聪明和同样很努力,但在国外,学术交流的条件就是不一样。因此我觉得,我们的博士生导师应该尽可能地争取利用各种机会多了解外面的研究情况。为了这个问题我曾经引经据典,引用了恩格斯的《费尔巴哈论》,恩格斯说为什么费尔巴哈晚年没有大的创造,就是因为他处在穷乡僻壤,不能和他智能相当的人进行辩争和交流,所以他的学术创造就沉寂下来了。我有一些同事,他们成功的一个突出特点,就是比较了解外国的研究动态,开展实质性的国际科研合作。第二方面,一个出色的题目就是不要框得太死。我们现在往往把博士生培养看作硕士生的放大,这是有问题的。我们都有带硕士生的经验,硕士论文只要求有新的见解,所以导师在选题时可能对课题已经比较了解,给他点上十到二十篇文献,他自己做些调查,他在两至三年时间完全有可能得出一个新的见解。博士生选题不能这样,它不是硕士生选题的放大。我有的学生,相当优秀,在一年时间里我只给他确定一个方向,让他自由地去阅读文献,分类调查,培养他独立自主选题的能力,这样确定的题目创造性就高。当然,并非个个学生都能做到,但有一个原则,那就是不要把题目限得太死。当然有一个前提,那就是学生是认真求学的,否则放任自流就是非常危险的。关于选题就是这么几个意思,一是要导师处在科研的前沿;二是题目要顶天或立地,不能同时顶天立地,但要避免既不顶天也不立地;第三个意思就是不要变成硕士生的某种放大。

关于博士生培养中的课程要求。博士生一进校,我们就要和他一起制订培养计划,要求参加我们已坚持了27年的"学术讨论班",创造学术交流氛围。应该说这几年我校在课程建设方面有了相当的进步,但总体上讲与国外同类的著名大学相比还有很大的差距。在座的诸位,大都有在国外留学的经历。美国前50名大学的博士生课程可谓琳琅满目。欧洲是另外的体系,它可能并不要求你必须上很多课程,但它在博士论文期间对你的基础理论是有相当严格要求的,在资格认定时有严格的考试。目前,我们学校正在进行研究生百门精品课程建设,这很好。有种意见认为,博士主要是做研究的,不需要上那么多课程,一段时期内,我们普博生的课就很少。我认为,这不足以造就一个好的博士生,长远看会制约他们的学术发展。

另一个环节是论文。导师要从培养人的角度出发,正确看待博士生培养问题。现在的社会环境与利益很容易驱动我们的一些老师特别是年轻老师让博士生为你或帮你做许多任务,如果过量了,就偏离了我们培养研究生的初衷。当然我们需要研究生去做些事情,这是我们国家目前的国情决定的,我们做的时候要头脑清醒,不要忘记我们的目标是要把学生培养成国家科研的骨干力量,这是我们必须坚持的。现在网络上很多同学议论导师把学生作为谋生手段。我想,我们清华大学的老师,我们有职责和义务把我们的学生培养成为国家的骨干人才,若干年后我们会看到成果的。因此论文一定要按“顶天立地”来要求,比如你从事基础研究,那么你的成果是否得到了国内外学界的认可,不是自己的认可,也不是你组织的鉴定来认可,而是科学技术界的认可,在基础研究领域必须推动这种评价体系。在工程研究领域,就是要看你的技术的应用,是否解决了实践中的重大问题,电机系高景德教授他们做的关于电网稳定和控制的成果,的确就为我国电网的经济、安全与节能发挥了重要作用。所以说,博士论文的一个重要标准就是创造性,是否解决了别人没有解决的重大问题或者突破了过去一些经典理论或提法。

最后,我想,我们老师一定要为学生创造一个好的学习氛围和环境,鼓励他们刻苦钻研,并且在资格认定的环节中,对他们严格要求,而不应降格以求。

以上主要讲了一些自己在培养博士生时的体会,有经验也有教训,供大家参考。我们都是老师,唯一的目的就是培养人才,大家付出的劳动一定会有所收获。做老师的职业就是这样,“待到山花烂漫时,她在丛中笑”。

谢谢大家。

(原载《清华大学研究生教育研究》2004 年第 10 期)

中国需要研究型大学培养现代工程师

在讨论研究型大学的工程专业还要不要培养工程师的问题时，首先要回答：在未来若干年内，中国需不需要研究型大学培养现代工程师？答案应该是肯定的，不应有任何疑义。

中国未来若干年，要实现民族复兴、强国富民的历史性任务，必然要从制造业大国、进出口大国迈向创新型的工业现代化的强国。需有培养千百万专业工程技术人才，需要一大批创新骨干人才。要培养建设者、创新者。这是历史赋予新世纪的高等学校和几代青年的责任。对于研究型大学，受到国家的委托，纳税人的支持，其中的工程院系，应当以“培养现代工程师的摇篮”为己任。如果说对上述问题的回答有所迟疑，那就应当反思我们工程教育工作者的责任，思考植根于中国沃土的工程教育的责任。因为这一重任不仅是世界的，首先应该是中国的。

诚然，一些研究型大学，特别是不少以往具有发展潜力的多科性工业大学，正在迈向综合性的大学学科布局。但就其本身具有的优势来看，这些学校的工程学科培养的学生，仍然占有学生总数相当大的部分。它们应当充分利用新近发展的综合的学科环境，扬长避短，培养出具有深厚人文底蕴、基础厚实、实践能力强、人品好的“现代工程师”的“毛坯”。这里所说的“现代工程师”是借此区别20世纪五六十年代的专业面比较狭窄的设计工程师、工艺工程师而言的。21世纪的工程，已是“大工程”，充分体现了学科的综合与复合。相对于科学家而言，工程师的素质要求不仅会分析，而且应当更善于综合，能够在认识客观世界的基础上改造世界。因此，培养现代工程师的工程教育，应当是在宽广基础上的具有实践品格的教育、创新精神与实践的教育。即使是在研究型大学的工程学科的硕士研究生，除去将成为博士生的生源的那一部分之外，主要还应当是结合工程实际培养成为工程类型的工学硕士或工程硕士（专业学位），这些硕士生将成为现代工程师中的骨干部分。至于工程学科的博士学位研究生,则将是将来工业企业研究开发中心的重要人力资源。中国今后将会有更多的拥有自主知识产权的产品走向世界,需要有一支规模宏大而层次规模匹配的工程师队伍,包括研发、设计、制造、运行维护、管理的工程师队伍。

近年来,工程学科更与物流、金融、媒体传播、社会科学相交缘而形成一些新的工程学科分支。所以说在新的千年,工程教育的理念与内涵拓宽了,但其"工程师"的本质内涵,并未发生根本性的改变。近年来,国内一些大学热烈讨论的"基础教育(有些院校称之为通识教育)"与"宽口径专业教育"之间的平衡,是一个值得深入研究的课题。在发达国家的高等院校中,工程学科的学生总数只占全体大学生总数的 8% ~10%;而我国现在约占 1/3。这是十分不同的国情。因此,讨论"现代工程师"的培养目标的确定,应该首先考虑中国"四化"的需要,在此基础上再参照国际的经验开展研究和讨论。

当优秀的青年愿意将现代工程师作为他们的职业选择时,一个崇尚科学、热爱科技、推进创新的实现现代工业化的发展目标,才有坚实的人力资源的保证。现代工程教育的成功是可以预期的,它需要工程教育工作者的长年的辛勤耕耘。

(原载《高等工程教育研究》2005 年第 1 期)

培养21世纪的优秀工程师

一、问题的提出

世界经济发展的实践表明:在经济发展的一定阶段,工业在一国经济中占据主导地位,是对科技进步最敏感的经济部门。在经济强盛的背后,是强大的国家工业竞争力。随着中国加入 WTO,中国工业将逐步融入世界经济发展的总体循环,世界产业结构和分布必将发生变化,中国在世界工业布局中的发展机遇与挑战同在。因此,为中国工业界培养和造就大量高素质的工程技术人才的重要性是不言而喻的。

改革开放以来,中国高等工程教育总体来说取得了很大的进步。但是,随着时代和社会的发展,也不得不面对一些新的问题。首先,许多优秀的青年已不像20世纪下半叶那样,首选从事工程与技术的职业,希望成长为有专业技能的建设者和工程师。美、德等发达国家的经验表明,工程科技人员(其中包括:约5%从事工程研究的人员,约30%从事设计、开发的人员以及其他大量从事生产运行、维护管理和销售服务等现场工作的人员[1])对本国工业的发展起了极大的推动作用。相比之下,目前在中国,出现了令人担忧的情况。许多优秀的青年更愿意优先选择金融、贸易、管理、外语等热门专业。

另外,中国高等工程教育不得不面临的另一个问题是,现代工程师的内涵和社会对工程师的要求已经发生了重要的改变。现代工程师已经远不止是20世纪五六十年代的那种单纯意义上的设计工程师和工艺工程师了,它正向着"大工程""系统工程"进发。试问今天哪一项工程,除了设计、制造外,不包含关于网络、环境、法律、经济、销售、进出口、质量控制、市场准入、安全等方面的内容？当前乃至未来，我国急需的是：具备良好素质、掌握先进技术，而且技术熟练、技艺水平高的研究、开发和设计类人才；知识面宽（包括人文知识）、综合素质高、了解市场需求、具有经济意识和组织管理能力的复合型和两栖型人才；富有创新精神、能不断将先进科研成果转化为生产力的高技术人才。这是中国经济和社会发展新阶段的要求，也是工程教育面临的神圣历史使命。

以上这些变化和新要求将我国高等工程教育推到了严峻的挑战面前，即：如何适应当前客观情况的变化？如何培养更符合21世纪所需要的优秀工程师？

二、中国工程教育界的若干探索与尝试

当然，这些新的工程师所要求的素质、知识与能力不可能在高等工程教育中得到完全的培养，但我们高等工程教育界却应该思考，并尝试在实践中去解决：能为有志成为现代工程师的学子们提供什么样的环境，来培养他们具有必需的素质？事实上，国内工程教育界近年来已经就此问题做出了许多努力，在此仅列出一些较为具有代表性的措施，以图窥一斑而见全豹。

1. 设置了适应新时代要求的工程教育专业（或专业门类）

在国内，工业工程专业正逐渐兴起。以清华大学为例，其工业工程专业的教学内容由加工制造、物流、管理与人因工程等组成，大大越出了传统工程专业的范围，学生们要兼顾管理和制造方面的学习。此外，系统工程与技术等新专业，甚至社会工程学等大学科交叉的专业也正在应运而生。这类课程的学习体现了我国工程人才培养的“厚基础、宽口径、注重能力培养、增强适应性”的构思原则。

2. 在大学本科阶段开展“大学生研究计划”和“大学生实践创业计划”

我国大学生“挑战杯”科技竞赛和清华大学的“SRT”（大学生研究培养计划），也吸引了大量的大学生在课余从事创业和科技创造的实践活动，其中成绩突出者

可以承认其学分,并以之代替毕业设计环节。以上这些做法顺应了国际高等工程教育的重要潮流和趋势。据调查,美国MIT开展的“UROP”(大学生研究计划)和“UPOP”(大学生实践计划)吸引了近80%的工科学生。我国高校的这些创新性教学活动同样吸引了优秀学生将更多的空闲时间投入到第二课堂中去,有助于他们未来成长为优秀工程师。

3. 一些大学的工学院施行了本硕统筹培养的制度

在清华大学的工科院系中,约有一半以上的学生选择了本科—硕士连读的培养方式,每年就读的学生近千人。一般工科院校取得工程学士学位的时间平均为4年,由于时间有限,这些院校培养出来的学生,最多只能称作是工程师的“毛坯”。但本-硕连读的培养方式通过合理设计工学学士和工学硕士的教学及其衔接过程,一般可以在6年左右的时间内,使学生同时具备坚实的基础理论和较深入的专门知识,它还要求学生在毕业设计与研究生论文阶段,必须参加一年至一年半的工程实践环节。这样就可能通过更系统的教学过程来培养新型的工程师,使之成长为更符合社会经济发展需要的从事专业技术和工程技术的高级人才。

4. 在工程技术界开展远程工程教育

远程工程教育的对象是已经在企业工作的工程技术人员,他们在从事工程第一线工作的同时,利用业余时间学习工程技术与管理的课程,或者完成“研究生课程”学习,在经过考试之后,在企业与高等院校的安排指导下完成研究生学位论文或取得结业证书。这种远程教育途径加强了在职工程人员的基础理论,又借助企业第一线完成学员的专业训练,这可能是今后工程技术人员继续教育的一种重要形式,也是培养现代工程师的一条有效途径。

三、在国际化背景下培养适合中国工业实际的工程师

以上回顾的是迄今为止我们所做出的一些努力。无可否认,这些措施是行之有效的,而国外的经验也是值得我们现在和将来效仿和借鉴的。但需要注意的

是,工程师的培养应当适应国际形势的变化和本国经济社会发展水平的需要,不可照搬某个模式。对于主要面向行业和地区经济建设的一般工科院校来说,应更多地考虑行业和地区经济发展的需求与特点来确定自己的人才培养目标和模式[2]。针对我国将逐步进入的后工业化发展阶段,以及国际上信息技术日新月异的主导趋势,我们的工程师培养应更多地关注其实践和创新能力的培养。而这一点,正是目前我国工程师培养的不足之处。

要解决这一问题,校企结合培养将会是一条有效的途径。这是因为,各国工程师培养的实践证明,工程师的培养向来都是通过大学和工业企业的分工合作才得以实现的。而且,工程师与企业家之间的森严界限正在不断地模糊化,新科技的发明、创造和推广与新企业的创业、壮大、消亡和重组之间,有着千丝万缕的联系。工程、工程师与企业是共生、共存的,而且在某些情况下,难以划出严格的分界。因此,工程院校必须"面向"工业企业,工业企业必须"依靠"工程教育,两方面密切合作,共同解决应用型人才培养的问题。

目前,中国工程教育的培养模式既不具备美国工业界对进入工业企业的学生进行必要的工程师岗位训练的体系,又不能像德国工科大学一样提供给学生足够的工程实践和实习的训练。针对这样的特殊情况,我国从 1984 年开始试点推行工程型工学硕士培养计划,到 20 世纪 90 年代中期,该计划发展成为工程硕士(Master of Engineering)专业学位。至今已形成每年在校近 8 万人的培养规模,涵盖了几十个工程领域,其生源是获得工科学士学位并有 3 年以上工程实践经验的人员。他们需要进行大约两年的课程学习和学位论文写作,在通过学位论文答辩后,可获得工程硕士学位。整个培养过程由高等学校与企业密切结合,论文选题则紧密联系企业迫切需要的设计、工艺、实验和新技术开发等课题,采用学校与企业派出的双导师制度,答辩委员会亦由教师与企业的高级工程师组成。经过近 20 年的发展和改革,这一培养模式受到我国工程企业界的欢迎,是培养现代工程师的很好的模式。

尽管如此,当前我国工科大学和工业企业的联系依然不够紧密,依然无法满足我国工业化进程的需要。表现出来就是:第一,大学没有做到真正"面向"工业企业办学,其课程设置、研究方向没有针对工业企业急需解决的实际问题,所培养的学生毕业后相当一部分人转而从事管理方面的工作,仅有少数到国家工业企业第一线工作;第二,工业企业没有充分"依靠"大学的科研力量来发展自身的技术水平,目前工业企业对引进技术的消化、吸收、创新重视不够,对研究、开发和中间试验的重视也不够,其结果是工业企业不十分需要大学培养的人才,或不能充分发挥人才的作用,也不十分需要大学的科技成果[3]。

由此可见,无论从哪一方面来讲,高等工程教育改革都应注重校企结合。只有这样,我们才能培养出国际化背景下适合于中国工业企业发展实际的工程师。进而言之,改革的作用才能真正实现,改革的效果才有可能长久持续下去。

总之,随着经济全球化趋势的发展,中国的工业竞争力问题越来越受到人们的重视。我国的高等教育法规定:高等教育的任务是培养具有创新精神和实践能力的高级专门人才[4]。而工程教育的目的则是为中国实现工业现代化培养大批接受过良好工程训练、有适应能力的工程技术人才。因此,工程教育改革的当务之急是,根据国家的远景规划和未来发展目标,按照市场需要和社会的发展,不断进行人才培养体系的改革、探索和创新,努力培养既具有国际理解能力、又掌握了先进专业知识和解决现代工程技术问题的能力、同时适合中国国情特殊发展需要的工程技术人才。中国要实现以自主研发、高端产品生产制造等为特征的高水平工业化的目标,还有很长的路要走,这条路或许还会走得不太平坦,然而工程教育质量的提高一定会为国家工业竞争力的提升做出直接的、宝贵的贡献。

注释

[1] 中国科学院技术科学部:《改革我国高等工程教育　增强我国国力和国际竞争力》,载《中国科学院院刊》1995年第1期。

[2] 高益庆等:《工程教学和工程训练相结合的人才培养模式的研究与实践》,载《南昌航空工业学院学报》2002年第9期。

[3] 张光斗:《工科大学的培养目标和培养模式》,载《高等工程教育研究》1996年第3期。

[4] 《中华人民共和国高等教育法》第一章第五条。

参考文献

[1] Commission for National Natural Science Foundation of China, Commission for National Science Foundation, &the Chinese Academy of Engineering Science. (eds.) *A Collection of Papers for Sino-American Bilateral Symposium of Engineering Education Policy. Manuscript submitted for publication.* 2003.

[2] Etzkowitz, K., 2002. *MIT and the Rise of Entrepreneurial Science.* Routledge Taylor & Francis Group.

[3] 余寿文:《21 世纪初我国高等工程教育面临的几个问题》,载《中国大学教学》2002 年第 12 期。

[4] 朱高峰等:《21 世纪的工程教育》,北京,高等教育出版社,2001 年。

[5] 朱高峰等:《中国高等教育的改革与发展》,《中国工程院报告》,1999 年。

[6] 朱高峰等:《工程教育和创新的主体:中国工程技术人才创新能力发展的对策研究》,《中国工程院报告》,2002 年。

(本文是中国工程院教育委员会资助课题研究成果的一个组成部分,主要内容曾在 2004 年北京国际工程教育大会上做过邀请报告,原载《高等工程教育研究》2005 年第 4 期,与李曼丽联合署名。李曼丽,清华大学教育研究所副教授、博士)

关于高等工程教育几个基本概念研究的注记

高等工程教育是中国高等教育的子系统。工程教育的发展,必然取决于中国高等教育的大环境。当今社会处在全球化经济的大氛围之中,但它又必然具有中国这个高等教育大国本身的特色。因此,在全球化经济条件下发展中国的高等工程教育,必然具有上述两者之间的“哑铃式”动态平衡的特征。中国已经建立了体系比较完整的足以支撑当前我国经济与社会发展的高等工程教育体系,成为世界上的工程教育大国,蕴藏着丰富的人力资源。但又要花很大的努力来满足建设“创新型国家”对工程教育的要求。国家制订了“科教兴国”的发展战略,高等教育在连续多年的跨越发展的同时,提出了提高高等教育质量的任务。在这样的大背景下,针对我国当前工程教育发展的现状,一起思考高等教育及工程教育的几个基本概念性的论题是必要的。这些论题对于高等教育这个大系统,也是需要研究的。

一、关于“大学”概念的讨论

什么叫大学,这看起来是一个很普通的问题。但是人们的回答却有可观的差别,更不论在思想上是如何理解的,以及实际上是如何去实行的。

《辞海》将大学释为“实施高等教育的学校”。这一定义简单明了,一、它是学校;二、它实施教育而且是高等教育。

过去在高等教育界流传着著名教育家梅贻琦先生的名言曰:“所谓大学者,非谓有大楼之谓也,有大师之谓也。”[1]硬件为大楼之建设等项,虽难,但有经费则不难。抗战时期,物质匮乏,住着茅草房的西南联合大学,尚且培养出支撑中国建设与科技发展的众多脊梁人才,更遑论今之条件优越的“研究型大学”了。因此,梅先生概括出大师之重要。在西南联合大学,名师汇集,培养出多少栋梁之材!

然而,现今人们在理解“有大师之谓也”这后半句时,出现了一些偏颇。对于大师之理解,也各有不同,笔者将另辟一节专门讨论。名师者是大学之最重要的资源,但不是大学之目的。大学的目的在于培养造就人才。因此,笔者认为应该将梅先生的名言中所蕴含的育才之目的加以彰显,将上面的那句话补全为:“大学者,非大楼之谓也,乃大师育才之谓也。”这样的补充不只是强调大学要有大师之资源,更强调大师们要在大学中“育才”,实施教育。大师育才本是大学应有之义,只不过于今人们理解不完全,评价大学者,往往专注于量化大学中有多少大师,而忽略大师是否尽了育才之责。拥有大师只是体现了大学师资资源投入的方面;而更重要的方面是大学的“产出”,即培养人才的成果。须知评价的关注焦点不同,实际上就是引导大学怎么办的一根无形的指挥棒。如果对育才这一“十年树木,百年树人”的根本任务哪怕有一点点忽略,就会给国家的发展、社会的持续进步留下千古遗憾。

上述议论并非“无病呻吟”。请看关于大学的功能,现今各校公开的文件及报告即可见到不同的描述。

描述一:大学的功能有三:人才培养、科学研究、服务社会。

读者应该问,在大学中科学研究、服务社会可以与人才培养并列吗?它符合大学应有之义吗?

描述二:大学的三项职能是:教学——知识的传播,科学研究,服务社会。而人才培养是大学的根本。重点大学要成为教育的中心和科研的中心。在培养学生的过程中开展高水平的科学研究,在科学研究中培养高质量的学生。人才培养不只是教学,更不是与科学研究并列的任务,而是大学的根本。三项职能是从人才培养这条“根”发育出来的。把培养学生作为大学第一位的责任,要把培养学生与科学研究和服务社会紧密结合起来,把教学作为学校第一位的任务,学术大师要上教学的讲台,每个教师都要把为学生上课作为最重要的任务之一,还要结合人才培养多出高水平的满足国家经济社会需求且具有自主知识产权的研究成果,要重视社会服务,但要把握好度,不能以降低人才培养的质量为代价。

二、关于大学教师的职责

办好学校,必须有好的老师、有大师。老师与大师的一个共同的任务,就是培养人才——“育人”。育人是一项长期的任务,一个学生从学校毕业,在工作中真正成才,做出贡献,是需要时间的,也就是我们常常说的“十年树木,百年树人”。其成果往往是需要十年、二十年甚至几十年的历史积淀才能展示出来的。而有巨大成就且为人所崇仰的学者、大师,更是学界的瑰宝,需要天赋、环境和各方面的努力,才能培养出来。

当今大学的教师,尤其是中青年教师,都面临着沉重的考评负担和激烈的竞争,竞争的内容往往集中于科研、项目、经费、论文、奖励等等。而评价体系中教学、人才培养的成果往往在评价实践中退居其次。用习惯用语,通常称之为重科研、轻教学。实际上,大学的基础任务以及教师的基本职责就在于教书育人。追本溯源,教师的职责就是做好教学,将教学与研究紧密地结合在一起,在教学与学生学习过程中,将教学与研究联系起来。教师通过研究,可以更深入地认识客观世界,将研究的成果和方法教给学生,使传授科学知识与探究学科发展结合起来,构建教学与研究两者之间的密切的关联。在学校管理者层面,要努力加强教学与研究之间的联结,鼓励研究对于教学的促进作用;贯彻教师服务于学生、以学生为主的教育理念。

当前,人们看到一种矛盾的现象:一方面,大学设立各种教学奖,以增加教学在教师业绩评价中的分量;另一方面,依旧保持以教师的研究产出作为教师评价标准的教师评价体系。这实质上是学校及教师对“学术”理解的片面性造成的。学术者,指专门的系统的学问,学问两字,含学习与问难之义。学校中的“大师”也好,教师也好,都是为学生服务的。在学校做学问,首要是培养学生,学校有研究机构的部分职能,但它不是研究机构;教师有研究的职责,但他们不是专门的研究人员,而是“在学校中担任教学工作的人员”。学生是教师主要的直接的服务对象,教学,包括研究型的教学是教师服务于学生的主要形式。大学在一定意义上,是通过培养未来的人才发挥其学术价值的,教师是有特定功能的学者,他不是只以研究直接解决经济和科技等问题的学者,而是从事研究客观世界并传播知识的学者,将教学排除在学术之外,把育人游离于学术大师职责之外,以至于将“大学”

只看成“大师”之谓的学术观,是导致大学和教师本身轻视教学的认识上的原因。由此,进一步导致在高等院校中,将教师与学生分离,将教与学割裂,将大学与研究院的职能混淆,而不重视教师对于学生道德的引导、思想的启迪、心灵的开拓、知识的传递。凡此种种,都应当从上述对于“学术”“大师”等概念的内涵的理解这一源头上去寻找原因,以求取解决这一症结的对策。

晋学者傅玄的《烛铭》云:“照彼玄机、炳若朝阳,焚形尽世,无隐不影。”这四句恰似形容教师们作为红烛所具有的以研究洞察世界、以教学传递薪火、以焚形表达服务的特征,最后一句表征教师的公正与庄重。这对于长期执教鞭的教师,可谓是全面的高要求。

三、关于大学生——最大限度地激发学生的潜能

中国的高等教育已经有了很大的发展,现有在校的大学生的数量已达2300余万名,是世界上的高等教育大国。近几年来,高校学生的数量有了很大的发展。但在地区上,发展又很不平衡。因此,今后相当长的一段时间,提高高等教育的质量是一项十分重要的任务。

中国作为高等教育大国,人口资源是一种发展的优势,但中国高等院校如何最大限度地提高学生学习的主动性和积极性,实为高等教育界需要研究的问题。

中国高等教育的招生制度,在执行层面上,划分了几条分数线:零批录取线;重点大学录取线;大学本科线;专科线;高等职业学校线,等等。当前,在还找不到一项可以替代统一考试招生的办法之前,划分便于录取的分数线,在实施层面上是必要的,但也存在明显的负面影响。即使在被录取的大专学生中,按线分校的做法也使年轻人的上进心与自信心受到不同程度的损伤与约束。由于这种做法及其背后的等级观念在社会上、在人们的潜意识中得到了隐性的认可,造成的伤害就可能更大。如果这种一考划线定终身的陈规不逐步加以改变,实际上就使不同线段内的青年减弱了其自身可能迸发的学习与进步的能量。假如设线区间内每一群体的青年蕴藏的能量记为 U_i,乘以折减系数 $\alpha_i(0\leqslant\alpha\leqslant1)$,表示其自信心受损后递减的剩余能量,则全体学生的总能量可以写成:

$$\Pi = \sum_{i=1}^{s} \alpha_i U_i \quad (i = 1,2,\cdots,5)$$

当 $\alpha_i \to 1$,这里有 5 个区间段($i=1,2,\cdots,5$),则总能量 $\Pi \to \Pi_{max}$(能量的最大值)。如果一项制度和措施能够鼓舞每一部分的学生的折减系数达到可能达到的最大值,则总能量 Π 将可能达到最大值。这就要求各类院校都能办出最优的水平,每位学生都能发挥蕴藏的最大学习能量。

不同部分的大专院校的群体,不是高低的分层,而是多样性发展的分工。在不能立即改变分层分段录取的条件下,一种可以采取的方法是在科学发展观的指引下,探索一种和谐发展的方法,即将不同的高等学校按各自不同的定位,在质量门槛标准下进行严格的认定,并鼓励不同的学校办学达到其最好的水准,学校办得好,学生学得好,学生的学习能量发挥到极致。如同一支交响乐队,只有每个声部,弦、管、打击乐等各方阵在统一指挥下协调合作,才能有和谐的发挥,奏出雄浑悦耳的音乐;又如同海、陆、空各军兵种的协同作战,才能达到全军的最大战斗力。发展高等教育也是如此,国家有科学发展观指导下的人才强国战略,各大专院校有多样性发展的合理分工,才能形成具有国际竞争力的高校群体。

高校的多样性办学做得好,适应社会和人才市场的要求,就能使学生在各种学校中学习的积极性得以充分发挥,也使学生的责任心与自信心得以充分增强。这样,人力资源的总和所发挥的能量最大优势就会在国际竞争中得以显现。

发挥不同层次的学生的学习积极性,激发其能量的途径有四条:一是改变刚性划线的招生办法,这一条上文已作过讨论;二是办好各类学校,使学生有发挥能量的环境;三是社会上人力资源的开发与人才市场充分发育,各类人才有施展才能的舞台;四,也是最重要的——是要树立学生成才报国的责任感。教育工作做好了,中国所具有的人力资源大国的优势就将得到充分的发挥,这也是我国建设事业的人力保证,是实现强国富民目标的最重要的资源条件。

四、关于大学办学目标的多样性

要使众多的在学青年有充分施展才能的环境,作为造就各类人才的摇篮——高等院校就必须具备多样性的品格,多样性不是人们主观的喜好,而是建设和谐的、可持续发展的社会的需求。

就以高等教育的一个子系统——高等工程教育而论,社会科学与技术的发展,要求不同的人才规格:有的偏重于科学研究,有的偏重于科学与技术的应用与开发。这两大类人才缺一不可,当然也还有复合型的人才。就以科学与技术应用来说,我们可以在图1所表示的科学研究与应用开发的二维平面上,表示其定性的特征:在平面上,其纵坐标为研究,其横坐标为应用开发。其起始自原点的辐射线表示不同学校或不同学位的取向,门槛曲线表示其学位的最低标准。在达到门槛标准以后,不同的学位既可以沿自身射线的角度发展,也可以和其他不同的学位要求相交叉。在这样的二维相平面上,体现了一个国家工程教育培养的具备不同学位人才的多样性取向选择,也体现了在整个过门槛值后发展道路的多样性。

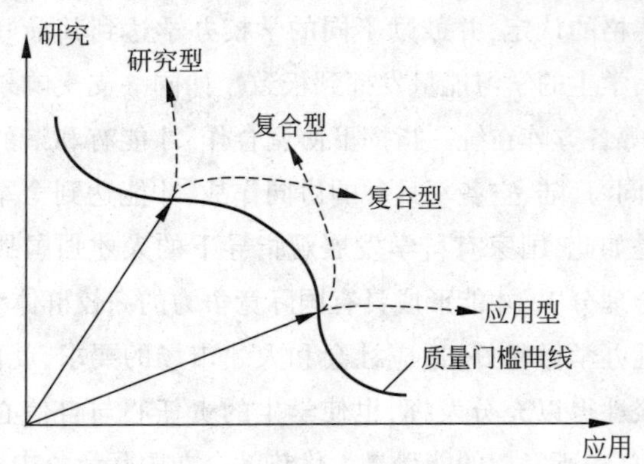

图1　研究与应用的二维平面图

只有人才市场展现了多样性的需求,社会承认了人才培养途径的多样性,政府前瞻性地促进人才多样性培养的实施,对不同的培养途径严格其准入的最低门槛标准,并给以制度与机制上的保证,整个工程教育才会出现生机勃勃、人才辈出、和谐发展、匹配适当的局面。也只有在这样的机制和外部环境下,才能保证就读于培养目标不同的各类高校中的青年学生充分认识到今后从业的职业要求,有了"行行出状元"的期盼目标,这样,广大学生的能量才能得到充分的迸发与调动,才能出现人人都自信并努力成才的万马奔腾的局面。

五、关于大学—企业—政府间关系的历史比较研究

纵观国际上各重要国家工程教育的演化历史,其间几个重要单元之间的关系,是不可不加以注意的。有些教育研究者观察国外的当今或某一时段的工程教育,并与中国的教育现状作一比较,很容易引导出我们应该从哪些现状比较研究

中学到什么并应该怎么做的结论。但如果往纵深探察其端倪,便不难发现问题不是那么简单。因为现状如同某一河流的某一断面,而不是"流"本身。从历史学的观察看,每个国家的重要单元——大学、政府、工业企业界(还有中介方)之间的关系,如图2所示,而且都有一个历史发展的过程。每个不同的时代,这些单元的大小、权力、能量以及它们之间的相互作用力都是随着时间的流逝与历史的发展而演化,因不同的国家和地区而不同的。这一过程是动态的。在动态过程中,这几个大的单元之间的关系会在互相作用的过程中逐渐磨合、互相适应与互相匹配,而产生当时当刻的暂态平衡的图景。因此如不探查其历史演化过程,便难以深刻理解研究对象的今天。因此,笔者提倡在作比较研究时,要展开对历史演化寻源寻流的研究活动。打个比方,就像不止看某一电影胶卷的某一张照片所显示的图景,而且更要看一段录像带——连续演化的"流"。对于工程教育研究,要探察四个基本单元——大学、政府、工业界、中介组织之间的本身单元的特征(大小、容量、内涵、能量)及各单元之间的作用力的大小,以及它们的历史变化过程(如图2所示),才能深刻理解该国工程教育的昨天和今天,并预测其明天。用这种动态多元的演化图景的方法来做研究,要求花更多的精力去占有历史演变的资料。这种研究的方法,可能是很费力的,一时难以做得周到彻底。但是提倡这样的一种研究方法:即不仅从现状,还要追溯历史的演化过程,并预计所研究问题今后的发展,对于一些重要问题的研究是必需的。举例来说:我们研究"工程教育专业认证"这一课题,收集美、德、日、英等国与这一课题相关的资料,进行对比研究,希望从中得到我国如何做好专业认证这一工作的启发。一种方法是将各国的认证标准与步骤,参考我国以往的建筑与土建行业专业认证的经验,然后提出建议来;另

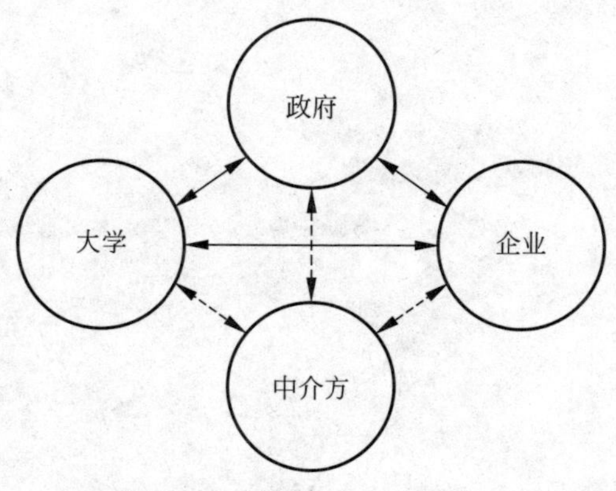

图2　办学的利益相关方

一种费时费力的方法,是考察德国、美国等国工程教育的历史发展,分析其工业—企业界、政府主管部门、大学与学院以及第三方中介组织等不同单元的百年历史演变,其间联系的消长与磨合过程,便能较深刻地理解今天、同时也预计今后这些不同单元在该国工程教育界中的相互联系以及该国相应的认证标准与步骤产生的背景、来由及其今后的走向。在这后一种研究的基础上,才能构建出既具有国际等效性而且适合于中国工程教育内在特征的工程教育专业认证的框架、标准和操作步骤。我们应当提倡这样一种研究方法。

注释

[1] 黄延复等编:《梅贻琦教育论著选》,北京,人民教育出版社,1993 年,第 10 页。

参考文献

[1] 张维等:《工程教育与工业竞争力》,北京,清华大学出版社,2003 年。

[2] 中国工程院高等工程教育考察团:《德国和法国高等工程教育考察报告》,2006 年 9 月。

(本文主要内容基于 2006 年 9 月在昆明举行的“全国高等教育研究会”上所作的报告,作了部分改写,原载《高等工程教育研究》2007 年第 1 期)

借鉴与思考

——德国工程教育认证与高等工程教育改革

新中国成立以来,我国高等工程教育有了迅速的发展。特别是近几年,高等工程教育的规模有了长足增长。社会对高等工程教育提出了更高的要求,即培养千百万的工程技术专门人才与一大批工程技术的创新骨干人才。如何提供适应新型工业化需求的人才,培养适应我国需要并能与国际工程师和国际工程技术人才接轨的人力资源,是高等工程教育面临的一个迫切问题。

工程教育认证制度是工程人才质量的重要保证,也是工程教育进入国际竞争的一项重要基础。目前,我国工程教育评价体系尚未真正形成,还没有一个完善统一的、与国际接轨的工程教育认证制度。借鉴欧美的经验,开展这方面的研究有其重要的现实意义。为此,最近一段时间,我们对德国工程教育认证与高等工程教育改革问题开展了进一步的研究。

一、德国设有工程教育认证与工程师认证的专门机构

根据德国国家认证委员会制定的标准,德国设有工程教育认证与工程师认证的专门机构——工程学、信息学、自然科学和数学专业培养计划专业认证机构

ASIIN(德文名称 Akkreditierungsagentur für Studiengänge der Ingenieurwissenschaften, der Informatik, der Naturwissenschaften und der Mathematik e. V 的缩写)。

ASIIN 的前身是 ASII(德国工程学与信息学专业培养计划专业认证机构),成立于 1999 年。2000 年获得德国国家认证委员会的授权。2002 年 ASII 业务领域扩大后更名为现在的 ASIIN。ASIIN 是由各大学、应用技术大学、权威的科技协会、专业教育和进修联合会以及重要的工商业组织共同参与建立的非营利机构,也是德国唯一对工程学、信息科学与计算机科学、自然科学和数学学科本科教育项目、硕士教育项目的认证机构。

ASIIN 负责制订评估这些专业领域的培养计划的要求和程序,并负责检查这些认证标准和程序是否符合德国法律法规以及欧洲现行的相关指令。ASIIN 还与其他国内国际认证机构进行联络,而且就相互合作、认证程序和标准以及已通过认证的培养计划的互认等方面达成相关协议。ASIIN 于 2003 年 6 月被接收成为《华盛顿协议》临时成员,成为欧洲大陆认证行业内第一个非英语认证机构。成为《华盛顿协议》成员是 ASIIN 成员与客户几十年来努力工作的重要部分。更重要的是,这是在使已通过 ASIIN 认证的工程学培养计划获得国际承认的道路上迈出的重要一步,无疑也是德国工程师实现职业流动性的先决条件。ASIIN 希望实现工程教育领域的学位资格的国际互认,从而以这些资格为基础,在欧洲大陆实现工程师的职业流动。同时,在自然科学、数学和信息学领域,ASIIN 正积极努力实现具有可比性的互认。

ASIIN 有完善的组织结构和运作模式。ASIIN 设执行理事会,下设两个独立的认证委员会和 13 个技术委员会。

两个认证委员会是:认证委员会 I 负责工程与信息学专业培养计划的认证,认证委员会 II 负责自然科学和数学专业培养计划的认证。

13 个技术委员会是:机械工程学/工艺学、电机工程学/信息技术、土木工程学/测量学、信息学、工程物理/材料科学和工艺、工业工程学、商业信息学、农业与营养科学和景观维护、化学/工程化学、生物科学、地理科学、数学和物理学。

ASIIN 中成员大会、执行理事会、总部单位、认证委员会、技术委员会和专家审查组等各个组成单位的相互关系如下图所示:

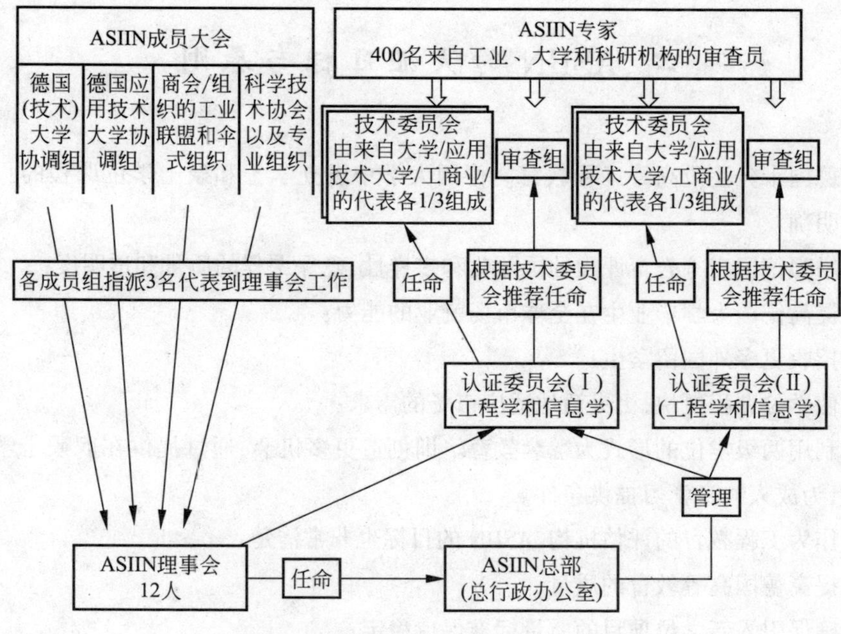

ASIIN 的组织机构图

上述两个相对独立的认证委员会是由来自大学的代表、来自应用技术院校的代表以及来自工商界的代表各按 1/3 的相同比例组成的。

两个认证委员会的职责是：

制定认证的基本原则和质量标准；

按照上述认证委员会的构成比例组建技术委员会，其任务是：

—开发特定专业领域的认证标准并持续监督认证标准的执行，

—审核由审查组提交的认证报告，

—提出特定专业领域的认证问题，以及培训审查员；

根据技术委员会的建议，为即将进行认证的培养计划指派经验丰富的审查员和审查队伍；

协助建立资深专家和审查员资源库；

根据审查报告和技术委员会的意见对培养计划进行认证。

以上 13 个技术委员会包括了工程学、信息学、自然科学和数学专业的所有研究领域。

二、ASIIN 的认证目标与原则

德国十分注重高等工程教育。德国大学中设立学士和硕士学位课程的目标非常明确：

增强德国高等教育课程的国际化和多样性，确保课程的质量和透明度；

提高德国大学毕业生在全球市场就业的能力；

招收更多外国留学生；

使学位课程更快、更灵活地适应市场的需求；

利用两级学位的形式为继续教育培训创造更多机会，通过提供在职硕士学位课程，为成人终身学习提供条件。

作为工程教育的评估机构，ASIIN 的目标也非常清楚：

提高德国高等教育的质量；

确保引入新学位项目的质量标准保持稳定；

使德国的学术结构和学位水平能与国际接轨；

使高等教育更加灵活，为个人的教育之路和企业的人力资源开发提供更多机会；

使德国大学与国际接轨的学位项目更有竞争力，吸引本国和外国的广大学生；促进学位项目的多样性、高质量以及透明度。

申请认证的大学和应用技术大学必须负责证明他们设置的课程完全符合 ASIIN 制定的标准，并且就优化培养计划的“产出”来说，他们已经取得了既定的目标。在认证过程中，不仅重视大学和应用技术大学所设立的培养计划的多样性和越来越大的区别性，而且非常重视教育领域全球越来越激烈的竞争下所需要的质量标准。

ASIIN 为评估工程学、信息学、自然科学和数学专业方面的培养计划制订了总体要求和不同领域的特殊要求。这些要求为保证这些领域的合格毕业生能够在他们所选的职业中取得成功做好准备。认证过程重视制定和监督总体和特殊领域的输入和输出标准。这些标准是由德国国内和国际科研组织、综合大学院系主任大会、应用技术大学院系主任大会，技术和工商协会以及来自工商界的专家和学者制定和完善的。目标是在德国高等教育领域创造出尽可能多的多样性，确保质量、透明度、服务可比性的不断提高，以及保证实现目标的程序、资源和必要设备的充足。

ASIIN 的认证程序适用于不同的研究领域、不同类型的大学和所有德国的州郡,而且其目标是向国际标准接轨。

三、ASIIN 的认证对象

目前,认证程序的对象既包括只授予学士学位的单独培养计划,也包括先授予学士学位,然后授予硕士学位的连续的培养计划。甚至还包括提供非连续的培养计划和授予继续教育硕士学位的培养计划。而且,那些没有终期考试规定的学历教育培养计划也必须参加认证。

ASIIN 将会:

根据相关政府机关或者私立大学提出的申请,对具有资格的毕业生授予他们所选职业的学位的培养计划进行认证;

汇总和出版通过认证的培养计划的目录;

努力使已经通过认证的培养计划获得国际认可。

通常,授予德国大学学位的培养计划只能由 ASIIN 来进行认证。那些至少一半学时学习是在德国大学完成,由该大学授予学位的培养计划的也必须由 ASIIN 来进行认证。对于外国大学的认证申请,如果该大学能够满足 ASIIN 所制定的质量标准,那么具有同等效力的证书就可以授予。“资质相当”的合格证书证明了外国大学的培养计划满足由 ASIIN 制定并广泛应用于德国的大学和应用技术大学的质量要求。

四、ASIIN 的认证要求

ASIIN 根据德国国家认证委员会制定的标准,规定了授予本、硕学位的培养计划的总体要求。

从教育需求方面来看,参加申请认证的培养计划必须具备在申请该培养计划的学生中有一定的需求,拥有就业市场的中长期需求证明文件和相关毕业生容易获得就业机会的条件下才能被认证。大学和应用技术大学必须保存校友文件及其毕业生的去向统计数据,那么这些毕业生在劳动力市场获得成功的可靠信息就能够作为再认证程序的一部分而轻松获取。这些毕业生在劳动力市场的成功是该培养计划质量评估的重要指标之一。

从构成与时间来看,大学和高等教育研究机构以及应用技术大学都可以设立学士培养计划和硕士培养计划。德国《高等教育纲领条例》中规定,本科和硕士培养计划的标准学习时间是:本科不得少于 3 年,也不能多于 4 年的学习时间;硕士课程不能少于 1 年,但不能超过 2 年的学习时间。

通常,学生必须证明自己已经获得了至少 180 个 ECTS 学分(欧洲学分兑换体系)才能获得学士学位。根据国际惯例,学生只有获得了总共 300 个 ECTS. 学分,包括先修课程的学习才能获得相应的硕士学位。其他学士或者硕士培养计划的学分数量要求在《高等教育纲领条例》的规定要求中有着不同学分标准。

根据德国教育部门的要求,学位考试工作量是学士或者硕士学位培养计划中必不可少的组成部分。关于学士学位考核的规定,ASIIN 制定了 12 个学分的最低要求。对于硕士学位的考试工作量来说,通常范围是 15~30 个学分不等。另外,在不同的培养计划中,不同的学术背景下,特定培养计划的学位考试工作量在特定专业的补充条款中有所规定。

五、ASIIN 的认证程序

申请者可以从 ASIIN 主页 www. asiin. de 上的认证程序链接的“路标”中来获得与认证程序相关的所有主要信息。认证程序主要有三个阶段,参见下页表:

ASIIN 认证程序

第一阶段	大学	向 ASIIN 总部提交咨询书和预先要求的所有重要信息。这些信息包括认证问卷和明确阐述计划内容的培养计划内容概述。认证问卷同样可以从 ASIIN 主页 www. ain. de 上的认证程序链接中获得,并可从网上直接提交给 ASIIN 总部。在打印版中,申请者应注明全面负责的技术委员会,为认证小组的专业领域提出建议,而且如果申请认证硕士学位培养计划,则可同时申请关于毕业生参与高层行政管理工作许可的额外审查
	ASIIN	接收并正式审查咨询书。预备信息将在总部由相关的技术委员会进行审核,以确定责任、所需的认证人员数量等。根据这些信息,总部将准备一份认证程序(时间框架和成本),并同时要求出具一份声明,明确表示认证费用将由申请者/大学管理部门支付

续表

第二阶段	大学	通过签署认证协议并同意承担认证费用而进行认证申请,按照指导原则的要求撰写自评报告。在自评报告正式提交之前,ASIIN会在其办公室举行会议,为报告的正式完成进行审核,并与课程计划负责人进行讨论
	ASIIN（认证组）	根据技术委员会的建议,ASIIN组建一支由首席认证员率领的认证小组。认证组的人员组成将会通知申请者。如果有不公正的嫌疑,申请者可以要求更换认证人员,认证组在收到自评报告后应仔细审核其技术水平,并在现场评估之前将所有问题和意见提前通知计划负责人
	ASIIN	在现场评估之后,向申请认证的大学提交认证报告的初稿,以便检查其完整性和准确性
	大学	对认证报告的初稿提出意见。如果必要,可更正其错误并/或补充其遗漏之处
第三阶段	ASIIN	由相关的技术委员会对报告进行审查和评估,然后由ASIIN认证委员会拟定认证决定。认证委员会做出认证决定后,总部将通知申请认证的大学,而且若有必要,还会通知相关管理部门。最终认证报告仅提交给大学和理事会,在网上以列表的形式公布认证结果

六、ASIIN 的认证结果公布

ASIIN在经过严格的认证之后,将发布认证结果。

原则上,培养计划的认证资格具有一定的时间期限,通常有效期为5年。这一期限内,要保证至少有一个学位计划得到完整的实施,并对所评估计划的学习成功情况进行初步判断。认证工作可能得出以下结果:

1. 完全合格,整个5年认证期内有效。

2. 不完全合格,因而合格期有限(在一定期限内必须达到一定的必要条件)。如果在规定时间内达到了要求,经认证组和技术委员会确认满足了相关条件,那么合格期限将延长至整个5年认证期。

3. 初审不合格。在这种情况下,大学或者应用技术大学还有一次机会向认证委员会申请认证。

4. 终审不合格。

认证委员会做出认证决定后,总部将通知申请认证的大学,若有必要,还需通知相关管理部门。最终认证报告仅提交给大学和理事会。

为了保证国际公认的标准,ASIIN 制定的认证结果的时效期(最长为 5 年)期满后,大学必须申请重新认证。重新认证时,需要对培养计划及其目标,以及计划及目标的执行情况进行综合的评价和彻底的检查。重新认证必须查明认证所要求的教育和质量标准是否达到,必须调查该培养计划的毕业生在就业市场的成功率。

七、几点启示

1. 德国设有权威性的工程教育评估机构 ASIIN,始终把评估的质量及其影响作为其评估关注的核心。ASIIN 拥有一个由数百名专家组成的同行评估专家库,在专业评估过程中,非常重视同行评估。另外,ASIIN 与国际上的认证组织、认证机构有广泛联系。这些都保证了它能够在比较快的时间内,比较准确、比较客观地完成对客户的服务,并具有较强的国际影响力。

2. 在组织结构上,德国专业认证委员会的组成具有一定的特色。在认证委员会的组成上,大学成员(一般为教授)占 1/3,应用技术学院成员(一般为教授)占 1/3,工业企业界人士(一般为高级工程技术人员)占 1/3。这样就比较有效地把教育服务的提供者和消费者组织到一起,集中在同一框架下讨论问题,切实地体现了大学和社会的联系,使得教育更好地满足社会发展的要求。

3. ASIIN 的认证是依据一定的准入标准进行的。ASIIN 非常注意细节,非常具体地提出要求,指出某个专业的学科基础应该如何、师资力量应该如何、实践环节的要求应该如何。ASIIN 讨论的问题都是围绕教育项目中基础知识的学时分配是否足够,实践学习的安排是否合理,等等。我们认为,这对于教育项目质量的基本保障具有重要意义,我们有必要对德国一些教育项目的准入标准做一些深入研究,以准确理解他们的评估框架和过程。

4. 工程教育的评估是按照学校评估,还是按照专业评估,无论是德国的 ASIIN,还是美国工程技术认证委员会 ABET,评估的对象都是“专业”,而不是“学校”。我国的高等教育评估工作多数是以“学校”为单位的。目前看来,以学校为评估单位提出的评估意见,对于学校管理层次而言总体上具有积极的意义,但是对于专业的教学、人才培养过程和模式的改进来说,反馈意见可能需要进一步的具体化。专业评估可能是我们在今后的评估工作中应该予以关注的。当然这是一个初步的判断,无论从德国 ASIIN 实施评估与认证的经验上看,还是从中国工程教育的认证和质量保证的需求看,按工程专业实施评估与认证可能是符合教育规律和教育实践的。另外,从质量保障的角度看,应该在本科和硕士两个层次都要引入评估认证体系。

5. 工程教育认证制度的建立是提高工程人才质量的重要手段,专业认证组织的成立是质量保证的基础,国际认证更是工程教育进入全球市场的一项重要指标。工程教育是一项系统工程,涉及教育、企业、科技发展、人才战略等各方面。因此作为走向工业化大国的中国,必须有一个适应经济全球化要求的工程教育制度。工程教育界应审慎思考工程教育评估制度的建立与实施,以及认证制度的国际化,以适应 21 世纪全球竞争环境。同时,它实际上是工程教育的培养目标、培养方案、教育过程、质量评价、市场需求导向的一个无声的"指挥棒"。我们必须关注对德国工程师协会(VDI)和 ASIIN 所制定实行的工程教育认证与工程师认证的一整套制度的研究,同时也必须关注美国工程技术认证委员会(ABET)及其相应国际认证的《华盛顿协议》的现状与发展,在比较研究的基础上,提出我国可行的工程教育认证制度的建议。

参考文献

[1] 德国工程教育认证协会(ASIIN) www. assiin. de/english/newdesign/index_ex5. html.

[2] 《ASIIN 大学信息手册:本科和硕士专业的认证要求与程序规则》,清华大学课题组翻译。

[3] 余寿文、王孙禺:《中国高等工程教育与工程师的培养》,北京,《清华大学教育研究》,2004,25(3).

[4] Globalization and the Market in Higher Education [M]. Paris: UNESCO/IAU 2002.

[5] Surek Bordia. Problems of Accreditation and Quality Assurance of Engineering Education in Developing Countries [J]. European Journal of Engineering Education, 2001,26(2).

(原载《春风化雨践行路——清华大学第 22 次教育工作讨论会文集》,清华大学出版社,2007 年,第 31~37 页,与王孙禺、李曼丽联合署名。王孙禺,清华大学教育研究所教授;李曼丽,清华大学教育研究所教授、博士)

大学者，育才之谓也

——中国特色高等工程教育十议

在经济全球化的环境中，中国已成为工程教育的大国，必须坚持“两条腿走路”：工程教育既要服务现代交通、航天工程、通信工程等高端的工程以及土建、水利等大型建设工程，同时也要服务于需要密集劳动力的加工制造类工程。我国工程教育体系已基本形成，培养了一大批社会主义建设者。这个体系的发育也随着我国工业化的进程不断推进。经过改革开放30年的发展，我国在工业化的进程中已处于现代工业化的中期，必须考虑到信息和工业化的相互作用，走新型工业化的道路，在经济全球化的基础上，建设有中国特色的现代工程体系及与其相适应的工程教育体系。

纵观国际高等工程教育的发展趋势，它呈现出如下特点：第一，工程向着综合性、系统化的大工程发展；第二，纳米、信息、生物技术的快速发展必然与工程技术相结合。工程人员要利用高科技进行研发，并转化成生产力。在这方面，我国已经拥有了非常好的开端。目前，一些发达国家采用的工程教育策略是“占领”创新性工程人才培养这个高端，而把加工制造和劳动力投入比较大的工程转移或“外包”给其他国家，一些发展中国家也已经成为他们的转移地。但中国不能只做这样的转移地。我们必须“两条腿走路”，既要拥有高端的创新性工程，同时也要服务于需要大量劳动力的制造加工类工程。这是由我国近期的国情决定的。第三，工程正在向两端发展：一部分向尖端、细微发展，另一部分向系统、复合巨型化发展。在向两端发展过程中，一些发达国家已经意识到自己的问题，提出“回归工程”。我国的目标是“走向创新”，也就是“两条腿走路”中的每条腿都要重视、提倡创新，即使是在跟踪与模仿的部分制造行业也是如此。中国工程教育必须很好地把握国家需求,在"全球化"和"本土化"之间实现平衡,建立既有中国特色又适应全球发展的高等工程教育。

一、全球化视野下的高等工程教育

经济的全球化已是不争的事实。经济的范围是广阔的,它包括每个国家的国民经济的生产,包括第一、第二、第三产业链,也包括各国之间的进口贸易;更有甚者,包括了金融、资本和全球流动;不仅是经济,能源的全球性需要、环境的全球性迁移与保护、气候的全球性影响、劳动力的全球性流动……都是经济全球化的重要内涵。

那么教育呢？高等工程教育是教育的一个子集,它又怎样呢？在全球视野下,目前大致有三种不同的工程教育的表达:

第一种是有些人主张,由发达国家研发尖端科技,领导全球科技新潮流,从加工制造、全球信息网与信息高速公路、全球化的金融工程、研发绿色能源、发展低碳经济、深入研发生物工程与基因工程技术,一曰"造福人类",二曰输出各项可输出的先进科技,让源源不断的购买新科技的财富流入自己国家的钱袋,而将最普通的机械制造、电子制造等等成熟的技术外包给一些制造大国如中国、软件大国如印度等去做,这些国家应当好好地把外包做好,链接成这样一条产业与资金的链条,并以这样的秩序与需求来发展各自的工程教育。

第二种认为,那些发达的国家已经占取了引领科技的先机,因此那些后发的国家,包括那些发展中的大国,便应当从上述的既定格局中很出色地完成外包的分工,将自己国家的工程教育和相应的人才培养,嵌入到那样的分工格局中去,以取得最好的外包服务质量,并由此获得国家应有的收入,以发展自己的国民经济,以改善自己国家的民生。

第三种,也正是我们所需研讨的这样一种有别于上述两种情况的全球视野下的工程教育观,它首先是由全球经济这个大格局下,像中国这样一个发展中的大国所面临的需求决定的。就是说,这样的国家面临着三个大的需求:首先,应当发展国家安全强盛所需的工程科技,跟踪并有选择地研发先进的科技,它们也有这样的能力。例如,"嫦娥二号"探月工程的研发人员,平均年龄只有三十多岁,这支队伍就是在近十几年中国工程教育体系下继承、发展和成长壮大的。其次,中国是世界上的制造大国,每年的 GDP(国民经济总产值)近 40% 是制造业提供的,遍布全国各地的大大小小的国营民营企业,各种层次各种类型的工程技术人员与劳动大军,成就了这样的事业并且逐步走向创新,迈向制造业强国。它对工程教育培养人才的这个“大金字塔”的底座提出了强劲的需求。其三,随着各类企业研发中心的建立与壮大以及国际研发力量的聚集与交融,将有源源不断的先进科技创新转移进量大面广的基础产业。通俗的比喻是:工程科技需要“顶天”,也需要“立地”,还需要“天地连通”。这是中国这种类型国家在全球化经济条件下发展工程科技的三个强劲的动力源。这就决定了我国工程教育的整体结构与需求必然是多样式多层次的,而与本节所讨论的第一种和第二种全球视野的工程教育观不同,它必然是“两条腿走路”而且是“天—地”“左—右”和谐发展的。

当然,全球金融危机的教训,可能使不同类型的工程教育互相趋近与交缘。但对中国这样的人力资源大国,第三种类型既适应了全球经济的需要,又适应了中国这样一个发展中大国的具体发展阶段的需求,乃是最佳选择。它既与全球经济相协调,又必然地具有国家发展阶段的特点。如果认清了这样的发展大势,那么,对于我国工程教育战略目标的选择、策略因应和实施便有了较为清晰的轮廓了。我想,这也是当前实施的“卓越工程师培养计划”中要求培养各种类型的“卓越工程师”后备力量的初衷吧。

二、建设人力资源的“强国”

中国现在有 2900 多万的大(专)学生在校学习,其中学理工者约占 1/3,是这个世界上实实在在的高等工程教育大国。但要成为高等工程教育强国,最重要的还是要培养创新者。对创新的理解,也有不同的主张:一种理解是,“创新”是高深的活动,只有那些专业人士中的精英们可为,而其余的“芸芸众生”只有运用与分享的权利。另一种认识是人人都可成才,人人都可从不同的角度与不同的层次来从事创新,这样社会才会储有最大的创新能量的总和,才会获得最大的创新迸发力。

青年学生的可塑性与创新迸发力甚至难以用常规的想象力来判定其极限。每个人自己都有这样的经历:在平静的循规蹈矩的学习生活中学到的东西与在竞赛和专注寻知的过程中所能学到的东西,后者的深度和总量可以是前者的许多倍。人们在充分激发状态下学习的成就往往是永生难忘的。假如我们的教育者能使学生进入那样一种“燃烧式”的学习和创造状态,他会不计时间,不顾疲惫,孜孜以求地学习;如同那种置之于死地而后生,在荒漠饥渴中寻求水源般地学习。

在这种情况下,即使这个青年的基础还较浅薄,他的进步也仍会很显著。教育者,或者说,高等学校的最成功之处是在于提供尽可能好的学习环境,激发学生最大的求学能量,如果做到了这些,它的教育就是成功的。中国的高考招生工作最受诟病的一点是分成许多条录取线,一本线、二本线、三本线,等等。笔者认为,教育的正道,应当是不管哪条线录取的大学生(抑或未获录取的青年学生),他们的自信心一定不能被窒息,他们都有成才的机会,他们都应当受到鼓励,在不同的学习环境和工作环境中达到他们可能的“最优”。唯独怕的是十七八岁时,社会和舆论将他们分成三六九等,似乎再也难以翻越那些“线”所界定的疆域,成为早早划定他们人生层次的壕沟,只有极少数人等到考研究生时,还有一线改变处境的希望。然而,由于社会的分等、舆论的渲染、家庭父母的盲目认可,青年人心中的求知之火便渐渐熄灭,甚至低头认命,再也不知道自己原来蕴藏着这么大的能量。这样一来,社会总蕴藏的能量就被抑制而且被大大地低估了。

假定社会有 n 个层次的青年人,每个层次可以发挥的极致能量写为 $U_i = \lambda_i u_i$,u_i 是每个人的全部潜能,U_i 是其真实发挥的能量,λ_i 是其正在发挥的潜能百分比,$0 \leqslant \lambda_i \leqslant 1$,则全社会的人力资源总能可由下式计算:

$$U = \sum_{i=1}^{n} U_i = \sum_{i=1}^{n} \lambda_i \mu_i$$

只要每个层次的人其潜能发挥系数 $\lambda_i \to 1$,则 U 趋近其最大值。各类学校与教师的责任就是激发 λ_i 使其达到或接近于“1”。这样,中国的人力资源强国的优势就显现了。让可发挥的人力资源的总能量达到最大,这就是中国在国际上储藏的最大的“富矿”。做到了这一点,中国实现国强民富的目标就有了切实的人力资源的保证。

三、要从历史发展的角度来研究工程教育

纵观国际上各重要国家的工程教育的演化历史,其间几个重要的单元如大学、政府、工业企业界(还有中介方)之间的关系,是不可不加以注意的。有一些教育研究者观察国外的当今或某一时段的工程教育并与中国的教育现状作比较,很容易导出我们应从那些现状比较研究中学到什么并怎么做的结论。但如果往历史纵深探察其端倪,便不难发现问题并非那么简单。以河流为喻,现状只是某一河流的某一断面,而不是“流”本身。从历史学的观察看,每个国家的重要单

元——大学、政府、工业企业界(还有中介方)之间的关系,是一个历史发展的过程。在每个不同的时代,这些单元的大小、权力、能量以及它们的相互作用力是随着时间的流逝与历史的发展而演化的,因而在不同的国家和地区是大有区别的。

只有深入探察某国四个基本单元——大学、政府、工业界、中介组织之间的关系,各单元自身的特征(大小、容量、内涵、能量)及各单元之间作用力的大小,以及它的历史变化过程,才能深刻理解该国工程教育的昨天和今天,并可能预测其明天(见图1)。

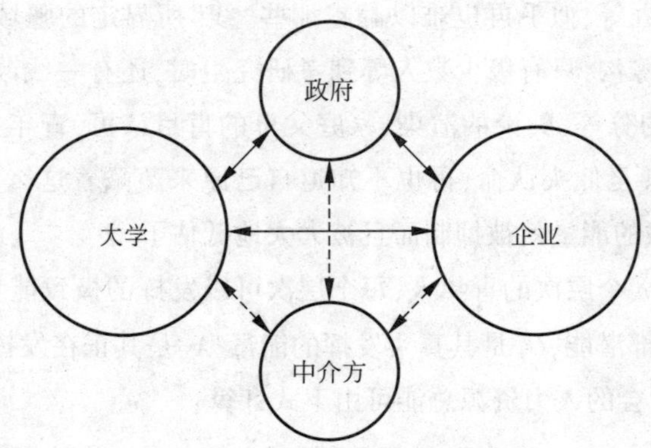

图1　四个利益相关方的基本单元之关系

四、现代中国工程教育的一些新特点

话又要说回来。中国的人力资源的需要有什么特点呢?我们所说的“中国特色”的高等教育又有些什么样的国情特点呢?可以这样素描式地勾勒中国的高等教育异于他国(包括发达国家及发展中国家)的那一部分特点:①我们已建立了一个基本完善的高等工程教育体系,具有中国的本土特点;②它的总量现今在校生有2900多万,数量足够多,规模足够大;③它发展的规模与速度举世无双:在6年多时间内在校生曾经增加了4倍多,这种速度恰似一个快速变化的动态系统;④偌大的教育应有强大的政府来主导,它与较小的国家办教育显然不同;⑤中国教育的发展在沿海大城市与偏远地区存在巨大的不平衡;⑥中国全国处在工业化中后期的过渡阶段,决定了其人力资源需求的特点。当然,还可以举出一些,如独生子女的政策与相应的人口老龄化倾向等等,想想世界上有哪一个国家同时具有上述情形？要解决这样的高等教育难题，即使将所有的“先进”教育观念与实施成功的经验学来，却不加以改造，能解决中国的问题吗？所以从大系统来看，我们必须考虑经济全球化的环境与中国人力资源的本土特色相结合的高等教育改革途径，从中求得一个动态的平衡点，即所谓“Glocal”这个新词所表达的“全球/本土”的不断调整的平衡。即以高等教育的一个子系统——高等工程教育而论，就不难理解，社会的科学与技术的发展，要求不同的人才规格：有的偏重于科学的研究，有的偏重于科学与技术的应用与开发。这两大类人才缺一不可，当然也还有复合型的人才。

它体现了一个国家的工程教育中具备不同学位人才的多样性取向和选择。

只有人才市场展现了多样性的需求，社会承认了人才培养多样性的途径，政府前瞻性地促进人才多样性培养举措的实施，只有严格把握不同培养途径最低准入门槛的标准，并给以制度与机制上的保证，整个工程教育才会出现各种人才辈出、匹配适当、生机勃勃、和谐发展的局面；也只有在这样的机制和外部环境下，才能保证就读于各种不同培养目标的高校中的青年学生，充分认识到今后从业的职业要求，有了“行行出状元”的期盼目标，广大学生的能量才能得到充分的调动与迸发，出现人人都乐观自信、努力成才的万马奔腾的局面。

五、多样性的培养质量：一幅半定量的包络图

高等学校培养的学生，按党的教育方针的描述，是培养“德智体全面发展的社会主义建设者和接班人”。这是最全面的、宏观层次的对学生培养的要求，是全面质量观的准确描述。这是第一层次的描述。

谈到具体培养对象所应满足的质量需求的第二层次的“子集”，必须回答如下问题：根据时代的发展与工程教育发展的具体需要，考虑到国际上对第二层次培养对象的质量要求的实质等效性，如何较具体地来描述培养对象的质量要求？如何制定质量评价的标准？这里就需要探析具体的质量标准的维度。在我国试行的工程教育专业认证标准（2010 年试行版）中，就涉及关于学生的知识、能力以及品德等方面的质量标准。而在 ABET2000 年版的标准（EC2000）中，则涉及十一项要求，大致可分为三个维度：属于知识的，属于能力的，属于道德方面的。欧洲工程教育认证网络（ENAEE）的标准也有类似的描述。国内以往也有知识—能力—

素质的三维描述。诸多研究者在论述相关维度时,对知识—能力这两个维度的内涵,其看法虽有差别,但无大的歧解。对素质的理解有二论:一是认为素质是一独立的维度;朱高峰院士提出的另一素质论则认为道德、人格、素养等是一独立的维度,而素质,特别是综合素质、全面素质是三个维度的综合。本文取朱高峰的提法[9]。

《现代汉语词典》对于素质词条的内涵描述为人的体质、品质、情感、知识和能力。这里的素质显然涵盖了知识与能力,因此不能作为我们讨论的“子集”的独立的维度。因此,在第二层次的三个维度描写时,似可按知识、能力、道德(Ethic)这三个维度来进行。

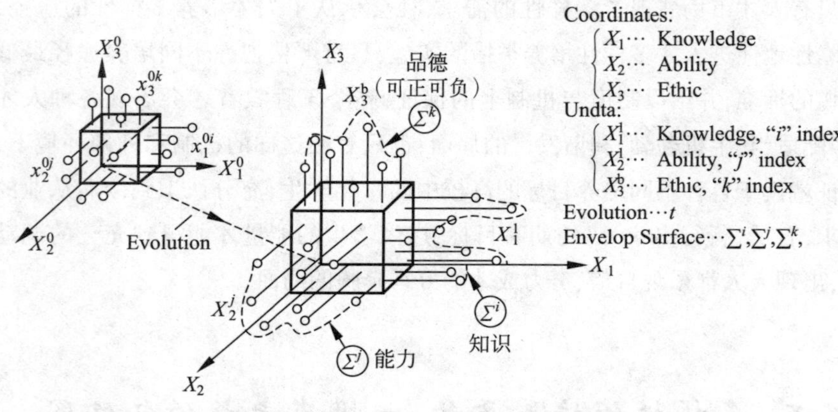

图 2　关于培养质量标准的四个维度

从历史演化的角度来讲,还应该引入时间的维度,所以我们可以在四维空间里,即时间、知识、能力、道德这个第二层次的“子集”空间里展开,为培养人才的个体或群体设计质量标准。在此,可以定性地表示为图 2。其中 t——时间,X_k——知识维度;X_a——能力维度;X_e——道德维度。之所以引入道德维度,一是因为在工程教育的导向标准中引入“工程道德”的要求乃是国际惯例;二是因为道德具有社会意识形态的内涵,是调整人与人之间、人与社会之间关系的行为规范之总和。本文讨论的是第二层次的“子集”的维度。实际上,在第一层次集合的维度中,素质涵盖的不仅有道德品质的内容,而且有更重要的思想政治的内容,包含了政治方向、爱国情操、为谁服务等方向性的内容,这一点不言而喻,所以本文重点讨论第二“子集”的维度分类。

再细分下去,每一维度中都有详细的项目。如知识维度中关于数理基础、专业设计知识等等;而能力维度中有设计能力、分析能力、沟通表达能力等等。这些细分可采用系统论分析中的“树状图”来描写。而每一分项还涉及其内容的多寡强弱,对那些可定量描述的部分,可以画出它的直方图,但有的方面只能定性地判断优秀、达标或未达标。在这样的四维空间里,大致可以半定量地画出在不同时间,其 X_k、X_a、X_e 三维坐标内的三维曲面的外包络。这一外包络所包容的体积,就是其综合素质的半定量表征。其包络曲面的形状,就是考察对象的多样性素质的空间表述。换言之,它多种多样的形状,表示着培养对象的多样性。我们工程教育专业认证的基本要求就是给出最低限度的包络曲面作为其能否通过的标准。达到临界曲面的要求而外超的部分,就是各个群体与个体精彩纷呈的多样性的表征。而由时间维的发展则可观察群体与个体的质量演化的历史。

本文提出这样包络图的概念,不是要求对第二层次的“子集”进行定量的评价,更不是提倡对各个维度与分标准给出“权系数”值来进行定量评定。这里的本意是希望给出维度与包络的图画写意式的描写,给出一种第二层次“子集”质量标准的一个形象思维的几何学半定量式的描述。

六、如何认识现代的“专业”

问题再回到讨论办教育、办高等工程教育的“微观”层面上来,即如何看待工程教育的“专业”与“实践”这个困难的问题。中国的工程教育,从专业上讲,在大学本科阶段,意在培养“现代工程师的毛坯”,这里有一个宽和窄的口径问题。不少企业希望培养的人才能够“上手快”,这一方面有着对教育不注重实践训练的批评;但另一方面,从深究企业的需求来看,可能存在“专业面既不专又过窄”的两难局面。近年来,提出的“通识教育基础上的专业教育”可算是一种解脱工程教育困境的设计。在此,我们要分析高等工程教育发生了哪些重要的变化:其一是工程向着“系统化”发展,发生了大的变化,诞生了大工程、大尺度工程、微尺度工程,具有系统集成的特征;其二是工程与自然的和谐、与社会的和谐的使命提到工程人员的面前,专业人士必须关注自然,防止污染,造福子孙,改善民生,并对此负有道德与法律的责任;其三是工程与企业的创业、科技的创新、经济的发展常常密不可分,这要求明天的工程师必须是“现代的工程师”,而且工程必须求真、求善、求美。因此,工程专业的教育不只是以前理解的“专业”教育,而是通过专业的学习、在掌握专业的过程中认识更广泛的“外部世界”的过程,这个“外部世界”仍具有上述现代工程的特征，因此，必须在认识工程新的变化的基础上来讲工程的“专业”，来认识“专”与“博”之间的关系。

七、“投入”与“产出”

人们在寻求当今中国教育体制下企业（人力资源用户）与大学工程教育的联系纽带。诸如产学研系统和企业孵化系统，这些都是从产品研发的角度，寻找企业与大学研究（含人才培养）的交集。另外，大学教师到企业兼职和一定时期参加企业工业实践，或聘用具有工程实践经验的企业工程师到大学兼课，甚至形成稳定的兼职教师制度，这些均是成功的经验，要努力实施推广。

还有一条途径，我国建设部已实施十多年，即组建由教育专家（建筑与土建的教授）、企业工程专家（资深建筑师与高级工程师）和人力资源管理人员组成的“工程专业教育评估专家组”对该专业的培养目标、课程计划、实践环节、师资队伍与教育资源及人才培养的产生结果（用户反映）进行评估认证。经过主管单位授权后，其评估（认证）结果具有约束力，即被评估（认证）专业必须对其进行落实，达到质量改进的目标，使得人力资源的用户从产出的长效机制上解决培养过程中的问题以适应工程单位对人才的要求。十多年来的实践证明，其效果是积极的。笔者认为，全国工程教育专业认证的其他各专业也应当沿着这条路径进行试点，这无疑是又一条增强人力资源用户与高等院校人才培养联系的有效途径。

工程教育的专业认证，在国际上有一个共同的评价准则：即基于“产出”的评价与认证原则。其基本原则的表述有三：①你设定的目标是什么，即你要做什么；②你为实现这个目标做了什么，即你是怎么做的；③举证说明你所做的。人们在评价“投入”与“产出”这两者时往往重“投入”，轻“产出”。对于一些专业院校的“合格”评估，在国内的具体条件下，适当关注其“投入”以规范其“准入”条件是有必要的，应该与“产出”评价保持适当的平衡，但重点应当是“产出”而不是“投入”。另外，国内高等学校的专业建设其规模、数量往往受一些外在因素的驱使而大起大落，其变化往往呈现快速升降的状态；国内工业的改革与需求也与发达国家相对稳定的发展过程不同，一直呈现快速变化的趋势；这两个利害关系密切的相关方都处在用工程科学的语言称之为“非定常”发展的动态过程之中，因此要实现两个动态系统的对接是相当困难的。形成这种对于大学专业评价的“投入”与

"产出"的不同评价视角，究其原因，是否可以追溯到教育发展的历史。例如，在计划经济时代，大学基本上由政府及计划部门来确定其人才资源的流向。国家(政府)完全主导大学的资源配置，因而对大学的评价主要看其投入及内部的资源配置；然而，人力资源市场关心的则是学校提供的毕业生的质量、合格性及相应的数量，因此其着眼点必然放在"产出"上。

八、工程教育专业认证中的几个关系

开展工程教育专业认证的目标是：构建我国工程教育的质量监控体系，推进我国工程教育改革，进一步提高工程教育质量；建立与注册工程师制度相衔接的工程教育专业认证体系，构建工程教育与企业界的联系机制，增强工程教育人才培养对产业发展的适应性；促进我国工程教育的国际互认，提升国际竞争力(见《全国工程教育专业认证专家委员会章程》)。

自1992年建设部启动了建筑与土木类工程教育专业评估以来，从2005年开始，我国工程师制度改革小组及其工程教育改革分组启动了我国工程教育专业认证的试点工作，在全国工程师制度改革协调小组领导下，在教育部、工程院、建设部和中国科协等18个相关部委与协会的努力下，成立了全国工程教育专业认证专家委员会和工程教育专业认证仲裁与监督委员会。在开展调查研究的基础上，建立了认证组织，制定了相关的认证文件并在几轮试点中不断修改完善。其中最引人关注的是如何建立有中国特色、与国际质量标准具有实质等效性的工程教育专业认证制度这一问题。因为在经济全球化的环境下，在工程师培养之可比的质量标准上，即上述第二层次的工程人才培养质量标准上，各国之间可能实现实质等效。这里我们不讨论属于上层建筑属性的人才培养的政治思想上的要求，而从知识—能力—道德等第二层次上来讨论这个实质等效性。笔者认为，建立认证标准应注意处理好以下一些重要的辩证关系：

一是投入与产出的关系。将认证的目标关注于人才培养的产出上，并适当评估专业的硬件与软件建设的投入；注意对专业培养的所有人才的专业质量的评估与认定。

二是处理好工业界认证与教育界认证两方面的关系。人才培养的质量最终要由社会来评价。以往的评价体制多数在教育领域内部进行，而这是不够的。我们应当强调人力资源的市场配置的原则,以利于提高人才培养的质量,增强教育界与工业界的联系。

三是注意专业认证与大学教学水平评估的区别与联系。前者是设定并认证专业人才培养的基本质量要求,即最低门槛值,以评定通过(或不通过)为认证的结果,而不去评比其优、良、中、差,这样做有利于在过门槛要求后各个专业的人才培养朝着多样性和个性化发展,有利于形成办学特色。

四是注意定性与定量的结合,注意发挥教育界与工业界同行专家的作用。指标系统及其认证过程中的判断、依据等主要应建立在定性而非绝对定量的基础上,应以专业为单位,同行的专家对认证指标达到与否的判断应起着更重要的作用。

期望工程教育专业认证与今后我国逐步实施注册工程师制度相衔接,开展专业认证的全过程均有教育界、工业界的组织和专家共同参与,充分发挥同行专家的作用。学生利益与工业界和社会需求应放在很重要的位置加以考量。在试点与总结经验的基础上,构建具有中国特色和以国际实质等效性为特征的我国工程教育专业认证体系。

九、"行胜于言"——为"卓越工程师培养计划"鼓与呼

我国工程教育界在20多年的研究中,观察、收集、调查了中国工程教育的现状,努力寻找改革的路径,认为其中需要改革的方面很多,曾经提出种种建议,兹举其大者:

1. 根据工业界用户的需求,调整工程专业的结构,为未来培养不同层次不同类型的工程师。

2. 根据社会主义市场经济的需求,学校的专业教育要面向工业界,动态地根据中长期人力资源的需求来培养学生,让工业界用户参与到工程专业的培养目标确定、培养计划制定、产出人才的质量评定与认证、基本标准和专业标准的联合制定等一系列重要环节。

3. 必须提出刚性的规定,限定工程专业学生的实践训练时间,建立与企业合作的工程实践培养中心。

4. 改革教师队伍的结构，一是要求教师必须有一定的工业实践经验，二是制订规定，开辟渠道，让有经验的工程技术专家与相应人员参与教学过程，成为兼职教师。

5. 改革教师的评聘规则，重视工程创新、发明专利和工程经验，鼓励工程科学创新。

6. 开展工程教育改革研究，加强适应全球化的工程师培养过程试验，促进工程教育专业认证的国际互认及与执业工程师资格认证之间的衔接。

7. 加强校企合作，加大政府对工程教育的投入，为企业在工程教育投入与捐助方面设置和国际上成功经验类似的税收优惠规则。

凡此种种，其重点均在于明确工程专业应以培养各种类型的工程师的后备力量为目标，不同的类型都应努力做到卓越，目标在于加强工程教育与工业界的联系，使我们培养的工程人才满足工业界的需要。

值得中国高等工程教育界庆贺的是，2010 年 6 月，教育部正式启动了“卓越工程师培养计划”。有 60 多个院校的 100 多个专业参与了第一批计划，标志着我们对于工程教育改革的研究，已从讨论走向实施[10]。恰如古训所云：“行胜于言。”这个以“面向工业界，面向世界，面向未来”为指导思想的计划的落实，必将推动我国工程教育的改革与发展。计划的实施过程当然会遇到各种料想不到的困难，但我们确信，方向是正确的，道路是曲折的，只要我们加强领导，加大投入，那么，前途就肯定是光明的。

十、什么是“大学”——“大学者，乃大师育才之谓也”

蔡元培先生在《就任北大校长的演讲》中有一段话，兹详引于下：“大学者，研究高深学问者也……今诸君苟不于此时植其基，勤其学，则将来万一因生计所迫，出而任事，担任讲席，则必贻误学生；置身政界，则必贻误国家。”蔡先生所言“研究高深学问”可具体阐释为植基勤学，与我们平常所言“从事科研”显然大有区别，绝不可牵强附会，妄以今义释之。蔡先生这段话的精神实质在于大学通过师生对高深学问的研究，培植学生的根基，将来成为好的教师，好的官员，此一解也。但也有教育研究者引申云，即令如此，仍是“研究学问”，大学之道即在于研究“高深之学问”。笔者以为,蔡先生本意在于以“研究”为途径,以“育才”为目的,后一种理解是否部分掩盖了大学之“目的”呢？前清华大学校长梅贻琦也有一句被广为引证的话:“所谓大学者,非谓有大楼之谓也,有大师之谓也。”我们也应深究梅称“大师”之谓何指。为此,再多引几句原文便可了然。梅文称:“孟子说:‘所谓故国者,非谓有乔木之谓也,有世臣之谓也。’我现在可以仿照说:‘所谓大学者,非谓有大楼之谓也,有大师之谓也。’我们的智识,固有赖于教授的教导指点,就是我们的精神修养,亦全赖有教授的 inspiration。”显然,梅先生的本意应是“大学乃大师‘育才’之谓也”。据此,我们可将上面的那句话补全为:“大学者,非大楼之谓也,乃大师育才之谓也。”这样的补充不只强调了要有大师之资源,更要求大师们在大学中务其本——“育才”,实施教育。育才本是大学应有之义,只不过于今人们理解片面,评价大学,往往专注于量化有多少大师,不懂得这只是体现了大学师资资源投入的方面;而更重要的方面是大学的“产出”,即培养人才的成果。办好学校,必须有好的老师,有大师。老师与大师的一个共同任务,就是培养人才——“育人”。清华大学前校长、教育家蒋南翔主张高等学校要培养又红又专的人才,就是抓住了大学之本。育人是一项长期的任务,一个学生从学校毕业,在工作中真正成才,做出贡献,是需要时间的,也就是我们常说的“十年树木,百年树人”。其成果往往是需要十年、二十年、几十年的历史积淀才能展示出来的。而有巨大成就且为人所宗仰的学者——大师更是学界的瑰宝,需要天赋、环境和各方面的努力,才能培养出来。

哈佛学院前院长哈瑞·刘易斯(H. Lewis)《失去灵魂的卓越——哈佛是如何忘记教育宗旨的》一书中指出,仅仅追求众多学术领域的第一,就会丧失大学的灵魂。什么是大学的灵魂？就是把年轻人培养成对社会负责的人,哈佛不能为了众多学术领域的第一,而忽视了对学生社会责任感的培养。书中指出,要重视育人,重视品德与人格的培养。这些对于大学教育宗旨的叩问,这些对于什么是大学的灵魂的反省,联想及本文所指出的对前辈教育家蔡元培先生和梅贻琦先生对大学的论述的不完全的引用与阐释,正说明对大学宗旨产生了部分但是重要的偏离。这难道不应当引起从事高等工程教育的人士的警醒吗？

如何认识当前工程教育改革中存在的问题,如何面向工业界,如何评价教育与教师,如何学习国外工程教育的经验,如何从工程教育大国走向工程教育强国,都与如何全面把握大学的宗旨有关。大学者,育才之谓也！

参考文献

[1] 张维、王孙禺、江丕权编著:《工程教育与工业竞争力》,清华大学出版社,2000年。

[2] 李曼丽:《德国、美国工程教育体制形成过程之比较分析》,清华大学教育研究所研究报告,2006年。

[3] 蔡元培:《就任北京大学校长之演说》,1917年4月。

[4] 梅贻琦:《在就职典礼上之演说》,载《清华大学校刊》第341号,1931年12月14日。

[5] 中国工程院高等工程教育考察团:《德国和法国高等工程教育考察报告》,2006年9月。

[6] 余寿文:《关于高等工程教育的几个基本概念研究的注记》,载《高等工程教育研究》2007年第1期。

[7] 余寿文、李曼丽:《培养21世纪的优秀工程师》,载《高等工程教育研究》2005年第4期。

[8] 李行健主编:《现代汉语规范词典》,外语教学与研究出版社、语文出版社2004年版。

[9] 朱高峰:《试论素质教育》,载《高等工程教育研究》2009年第1期。

[10] 林健:《卓越工程师培养计划学校工作方案研究》,载《高等工程教育研究》2010年第5期。

[本文受教育部人文社会科学研究“工程科技人才培养研究专项”(项目号10JDGC001)资助,曾在2010年12月中国高等教育学会工程教育专业委员会第四届理事会暨2010年高等工程教育高层论坛上报告,原载《高等工程教育研究》杂志2011年第2期]

清华大学工程力学研究班的历史回顾与思考

清华大学工程力学研究班成立至今已有近55年了,它由钱学森先生担任第一负责人,是他回国以后创办的第1个人才培养的项目。它一共举办了三届,共招生309人。为弘扬与传承他的教育思想,近年来已有不少有关人士撰写了回忆文章与研究报告。笔者曾为工程力学研究班的学员,后来担任过短时间的工程力学研究班教学秘书,现在应约撰写有关工程力学研究班的文章。作者在以前撰写有关同一问题的文章的基础上,进一步调查了有关材料,写成这一增补文章,并陈述了一些思考与看法,以就教于工程力学研究班的前辈与同仁,也期望留下一些历史资料,以飨后人,从历史的轨迹中寻找一些可以借鉴的经验与教训。

1. 工程力学研究班的诞生

1954年,国务院开始制订12年科学技术远景规划。最初只有20~30人参与规划的制订,后来扩大到300人,并划分成多个规划小组。1956年5月,规划的制订工作顺利完成。该规划包含了56项,都是与国家工业发展密切相关的项目。周恩来总理看后,指出应增加与基础研究有关的内容。于是,规划中增添了第57项,即天文、地理、生物、数学、物理、化学、力学等学科的发展规划。为推动规划的实施,成立了一系列领导小组,其中力学部分,由钱学森任小组组长,郭永怀和张维任副组长。小组紧张工作了一个多月,勾画出了发展力学的详细蓝图。但同时提出了一个紧迫的问题,谁来承担其中的具体工作?力学小组的专家们深感要发展力学学科,首要任务之一是培养一批人才。工程力学班就是适应这一要求应运诞生的。

2. 研究班的宗旨和培养目标

1949 年以前,我国的高等院校都没有力学专业。有些学工程的人到国外学习力学,如钱学森、张维、杜庆华、钱令希等。也有学物理出身的人转学力学,如郭永怀、钱伟长等。造成 1949 年后初期从事力学工作的人极少。1952 年院系调整,是否应在清华大学设力学专业曾成为一个有争议的问题。一些力学工作者,如杜庆华、张维,陆士嘉、万家潢、张福范等,认为应该设力学专业。但当时的苏联专家不赞成,因为苏联的力学专业不是设在工科大学,而是设在综合性大学。于是,教育部只在北京大学成立了数学力学系,在清华大学和其他大学都没有。面临力学人才短缺的困境,以钱学森为首的力学发展领导小组提出了两条建议:(1)在若干所大学设立力学专业。清华大学于 1958 年成立了工程力学数学系。但当年招生,5 年后方能毕业,缓不济急。(2)从 1957—1958 年重点工科院校的毕业生中,挑选优秀者,办工程力学研究班。

据 1956 年 12 月高教部向各有关高校发出的《工程力学研究班简则草案》(以下简称《草案》),“国务院根据科学规划委员会关于力学学科的规划的建议,责成高等教育部与中国科学院合作在清华大学附设两年制的工程力学研究班,目的是对具有某一方面工程技术知识的人员施以力学的基础训练,每年招生 120 名,暂分固体力学和流体力学两个专业。本班结业学员之中成绩优秀者,经原单位同意的继续进行副博士论文工作约一年半到两年半。”经国务院决定,由高等教育部与中国科学院在清华大学建立工程力学与自动化两个研究班(工程力学研究班办了 3 届,自动化进修班办了一届),该研究班由中科院力学所和清华大学联合承办,编制隶属清华大学。钱学森教授、郭永怀教授、钱伟长教授、钟士模教授参加建班的最初工作。中国科学院张劲夫副院长大力推动了这一工程科学高品位人才培育工作。钱学森教授为这两个研究班的第一主持人。1957 年 2 月,高等教育部与中国科学院在清华大学建立了工程力学研究班,设固体力学与流体力学两个班。自 1957 年 2 月起每年招生约 100 人,学制 2 年。至 1962 年 2 月,力学研究班共办了 3 届,招收学生 309 人。

力学班的培养目标定位于高层次师资和研究人员。当时虽然没有言明是否给予学位,但事实上是准备部分按照苏联模式培养副博士的要求进行的,学员也获得与研究生类同的经济待遇。所以要求各单位进行遴选,以利培养。工程力学研究班和自动化研究班培养了从事工程力学与自动化这一技术科学学科领域的研究与教学人才，因此学生的来源乃是选择大学本科将毕业的各工科的优秀学生和从事工程基础研究和教学有一定工作经验的研究人员和教师。

3. 研究班的班务委员会和班主任

钱学森先生根据在国外发展航空航天工程的特点及经验，深知在航空航天领域，培养从事技术科学的人才的重要性，亲自主持创办这两个研究班。力学研究班由钱伟长教授为首任班主任，郭永怀教授和杜庆华教授为副主任。工程力学研究班分流体力学和固体力学两个专业。钱学森先生同时主持的自动化进修班也是由中科院和高教部为贯彻科学规划而合办的，学制 1 年，班委由钟士模、陆元九、郎世俊等组成。

根据《清华大学附设自动化进修班、力学研究班班务会议章程（草案）》（已经本班务会议通过，经清华大学校务委员会批准，并呈高等教育部和中国科学院备案），班务会议委员名单为：

钱伟长（兼班主任）、钱学森、张维、陆元九、钟士模、杜庆华

该章程规定："班务会议的职责为根据联合指示贯彻本班的培养目标，经常领导、督促本班的工作，并通过清华大学向高等教育部和中国科学院汇报工作。"其后由于"反右"运动，钱伟长教授不再主持力学班工作，由郭永怀教授接任力学研究班班主任。郭永怀教授继钱学森、钱伟长先生后主持工程力学研究班的工作，他每周一下午自中科院力学所至清华大学杜庆华教授家中讨论教学及论文工作。由于党组织和日常行政隶属于清华大学，故由杜庆华教授抓日常工作。班址开始选在西直门外的中科院植物所内，与北京动物园毗邻且相通。"反右运动"之后，清华大学校领导宣布工程力学研究班的班主任为郭永怀教授，副班主任为杜庆华教授，并设有教务与财务的办公室，班址也迁入清华大学校园内。在听课、读书的基础上，根据当时的实际情况，分别完成"专题研究"和"研究论文"。许多著名教授参加了论文指导，参加指导学员工作的有中科院力学所钱学森教授、郭永怀教授、林同骥教授、李敏华教授，郑哲敏、卞荫贵诸位教授等也参加了指导工作。清华大学张维教授、夏震寰教授、杨式德教授也进行了论文指导工作。尔后 1983 年 6 月 7 日教育部发文正式将这三届培养的研究班学员认同为研究生毕业，虽然当时我国尚未实行学位制度。

4. 钱学森先生的"技术科学"思想,指导了工程力学研究班的创建

1955年冬,钱学森先生在北京理工大学做了题为《论技术科学》的报告。他指出:应用力学或工程力学应属于技术科学,它介于基础科学和工程技术之间。它的研究对象是工程专业中共同性和具有规律性的问题。他提出技术科学工作者要掌握三个方面的工具:工程分析的数学方法;工程问题的科学基础;工程设计的原理和实践。他长期从事力学研究取得了开创性成果,体会到"技术科学"的重要性。工程力学研究班实际上是作为当时国内培养技术科学人才的一个试点,因此,工程力学研究班的学员全部来自各高等学校的工科系(如机械、土木、造船等)以及工程科研部门和厂矿企业,工程力学研究班按这样的指导思想来设置课程和选择研究题目,强调研究的课题应结合我国重大的工程建设的需求。

钱学森先生在创建清华大学工程力学研究班的主要指导思想是:力学的高级人才要来自工程科学的各个领域,因此,力学研究班的学员全部来自各高校的工科各系、科研部门和厂矿企业,并强调研究内容要结合我国的重大工程问题。钱学森先生认为:要学好力学和搞好力学,让本科生学习一定的工程课程是很有必要的,力学研究班的学员来自不同的工程专业,正是这一指导思想的具体体现。工程力学研究班的创办过程中,积累了办学的经验。证明在工程专业本科学习的基础上,再进行工程力学的研究与学习,可以培养出从事工程力学研究与教学的高层次人才。从机械、造船、土木等工程专业选拔生源,这些生源具有坚实的数学、物理、力学的基础知识,又具有这些工程专业的实践训练。学习过工程设计的基础理论,并具有相应的工程部门实践训练。由这样的生源经过培养,有利于培养既具有坚实的基础理论又有一定的结合工程进行工程力学研究与教学的高层次人才。

钱学森先生在创建清华大学工程力学研究班时认为不能把工程力学研究孤立起来,要与制导、控制相结合。这就是他提议同时成立工程力学和自动化两个班,他愿意作为两个班的总负责人的原因。这一思想对工程力学在后来的"两弹一星"研究起到重大影响,为我国航空航天事业的发展起到了推动作用。也是在这一思想指导下,第一届力学班的成员参加了我国第一枚探空火箭的研制工作。

力学必须与其他技术科学学科相结合,钱学森先生建议工程力学的高层次、研究型人才教育应以上小课为主。为从物质条件上贯彻钱学森先生的这一建议,

科学院当时在位于动物园的动物所和植物所中拨出一部分房子作为工程力学研究班的授课教室,这为以后高层次、研究型技术科学人才的素质教育提供了一个新的模式。

5. 课程的设置与主讲教师的遴选

课程的设置与主讲教师的遴选也是在钱学森先生的“技术科学”指导思想下进行的。《草案》规定:“工程力学研究班的主要教师由清华大学和中国科学院力学研究所提供,再借调部分高等学校优秀助教和讲师担任实验和辅导工作,工作二年成绩表现卓著者,经评审后可进行副博士论文工作,但原则上应选拔教师中比较优秀并对实际工作较有经验者。研究班得从一般学员中挑选程度较好者担任部分辅导工作。”钱学森先生亲自讲授“水动力学”和“宇航工程”(讲座);其他任课的著名教授如钱伟长先生讲授“应用数学”“工程流体力学”“气动弹性”;钱伟长先生、杜庆华先生讲授“弹性理论”;郭永怀先生讲授“流体力学理论”和“边界层理论”;李敏华先生讲“塑性理论”;郑哲敏先生讲授“动力学”“应力和波”;黄克智先生讲“蠕变与热应力”;潘良儒先生讲“流体动力学”;孙天风先生讲授“气体动力学”。这样的力学教师阵容在当时的北京应该说是最强的。同时还请了清华大学老师主讲“数学物理方程”和英语等其他课程。研究班还注重体育锻炼,设立了体操、滑冰等体育课程,专门为学员购买了相应的体育器材,在大班听课、小班讨论课和读书的基础上,分别完成“研究论文”和“专题研究”。许多著名教授和中国科研院学部委员(院士)都参加了论文与专题的指导,论文与专题都结合当时我国航空、土木、水利、机械等重要工程的固体力学与流体力学问题进行。

6. 研究班的教师

《工程力学研究班简则草案》规定:“工程力学研究班的主要教师由清华大学和中国科学院力学研究所提供。同时,再借调部分高等学校优秀助教和讲师25人担任实验和辅导工作,借期一般为两年。这些教师在工作期间视工作需要和本人条件大约有1/2的时间可随班学习,而且工作本身具有力学专业训练性质。工作二年成绩表现卓著者,经评审后可进行副博士论文工作。此项教师均由高等教育部指定学校选送,其选送条件同前条第三款,但原则上应选拔教师中比较优秀并对实际工作较有经验者,所借调教师借调期满一律返回原校。为了保证研究班的教学质量,发挥学员的潜在力量,研究班得从一般学员中挑选程度较好者担任部分辅导工作。”辅导教师们不仅承担讲课的辅助工作,还承担实验课的联系和准备,还要为协助导师指导论文做准备。

7. 学员的来源和选拔或选派条件以及毕业后的工作分配

《工程力学研究班简则草案》规定,学员的来源为:

“(1)抽调高等工业学校四年级学生或四年制应届毕业生 50~60 名,其选拔条件为:学业成绩优良,特别是一般科学理论基础较好或力学方面成绩较优异者,基本上掌握一种外文,身体健康以及政治品质良好者。这些学员结业后由国家经济委员会分配给高等工业学校(包括工程力学研究班)、科学院、军委系统和重要工业部门作为师资或研究人员。

(2)选派科学院有关机构、重要工业部门设计单位或技术研究单位以及军委有关部门具有大学毕业程度以上人员 20~30 名,两项总名额为 80 名,其选派条件为:大学理工科毕业,具有一定科学理论和实际工作知识,掌握一种外文,身体健康,工作积极和政治品质良好者。这些学员结业后返回原单位工作或由其主管部门分配在本部系统内有关单位工作。

(3)选派高等工业学校力学教研室(包括理论力学、结构力学、弹性力学、塑性力学、水力学、流体力学、空气动力学)的教师(讲师或助教)40 名,其选派条件为:已担任力学方面的教学工作,其科学理论基础较好,掌握一种外文,身体健康,工作积极和政治品质良好者。这些学员结业后返回原校工作。”

学员的遴选要求比较严格。工程力学班的培养目标定位于高层次师资和研究人员,虽然当时未明言是否给予学位,但事实上是按照当时苏联培养副博士的模式的精神要求的,学员也获得与研究生类同的经济待遇。学员与助教的来源是通过各单位遴选的。

从以上规定可知,学员是选择各重点大学将毕业的工科优秀学生和从事工程基础研究和教学有一定经验的优秀研究人员和优秀的年轻教师。生源来自以下几方面:①高等学校工科四年级的优秀的学生;②工厂与研发部门的优秀在职科技人员;③在职的高等院校有培养前途的年轻教师。毕业后②③两部分回原单位,①部分的研究生统一分配到高等院校与科研院所。

历史证明了钱学森先生这一具有预见性和战略性的眼光,为我国工程力学事业的发展,奠定了坚实的基础。它对力学学科的发展产生了深远的影响,其科学思想深远地影响了中国许多重要大学的工程力学系的建设与人才培养,也催生和抚育了清华大学于 1958 年正式成立的工程力学数学系。

8. 专题与毕业论文

在毕业阶段,1958 年后,一是当时“大跃进”与大炼钢铁等国民经济发展,强调结合工程问题作专题与毕业论文,据部分调查回忆,题目有风力发电、火箭钻探、大坝上高速水流掺气、大型石油罐(万吨级)在风压作用下的稳定性、重型水压机的强度和刚度分析、塑性应力应变关系、化工容器的强度、火车过悬索桥所引起的振动、发动机涡轮盘强度、水轮机涡壳强度、高速风洞设计与实验、蠕变稳定试验机设计、坝体模型电测与人民大会堂挑台光测等。

第一届力学班部分学员还参加了中国科学院 581 科研工程,从事我国最早的探空火箭的研究。1958 年初教育部长蒋南翔和主持中国科学院工作的张劲夫到苏联考察后商量,中国从科学研究、教育培养人才的角度必需办自主的航天事业。于是从中国科学院力学研究所调了杨刚毅主任及一批研究人员,从首届力学班抽调一批未毕业同学成为骨干进入力学所的科学院 581 科研工程,在钱学森指导下和杨南生教授领导下在北京成立了 1001 设计院,但实际上是 4 个组,前后工作了二年,从理论分析计算、设计加工到实验研究无不浸透了学员们的苦心和汗水,终于在上海作为元旦献礼,在上海南汇县东海海滨试放了小的 T-7m 火箭,第一次失败接着第二次试放,终于在 1960 年 2 月 19 日升空近 10 千米,首开我国航天史的记录,上海航天局在该地以 1∶1 模型建立了纪念碑。

此后“大跃进”、大炼钢铁、“插红旗、拔白旗”等一系列运动,打乱了教学秩序,在校园里修建了好几座小高炉,几天几夜炉火熊熊进行大炼钢铁,要检验炼好的钢材是否合格,在当时紧张的条件下,不可能作金相或力学检查,而只是把这些试样运到砂轮机上磨一下,看看磨出来的火花,判定它的含碳量。工程力学研究班第 3 届近毕业时国家进入 3 年经济困难时期,还响应号召,发扬自力更生精神,在校园里种地瓜,以补充粮食定量的不足,此乃尾声。

9. 结束语

一共 3 届的工程力学研究班共培养了三百余人的毕业生,经过 50 多年的工作实践,证明研究班的举办是成功的。它为我国培养了一大批早期的工程力学骨干人才。其中年轻教师何友声、俞鸿儒、朱伯芳及学员范本尧、张涵信、谢友柏6人日后成为中国科学院或中国工程院的院士。在20世纪90年代,经过毕业后20多年的教学与科研的历练,在中国力学学会两届常务理事会的二十多位常务理事中,分别有约1/4~1/3的成员是当年工程力学研究班的学生或年轻教师。

工程力学研究班3届办学的成绩,也说明了让工程力学系专业的本科生学习一定的工程基础、设计与实践的必要性。说明了吸引优秀的有志于工程力学的工程专业学生,经过两年左右的学习与研究,在毕业后继续学习与实践,是能够培养出适应于我国需要的从事工程力学教学和研究的骨干人才的。

兹引用第一届力学研究班班主任钱伟长院士2005年10月9日为第一届师生的寄语作为本文的结尾:"寄语第一届力学研究班的不复年轻的同学们,……清华大学工程力学研究班的历史功绩是不可磨灭的,将载入我国近代力学事业发展的史册。愿你们继续发扬优良的学术传统,总结经验,继往开来,言传身教,提携后进,把我国的力学发展水平提高到一个新高度!"

参考文献

[1] 清华大学工程力学系:《钱学森技术科学思想指导清华大学工程力学研究班的创建》,见庄逢甘,郑哲敏主编《钱学森技术科学思想与力学》,北京,国防工业出版社,2001年,第59~63页。

[2] 余寿文:《工程力学(研究班)系五十年的回忆——固本求源创新　顶天立地树人》,载清华大学航天航空学院编辑组编:《清华大学工程力学系发展历程》,北京:清华大学出版社,2011年,第63~65页。

[3] 郑兆昌:《庆贺工程力学系建系暨工程力学研究班创办五十周年》,载文集编辑组:《工程力学系成立暨工程力学研究班创办50周年庆贺文集》,2008年,第114~120页。

[4] 文集编辑组:《工程力学系成立暨工程力学研究班创办50周年庆贺文集》,2008年,第47,53~55,56~57,66~67,69~70,73~74,105,106~108页。

[5] 冯秀芳:《清华大学工程力学研究班的办学模式初探》,载王希诚、武金瑛、谷俊峰主编:《科学殿堂的力学之光:第五届全国力学史与方法论学术研讨会文集》,大连,大连理工大学出版社,2011年,307~315页。

(原载《力学与实践》杂志2011年第6期)

《卓越工程师培养——工程教育系统性改革研究》序

实施“卓越工程师教育培养计划”，是我国走中国特色新型工业化道路、建设创新型国家、建设人才强国的内在要求。教育界与工业界结合，深度开发人力资源、实现创新驱动发展，是我国提升创新能力和增强综合国力的必然选择。这一培养计划，体现教育与生产劳动和社会实践相结合，培养德智体美全面发展的社会主义建设者和接班人的方针。

清华大学工程教育研究中心林健教授写了一本新书，名曰《卓越工程师培养——工程教育系统性改革研究》。汇集了作者近年来在这一论题下的研究成果。这是一项对我国工程教育系统性改革有重要意义的研究。恰逢其时，汇集成书，以适应“卓越工程师教育培养计划”开展的需要。

2011 年初，笔者在《高等工程教育研究》上的文章《大学者，育才之谓也——中国特色高等工程教育十议》中有一段：“行胜于言”——为“卓越工程师培养计划”鼓与呼——写道：

我国工程教育界在 20 多年的研究中，观察、收集、调查了中国工程教育的现状，努力寻找改革的路径，认为其中需要改革的方面很多，曾经提出种种建议，兹举其大者：

1. 根据工业界用户的需求，调整工程专业的结构，为未来培养不同层次不同类型的工程师；

2. 根据社会主义市场经济的需求，学校的专业教育要面向工业界，动态地根据中长期人力资源的需求来培养学生，让工业界用户参与到工程专业的培养目标确定、培养计划制订、产出人才的质量评定与认证、基本标准和专业标准的联合制定等一系列重要环节；

3. 必须提出刚性的规定，限定工程专业学生的实践训练时间，建立与企业合作的工程实践培养中心；

4. 改革教师队伍的结构，一是要求教师必须有一定的工业实践经验，二是制订规定，开辟渠道，让有经验的工程技术专家与相应人员参与教学过程，成为兼职教师；

5. 改革教师的评聘规则，重视工程创新、发明专利和工程经验，鼓励工程科学创新；

6. 开展工程教育改革研究，加强适应全球化的工程师培养过程试验，促进工程教育专业认证的国际互认及与执业工程师资格认证之间的衔接；

7. 加强校企合作，加大政府对工程教育的投入，为企业在工程教育投入与捐助方面设置和国际上成功经验类似的税收优惠规则。

凡此种种，其重点均在于明确工程专业应以培养各种类型的工程师的后备力量为目标，不同的类型都应努力做到卓越，目标在于加强工程教育与工业界的联系，使我们培养的工程人才满足工业界的需要。并在实践中探索在政府的领导下教育界与工业界相结合的未来工程师培养的新模式。

值得中国高等工程教育界庆贺的是，2010 年 6 月，教育部正式启动了“卓越工程师培养计划”。有六十多个院校的一百多个专业参与了第一批计划，标志着我们对于工程教育系统改革的研究，已从点到一定的面，从讨论走向实施。恰如古训所云：“行胜于言”。这个以“面向工业界，面向世界，面向未来”为指导思想的计划的落实，必将推动我国工程教育的系统的改革与发展。计划的实施过程当然会遇到各种料想不到的困难，但我们确信，方向是正确的，道路是曲折的，只要我们加强领导，加大投入，那么，前途就肯定是光明的。

面向全球经济的我国工程科技发展及其对人力资源的需求决定了工程教育的走向。工程教育要满足新需求，它必须实现变革。中国处在新型工业化的转型阶段，决定了国家人力资源需求的特点。在近年来工程教育的活动中，贯穿着“面向工业界，面向世界，面向未来”的工程教育红线，反映在质量工程、“卓越工程师教育培养计划”、工程教育专业认证、以构思—设计—实施—运行为主线的 CDIO 的工程教育、工程硕士的发展等一系列重要的工程教育的系统改革的举措及其进步上。2008 年，中国工程院有一个重要的咨询报告名曰“走向创新”，主要观点已经发表。对于工程教育提出几个很重要的基于调研基础上的论点，诸如：工程教育具有综合性，它是自然科学知识、社会科学知识、专业知识及各种技能的融合；工程教育具有实践性；工程教育具有创新性；提出了“人人都可成才”这一创新具有广谱性的论断;提出建设创新型国家,提升我国科技队伍的创新能力,迫切需要培养一大批创新型工程人才。提出中国应该走世界科技发展与本国产业发展双结合的“两轮驱动”的多样化的工程人才的培养道路。事实证明,我们应该培养出能研发设计制造诸如航天飞船、深潜设备、超高速计算机、高速铁路等的高科技的人才,也应培养诸如从事现代制造、信息服务、大型建筑结构的建造、满足广大人民衣食住行医疗保健与教育要求的各种类型工程科技的创新人才。高等工程教育的主要目标是培养各类高等工程科技人才,而且希望做到各类工程人才都要卓越。中国处于工业化转型的时期,人力资源中,工程科技人才占相当大的部分,多年来,其学生总量占大学生总量约 1/3。我们常说各项工作要“以人为本”,各学校的工科类专业主要任务是为国家为社会提供各种合格的工程科技人才。工科的各个“专业”是学校培养人才的基本构元,评鉴专业办得如何,其主要目标取向什么,这是至关重要的理论与实践问题,在某种意义上它是办学的“指挥棒”。同时,它也是反映学校与专业的工程教育思想的“镜子”。国际上对于工程教育开展认证与评估,在美国已经有 80 年的历史了,近年来,特别是 2000 年以来,以美国工程技术认证局推出认证标准 EC2000,其主要的评鉴准则(CRTERIA)是“结果导向”(OUTCOME)型的准则。它以专业的产出结果为主要的认证目标,其各项指标,均针对评鉴“全体学生”的“结果”产出。开宗明义首先评鉴关于学生的毕业生素质要求。也关注各项投入,包括课程体系、师资队伍、支持条件、质量的持续改进等项。但各项标准达到的考核,必须是面对学生而且是面对全体学生的。当前,国际上对评鉴与认证的标准的提法,已从“专业结果”(Program Outcome)向着“学生学习结果”(Students Learning Outcome)过渡。我国施行的“工程教育认证标准”也是以基于“结果导向”的。而这个结果导向是以“毕业生素质”(Graduate Attributes)的展开为主要的检测对象的。它要求工程专业根据自身办学的定位,制订出本专业可度量、可测评的具体的毕业生素质的描述。这些描述的规定的结果(知识、能力、品德)的各分项矩阵式地分解到各门课程与各个培养环节中,而最终以多年的全体毕业生素质的产出结果来证明是否达到原来预设的培养目标。这样的评鉴标准,聚焦于毕业生的培养结果。专业的一切教学活动,都服务与指向毕业生的产出,应该说这是教育教学评估鉴定,以及专业认证的思想上的一个重要的转变。即从重视投入向着重视结果产出的转变;从名师与拔尖学生的教学与研究成果向着全体毕业生结果产出的转变;从只从学校的教学向着强调理论与实践相结合,学校中学习和向工业界向社会学习结合的转变;从完全由学校和专业的教师从事人才培养向着学校与社会和工业界相结合,来加强对学生的培养的模式转变。这也自然牵动着对教师的职务聘任和职称评定,从着重研究成果与研究论文发表向着教学与研究相结合重在育人的评价标准转变。这样的转变方向是正确的,虽然得到鼓励与加强的时间不长,并且需要政府与社会加大对教育的投入,但我们可以期待今后将会结出丰硕的果实。上述的研究与实践,为"卓越工程师教育培养计划"提供了前期的理论与实践的准备,因为它们之间的"道"是相通的。

本书覆盖了"卓越工程师教育培养计划"中几乎所有的问题。全文十七章既有对所论问题的理论性部分诸如框架—定位—标准方面的研究与论述,又有"计划"中的课程体系—教师队伍—实践环节—学校与企业的合作的核心实施内容的详细地叙述与讨论,还对内容的拓展作了前瞻性的估计与应对。这一计划的实施时间至今方才两年多,因为作为一个新的工程教育模式的一种系统性改革,它的理论和操作方面的问题甚为广泛,因此,本书对于实施"卓越工程师教育培养计划"的学校和相关的专业和学科,可提供广泛问题研究的参考;同时在实施过程中,学校与专业将会创造出新的经验,提出新的理论问题,这也将推动工程教育的研究者和管理者以及从事工程教育的教师们,在今后的实践中,通过进一步总结提高以丰富本书的内容,共同编写这一工程教育系统改革的新的篇章。我们应该满怀信心地投入这一新的行动,诚如本序言所引述的格言——"行胜于言"。而本书的"言"将推动这一系统改革的"行";大量教育改革的"行",将续写新论的"言"。大家在期待着工程教育改革百花园中的春华与秋实。

(原载《卓越工程师培养——工程教育系统性改革研究》,清华大学出版社,2012 年)

关于现代工程教育的几个认识问题的讨论

一、引　言

两年前作者曾在本刊著文申论《关于中国特色工程教育十议》[1]，其中有几个与工程教育发展与改革的相关教育观念的问题，觉得有进一步研究与阐发的必要，这些问题如：变化的工程科技世界和变化的工程教育需求；多样化与学科交融；工科教育的社会化和人文化；创新及其广谱性与"两轮驱动"发展路径；"以人为本"与"学生学习结果导向"的评鉴标准。作为该文的续篇，下文着重分述几个需要进一步探讨的问题，以抛砖引玉，期盼教正。

二、变化的工程科技世界和变化的工程教育需求

我们研究与讨论现代工程教育的相关问题，首先要研究全球与我国工程科技需求发生了哪些重要变化，这方面，科技界已有大量的研究与论述，中国工程院"创新人才"项目组《走向创新》一文[2]第一部分已作了概括，这里不再重复。工程科技的需求决定了工程教育的走向，工程教育要满足这样的新需求，必须实现变革。因此要研究现代工程教育发生了哪些重要的变化。这些变化有国际的也有

中国的。大千世界变化万端，兹列其大者如下，以便接着讨论我们应当如何面对这些变化来进一步开展工程教育的改革。

从世界范围来看，我们列举以下几段材料再加以分析：其一是前麻省理工学院院长、现任的美国工程院院长 Vest 的两段演讲材料。2006 年，在瑞士举行的“全球卓越工程师”论坛上，他说：“工程教育面临着为此令人激动的前沿，以生物—信息—纳米（BIO-INFO-NANO）为代表的科学前沿与宏观的能源—环境—制造—通信—物流为代表的大工程系统同时对工程教育发出了需求与召唤，这些前沿和协同必须反映在我们的工程教育系统中。它呼唤自然科学、社会科学与工程之间的密切交缘。”他在 2011 年底的一个报告中[3]又说：“我们的工程的基本词汇发生了变化，以前我们讲速度—尺寸—公差—模数—电压—温度—精度……但是现在，我们又遇到一些词汇：规模—范围—状态—复杂性—集成—架构—演变—支付能力—社会范畴。后者是工程系统的语言，将工程师们的知识与能力与社会科学家、管理学家的知识和能力整合到一起，我们的大学也要培养这样的本科生，我们还听到了细胞回路、适应性免疫、重组细菌、合成生物学、天然胶结剂、细菌融合混凝土、综合癌症研究、神经义肢技术，这些是新的生物工程词汇，它融合了生命科学、工程及物质科学的新学科，生命科学以及仿生学都是工程的新的基础。现在的生物工程的地位和电脑产业在 1963 年的地位差不多。”

2012 年在阿根廷召开的世界工程教育论坛（WEEF）和在北京召开的全球工学院院长会议（GEDC）及在上海召开的美国工程教育协会（ASEE）国际研讨会上，以下一些关键词的频频出现引发人们的思考，这些词是：流动性、可持续、全球化、多样性、学生参与、基于问题/项目的学习。

以上的典型引述向我们昭示了工程教育面向现代的新问题，它以“大工程”的概念为特征，以前沿性、系统性、交融性为重要标志。

而中国的工程教育近年内也发生了具有中国特点的变化：我们已经建立了一个基本完整的高等工程教育体系，它支撑着世界第二大经济体对工程技术人才的需求，但它内部的各种类型的学校还需要调整其结构。在近三千万的高等学校在校学生中，近三分之一是学理工的，其中一小半在本科院校就读，大半为近年来迅速发展的工程职业教育。在十多年的时间里，学生的总量增加了 4 倍多，适应了国家工业现代化的需求，满足了社会与青年求学的愿望。与国外工程教育相对静态的变化相比，中国工程教育的发展可被视为一个快速变化的动态系统，而工程的语言中，动态系统常常是输入与输出具有时变特征，需要动态的调整；中国这么大的教育系统，在规模发展的基础上，强调质量的提高，有一个比较强大的政府部门系统管理着,在中国工程教育的分布上,沿海大城市与边远地区存在大的不平衡,独生子女的政策引致人口较快老龄化的倾向,也给高校的生源与就业提出了严峻的挑战。中国处在新型工业化的转型阶段,决定了国家人力资源需求的特点。在近年来工程教育的活动中,贯穿着"面向工业界,面向世界,面向未来"的工程教育红线,反映在质量工程、"卓越工程师培养计划"、工程教育专业认证、以构思—设计—实施—运行为主线的 CDIO 的工程教育、工程硕士的发展等一系列重要的工程教育改革的举措及其进步上。我们的任务应当在观察研究世界工程教育发展趋向的同时,考虑在中国这样一个与全球各国发展阶段与发展状况相比具有别样特点的国家中,如何进一步发展我们的工程教育,这是我们义不容辞的责任。

三、多样性与学科交融,工程教育的社会化和人文化

上一节我们讨论了工程教育国际国内发展的新态势,由于工程科技的发展变化及工程人力资源的需求,工程教育覆盖的领域进一步拓宽,除了传统的设计工程师、工艺工程师、管理工程师外,工程专业快步涉足商务、环境、社会、医疗、保健、生命、金融、保险、物流、维修检验、销售、咨询、规划等领域,而电子商务与现代物流已经是工程本身的组成部分,凡此种种,都体现了现代工程类型的多样性[4]。

从专业与学科的交融来看,一些专业本身即具有集成交叉的特征,如环境工程涵盖工程、气候、能源、化学、地理、法律等学科的交叉。连传统的以汽车为对象的机械工程的一个专业方向也耦联及机械、电子、通信、安全、环保、信息、能源等诸多领域,构成了一个工程系统。专业与学科,单以学科的交叉(相交是点),交缘(相交是线或面的集合)进而进入交融(即交叉与融合,其交集是三维的空间或四维的空间与时间的集合),即进入了学科与专业的综合与集合,这充分显示了专业与学科本身的多样性。

还有一种学科的交融牵涉更加不同的学科门类,即工程学科与社会科学、人文科学、艺术等不同的学科门类的交融。20 世纪 90 年代末期,日本东京工业大学创建社会工程学科,曾引起人们的关注。人们常说:"科学求真,人文求善,艺术求美"。2012 年清华大学吴良镛先生则进一步说:"人与环境,贵在融汇";"要把科学的精神放在人文中,将人文的精神放在艺术中,将艺术的精神放在科学中。"按数理逻辑的推想,其逆定理也可能有成真之论,即将科学的精神放在艺术中(如计

算机图形与动漫),艺术的精神放在人文中(如诗词书画琴棋之于《红楼梦》),人文的精神放入科学中。[5]逻辑学家金岳霖主张"使科学与工业人文化"。清华大学教育家梅贻琦与潘光旦认为:工业化最核心的问题是如何使工科教育于适度的技术之外,取得充分的社会化与人文化。梅先生曾指出人才问题可以分为两方面:一是组织人才,一是技术人才,组织人才的重要至少不在技术人才之下。为了培养技术与组织能力兼备的人才,必须有很强的人文教育作为支撑。其实工业的组织人才,对于心理学、社会学、伦理学以至于一切的人文科学和文化背景,都应有充分的了解。新中国成立后,我们倡导"又红又专",它实际上包含了从"生产力—生产关系""经济基础—上层建筑"的辩证关系的视角,对培养人才素质的新时代背景下的新概括和新要求。

上面讲到科学人文(含社会科学)—艺术之间的交融(BLEND)。那么工程呢?我们是否可以补充一句:在"科学求真,人文求善,艺术求美"之外,"工程包容真善美"。哪一项工程不根据科学之真来设计,不根据社会与人文科学之要求服务于人类、和谐于自然以求善,不展现艺术之美以悦目怡心。因此,对学现代工程的人,懂得一些经济、法律、环境、美学是必需的。其实,这些内容应包含在教学大纲之内的课程与实践中,也应包括第二课堂的锻炼与实践学习中。而最根本的是要求高等院校为学生打好为学与为人之根基,以期他们毕业后在社会与生产实践的大课堂中不断地自我完善,实现终身学习。

关于工程与科学、人文和艺术之关系,金涌在《跨学科教育与高素质人才培养》一文[6]中,曾以四面体形象地表达人才素养的四个方面,即工程科学——自然科学——艺术——人文社会科学之间的关系,分析了这四个因素之间的关联与相互作用。世界工程组织联合会(WFEO)等组织在联合国教科文组织的专题报告[7]《工程:发展的问题、挑战与机遇》一文中,开宗明义地论述了工程与人文——科学——艺术的关系,面对现代工程教育的需要,我们应该更宏观更全面地理解工程本身及其与其他类学科的关联并与其交融,这样才能对今后工程教育的目标有一个好的顶层设计。

四、创新及其广谱性与"两轮驱动"发展路径

2008年,中国工程院有一个重要的咨询报告,名曰《走向创新》,主要观点已经发表[2],对于工程教育提出了几个很重要的基于调研的论点,诸如:工程教育具有

综合性，它是自然科学知识、社会科学知识、专业知识及各种技能的融合；工程教育具有实践性；工程教育具有创新性，提出了“人人都可成才”这一创新且具有广谱性的论断；提出建设创新型国家，提升我国科技队伍的创新能力，迫切需要培养一大批创新型工程人才。

但人们对创新的理解各有不同，一种理解是认为创新是高深的活动，只有那些精英或专业人士方可为之；另一种理解则认为人人都可成才，人人都可以在不同的层次和不同的角度从事创新活动。这样，社会才能实现创新能力的最大化，储存最多的创新量的总和，因为在工业界与教育界，创新不是拔尖人才的专利，而是广大科技人才应该具备的素质。笔者赞同后一种观点。

创新具有广谱性，既有原始创新、集成创新和引进消化吸收再创新，更有众人皆可为的各种改革与创新。它可以有科学的深度探寻和发现，可以有奇思妙想的发明，可以有对这些发现与发明的实现的科学技术开发，也可以有从创新性应用的角度实现产品的性能提升与批量制造，以及在生产管理中产生新的经济效益，还有新信息的传递与技术服务创新，有产品营销链条的组织与创新拓展，并取得实际的经济效益。于是乎那些平常被认为是凡夫俗子的人们，在新的时代要求下，都可以具有创新的意识与理念，开展创新，参与创新的活动。

在中国从事工程教育的高等院校中，不同的专业有各自的定位，这种定位适应于工程的多样性的要求和创新的广谱性分布，有的偏向于研究，有的偏重于应用。前者偏重于新兴科技前沿的工程技术研究与开发，后者偏重于生产加工制造第一线的应用开发，保证产品的质量，保证工程的经济与安全，其间需要致力于多种复合型的人才培养。因此，丰富的、多层次、多类型的培养模式，是适应国家需求与面向经济全球化需求的中国工程教育模式。

几年前，国外的工程教育界出现过一种论调，这种论调说美欧发达国家培养引领科技的人才；而对于大量的加工制造与信息软件产业的人才培养，主要应“外包”给中国、印度这样一些发展中国家来做，用这种人才培养的分工来界定不同国家工程人才培养的目标。

但是对于中国这样一个迅速发展的发展中国家，工程院《走向创新》的咨询报告[2]中提出：中国应该走世界科技发展与本国产业发展双结合的“两轮驱动”的多样化的工程人才的培养道路。事实证明，我们应该培养出能研发、设计、制造诸如航天飞船、深潜设备、超高速计算机、高速铁路等高科技产品的人才，也应培养诸如从事现代制造、信息服务、大型建筑结构建造、满足广大人民衣食住行、医疗保健与教育要求的各种类型工程科技的创新人才。

五、"以人为本"与"学生学习结果导向"

高等工程教育的主要目标是培养各类高等工程科技人才,中国处于工业化转型的时期,人力资源中,工程科技人才占相当大部分;多年来,工科学生总量占大学生总量约三分之一。我们常说各项工作要"以人为本",各学校的工科类专业主要任务是为国家为社会提供各种合格的工程人才。工科的各个"专业"是学校培养人才的基本构元,评鉴专业办得如何,其主要目标取向是什么?这是至关重要的理论与实践问题,在某种意义上它是办学的"指挥棒",同时,它也是反映学校与专业的工程教育思想的"镜子"。

以往的评鉴即评估与鉴定,其所选择的要素指标,往往是注重其投入,如师资队伍,有多少院士、长江学者、杰出青年基金获得者等;多少资源,如国家重点实验室和教育部重点实验室;多少经费,如科研经费、教学经费;学生则只列出学生数,学科则列出一级和二级重点学科数。成果则列举各项国家及部级科学奖及被"视同"国家级教学奖的级别数量等等,不一而足,唯独缺乏"学生"的培养成果。若有,也只限于列举其拔尖者在国际性或全国性科技竞赛中获得的奖项。总之,理论上讲是"以人为本",但却少见评鉴"全体学生的培养成果"。国际上对于工程教育开展认证与评估,在美国已经有80年的历史了,近年来,特别是2000年以来,由美国工程技术认证ABET推出的认证标准EC2000,其主要评鉴准则(CRTERIA)是"结果导向"(OUTCOME)型的准则。它以专业的产出结果为主要的认证目标,其各项指标,均针对评鉴"全体学生"的"结果"产出。开宗明义首先评鉴即关于学生的毕业生素质要求。当然,也关注各项投入,包括课程体系、师资队伍、支持条件、质量的持续改进等项,但各项标准达到的考核,必须是面对学生而且是面对全体学生的。离开全体学生培养需要的各项投入以及"标志性"成果,在工程教育的评鉴中几乎被视为"零"。当前,国际上对评鉴与认证标准的提法,已从"专业结果"(Program Outcome)产出向着"学生学习结果"(Students Learning Outcome)过渡。我国施行的"工程教育认证标准[8]"也是基于"结果导向"的。而这个结果导向是以"毕业生素质"(Graduate Attributes)的展开为主要检测对象的,它要求工程专业根据自身办学的定位,制订出本专业可度量、可测评的具体的毕业生素质的描述。这些描述的结果(知识、能力、品德)的各分项矩阵式地分解到各门课程与各个培养环节中,而最终以多年的全体毕业生素质的产出结果来证明是否达到原来预设的培养目标。这样的评鉴标准,聚焦于毕业生的培养结果,专业的一切教学活动都服务和指向毕业生的产出,应该说这是教育教学评估鉴定以及专业认证的思想上的一个重要转变,即从重视投入向着重视结果产出转变;从强调名师与拔尖学生的教学与研究成果向着全体毕业生结果产出转变;从只重学校教学向着强调理论与实践相结合、从单纯的校内学习向着校内学习与到工业界和社会学习相结合转变;从完全由学校和专业教师从事人才培养向着学校与社会和工业界相结合来加强对学生的培养方面转变。这也自然牵动着对教师的职务聘任和职称评定,从着重研究成果与研究论文发表向着教学与研究相结合重在育人的评价标准转变。这样的转变方向正确,虽然得到鼓励与加强的时间不长,并且需要政府与社会加大对教育的投入,但我们可以期待今后将会结出丰硕的果实。

这篇短文论述的思路是经由分析全球与国内科技发展对人才需求的变化出发,引出工程科技人才培养的多样性特征和对工程学科与专业的交融及其人文化的现实发展要求;由创新的广谱性及我国人才市场需求分析引出我国"双轮驱动"的工程人才培养的策略取向;进而讨论工程专业人才培养必须聚焦到全体"毕业生素质"的"结果"产出导向的评鉴标准。由此,应该可以勾勒出对工程教育发展的若干建议:①不同定位的工科学校和专业,不只面向眼前的需求,而应面向将来的高新技术研发和加工制造的工程系统的需求,明确办学的定位和目标规划并落实相应措施,长期坚持,办出特色;②增加工程专业办学的柔性,鼓励各专业的交融,既满足专业大类基本标准规定的专业特色,又大大放宽学生跨专业选课,鼓励跨专业学科报考研究生;③在专业评估鉴定的认证中,增强对创新能力的培养,满足全体毕业生结果产出的要求;在专业学科评鉴及教师职称评定中,落实对人才培养贡献和教育教学改革贡献的承认并增加其权重;④思考并落实工程专业学生在主课堂及第二课堂中,从理论与实践的结合上学习社会科学与人文知识,增进艺术素养,培养相应的能力,研究相应的认知过程的规律,并落实到培养全过程的教育教学计划之中;⑤加强工程教育的研究,比较不同类型国家的工程教育的现状数据与经验,在全球视野之下,研究在中国这块土地上,具有中国这样一个国家本身发展阶段特点的工程教育以及它的工程教育思想的演进与更新,并在研究吸收国外经验的基础上实施工程教育改革的战略,直至提出其实施的路线图;⑥教育管理者与全体教师,应该面对工程教育面临的发展形势与国家需求,更新教育思想,落实在新的认识基础与评定标准上,推进利于教师发展的各项政策措施。

只要我们继续努力,持之以恒,在一个融入全球经济环境而具有自身特色的中国工程教育的改革与发展的明天,达成建设工程教育强国的目标是可以预期的。

参考文献

[1] 余寿文:《大学者,育才之谓也——中国特色高等工程教育十议》,载《高等工程教育研究》2011 年第 2 期。

[2] 中国工程院"创新人才"项目组:《走向创新》,载《高等工程教育研究》2010 年第 1 期。

[3] http://Nae. edu/Activites/Events/Annual Meetings/19611/53074. aspx.

[4] 章丽萍、孔寒冰、陈子辰:《工程硕士学位教育的国际进展》,载《高等工程教育研究》2012 年第 2 期。

[5] 程钢:《清华学派综说》,载《水木清华》2010 年第 7 期。

[6] 金涌:《跨学科教育与高素质人才养成》,《清华名师谈治学育人(第二版)》,清华大学出版社,2009 年。

[7] 联合国教科文组织报告,世界工程组织联合会(WEFO)等编:《工程:发展的问题挑战和机遇》,王孙禺、雷环、张志辉译,2012 年,北京。

[8] 工程教育认证标准:《中国工程教育认证协会》,见 CEEAA 网,2012 年 7 月。

[本文获教育部人文社会科学研究"工程科技人才培养研究"专项(10JDGC001)资助,主要内容曾于 2012 年 5 月底在同济大学"高等工程教育百年论坛"上作了发言,发表时作了部分补充,原载《高等工程教育研究》2013 年第 2 期]

浅谈张维工程教育思想

——纪念张维先生百年华诞

张维先生是国内外享有盛名的力学家、工程教育家、科技活动家，中国科学院和中国工程院两院院士、瑞典皇家工程科学院外籍院士；曾任清华大学土木工程系和工程力学系主任、副教务长、副校长、工程力学研究所所长及深圳大学校长等。张维不仅对固体力学特别是薄壳弹性力学有着精深的造诣，而且对于工程教育有着自己独到的见解；他强调工程人才培养目标的多样性、力学教育的工程实践性、通与专的辩证性等，并身体力行，积极推动我国工程力学学科建设、参与制订教学改革规划、完善师资队伍的选聘制度、促进中外工程教育界交流与合作等。简言之，张维一生致力于工程力学的教学、科研及管理工作，潜心研究国内外高等工程教育，其丰富而独特的工程教育思想对培养优秀的工程人才、促进我国工程教育的发展等产生了深远影响。

一、张维工程教育思想的形成

张维（又名张以纲），1913 年生于北京。早在中学时期，张维就在数学、物理方面显露出非凡的天赋，尤以数学见长，于 1929 年考取唐山交通大学土木工程系，1933 年获学士学位。毕业后张维进入陇海铁路实习，在潼西段协理施工，1934 年应母校之召回唐山交通大学担任结构力学与结构工程助教。工程实践经历与理论教学工作的结合促使张维产生了初步的工程教育理念，即要将力学研究与工程实践相结合。1937年至1944年,张维先后于英国伦敦帝国理工学院、德国柏林高等工业学校获得硕士、博士学位,1945年移居瑞士在Escher-Wyss机械厂进行研究工作,这些经历为其奠定了坚实的力学理论基础、积累了丰富的实践经验。

1946年张维回到祖国上海,先后任教同济大学和北洋大学,次年受聘于清华大学机械工程学系,教授力学课程。后因高校院系调整及学校发展的需要,张维在承担教学工作的同时开始担任学校的一些行政管理工作,如曾担任工程力学教研组主任、土木工程系主任、工程委员会主任、建筑规划组组长、基本建设委员会副主任等[1]。1955年,张维当选为中国科学院技术科学部委员,1956年先后担任清华大学副教务长、副校长[2]。为适应国家科技发展规划需要,张维参与了筹建新的学系和专业,开办了工程力学研究班等。1958年清华大学成立工程力学数学系,张维担任系主任[3]。"文革"期间,张维受到严重迫害,下放到工厂参加劳动。1978年再次受命出任清华大学副校长[4],重归教学、科研工作。张维在清华大学任职和执教期间,其工程教育思想得到了不断深化及充分实施,对提高工程教育水平发挥了重要作用。

1983年国务院批准创办深圳大学。为培养高级专门人才,促进深圳经济特区的建设与发展,张维受命南下兼任校长[5]。到任后,他根据深圳特区经济建设对人才的需求及深圳大学自身实际情况,在工程学科方面先后设置建筑、电子、机械、土木等系;同时,为了能够聘请到国内外知名学者到校任教,他四处访贤、多方延聘,如太原机械学院赵以钧、清华大学汪坦和童诗白分别担任机械、建筑及电子系主任等[6]。任职期间他对学科建设、师资聘任、教学管理及人才培养等实行了全方位改革,得到了省委领导的支持与肯定,为创办新型深圳大学开创了良好的局面。对于深大,张维始终挂怀难忘,这是他后半生中践行其工程教育思想的一页重要篇章。

中国工程院的建立对于引领和促进我国工程科学的发展及适应国际新形势下科技战略格局的形成具有举足轻重的重要作用,我国工程领域近年来所取得的巨大进步已经对此给出了最好的注脚。但起初对于中国是否应成立工程院却一直持不同意见,张维则坚决主张建立并进行了长时间的呼吁。1980年,他和张光斗一起联名提出《关于成立中国工程院的意见》,认为"要使我国工业生产大大发展,加强独立自主,自力更生,减少引进外国装备,增加我国工业产品在国际市场上的竞争力,必须重视并大力发展我国的工程科学。……我国成立工程科学院,作为党和政府的咨询机构,能起这方面的作用"[7]。1992年,张维等6位中科院学部委员上书党中央、国务院,建议早日建立中国工程与技术科学院[8]。经过长期坚持不懈的努力,1994年中国工程院正式成立,成为我国工程科技发展历史上的重要里程碑。张维当选为首届中国工程院院士及主席团成员[9]。1998年在张维等老院士的积极建议下,中国工程院设立了教育委员会,其"主要任务是组织开展有关工程教育方面的咨询研究和学术活动,加强教育界、产业界和科技界的联系,积极推动继续工程教育的发展及其体系的建立和完善,提高工程教育和工程科学技术在国民意识中的地位,为促进优秀工程科技人才的成长和工程科技队伍的建设服务"[10],张维担任首届顾问,其工程教育思想得到了广泛传播。可以说,中国工程院及其教育委员会的建立,张维等老一辈科学家居功至伟!

二、张维工程教育思想的基本理论

人类进入21世纪后,世界各国的竞争较之过去更为激烈,经济全球化、产品市场化、制造信息化的趋势已不可逆转,这既是机遇也是挑战,如何打赢这场没有硝烟的战争是各国面临的重大问题。对此,张维认为一切的竞争归根到底是人才的竞争,而这其中工程技术人才和工程管理人才是关键,为培养优质的工程人才就需要具备先进的工程教育理念、方法及执行策略等。具体而言,张维的工程教育思想主要体现为如下几个方面。

1. 培养类型与目标的多样性——工程教育的重要理念

工程教育是面向经济建设、为工程实际需要服务的,工程实践领域的不同客观上决定了对人才需求的差异性。张维认为,良好的技术队伍应由技术工人、技术员、工程师组成,因此工程教育培养目标亦要具有层次性,需制定包括技校、专科、本科及研究生等多种工程教育模式,以满足不同的工程实践活动要求。如"大学本科和大专的培养目标应该十分明确并毫不动摇地确定为工程师(包括企业管理人员)"[11],高等工科院校"在本科乃至硕士阶段,应以培养工程型的人才为主,有条件的学校可以培养少量研究和开发型的人才。……在博士阶段,应该是以培养学生创新能力为主的研究能力"[12]。同时,张维还提出工程人才培养的数量需要科学规划、合理安排,即"在培养人才的层次和数量上如何估计发展的需要是个重要问题。估计得低了,影响工业化的速度,估计得高了,过了5年、10年会出现某些领域人才过剩的现象,将产生新的社会问题。……在估计所需人才的数量时,不应以每年需要的人数,而应该以对人才需要的年增长率为每年毕业人数的基准。也就是说要有微分的观点,看人才需要的曲线的坡度"[13];并强调要正确处理好数量与质量之间的辩证关系,特别是要注重提高高等工科院校的人才培养质量。

2. 知识、能力与品格培养——加强工程的分析与综合能力

授之以鱼抑或授之以渔?对于工程人才培养,张维认为大学教育不仅在于传授具体的知识,更要让学生掌握学习和研究的方法,这样才能使学生受益终生,即加强学生能力的培养始终是工程教育的核心。具体而言,张维认为学生工程能力的培养主要应包括如下几个方面:其一,要加强学生的自学能力,提高其在工作中的适应性与灵活性。张维认为学生在校时间相对较短、掌握知识有限,而工作中将会遇到各种新的问题,因此学校要培养学生的自主学习能力,从而不断掌握新知识、适应新要求[14]。其二,根据客观形势发展的需要,采取灵活的学制体系及培养途径。张维认为,随着社会的发展,原来计划经济体制下过死的招生计划已无法适应市场经济体制对人才的迫切需要,必须对其进行改革[15]。此外,在专业设置上也要有精细的考量,应与我国实际情况和需求相结合,如对于全国高校中发展过多的专业应进行限制、调整,而对于稀缺专业则应给与充分重视和发展[16]。其三,培养学生独立思考、勇于创新的能力。张维认为学校教育是为社会培养能够解决实际问题的治世之才,因此要培养学生的创造性思维和创新能力。对于如何达成创新能力的有效培养,他认为"在教学中要提倡学生多独立思考,多提问题,多鼓励学生提出不同的观点、想法和解法的方案。……并将这种认识贯穿到教学的各个环节中去"[17]。其四,培养学生系统观及分析与综合能力。工程问题往往是一个系统性问题,涉及方方面面的知识,需要对许多界面与接口的了解与管理,因此张维提出要培养学生处理工程实际问题的系统观[18]。同时,在系统观的理论指导下还应不断加强学生对工程实际问题的分析和综合能力,其中分析能力可以探求具体技术难题的成因,而综合能力则可以从众多的解决方案中权衡利弊给出最终优化的决策方案,这两种思维方式相辅相成,对于工程人才非常重要,

可以通过课程设计、实验课程等教学环节加强学生这方面能力的培养[19]。

3. 提高工业竞争力——工程教育的国家责任

世界经济论坛(WEF)和瑞士国际管理发展学院(IMD)曾提出:“国际竞争力是一个国家在世界市场经济竞争的环境和条件下,与世界整体中各国的竞争比较,所能创造增加值和国民财富的持续增长和发展的系统能力水平。”[20]张维早在20世纪80年代就开始关注国际竞争力评价体系,而且他认为“工业竞争力属于产业竞争力的范畴。在世界多数国家处于工业化上升阶段时,工业理所当然是国民经济的主导部分,工业竞争力是国际经济竞争力的最集中表现”[21]。

随着经济全球化发展及国家间工业竞争的愈益激烈,“中国工业企业在提升竞争力方面的关键是人才。当前中国工业企业中自主开发能力不够、创新能力不够等弱点都是工业界所关心的主要问题,而这些承担提高中国工业竞争力任务的工程技术人员的培养与中国工程教育是紧密相关的。高等工程教育出来的‘毛坯’是否合格,是否适应国家工业化的需要,正是工程教育改革的目标”[22]。张维阐述了工程教育与工业竞争力之间相互依赖、相互促进的关系[23],即“在影响工程教育发展的许多因素中,工业化的程度尤其是推动或者制约工程教育的重要环节。一个国家的工业化既孵化、促进了工程教育,又受到工程教育对它的促进”[24];“工程教育的层次结构与工业经济技术结构相适应;工程教育的科类专业结构与国民经济产业结构相适应;工程教育的形式结构与大学—企业横向结构相适应”[25]。

具体对于如何提高我国工程教育水平以提高工业竞争力,张维认为加强工程教育理论与实践的有效结合是一个十分突出且必须强调的方面。理论源于对实践的认知,实践是检验真理的唯一标准。张维早年曾留学德国,受哥廷根学派理论与工程实际相结合的学术传统影响至深[26]。他指出:“工程师要生产或研究某种物质产品或与之相关的一些技术问题。他既要掌握先进的生产技术和理论,又要能深入现场解决,甚至亲自动手或参加操作生产过程。”[27]张维认真总结了铁木辛柯、冯·卡门等力学大师的成功经验,特别强调“他们所以能够取得伟大成就,成为一代宗师,不只是天才、机遇和他们的理论功底,还因为他们都具有工程师的背景,从深厚的工程经验中达到对于实际问题的深刻理解”[28]。由于受传统封建士大夫“劳心者治人,劳力者治于人”思想的影响,加之工科教师多毕业即从教缺乏工程实践经验,使得我国长期以来在教学中存在理论与实际脱节的弊端。为保证工程教育理论与实践的有效结合,张维提出"在学校期间,学生除去听课、学习理论知识以外,还有许多教学环节,可以自己动手实践,如实验课、设计课、讨论班等。……比较理想的安排是,在学校实习工厂有一定的初级操作的实习后,要设法安排学生去生产现场实习2~4个月"[29]。张维这种理论与实践相结合是贯穿于其一生的重要工程教育理念,也是真正提高我国工业竞争力的重要举措之一。

4. 正确处理"通"与"专"——工程教育的辩证关系

当今社会新知识、新体系、新学科不断涌现,传统学科间相互渗透、相互关联也渐成常态,对此工程教育必须而且也只有做出相应调整才能适应新形势的需要,其中一个重要方面就是要处理好"通"与"专"的关系,在"专"的基础上培养"通"。"专"即要求培养学生在某些领域有精深独到的研究与见解,"通"即要求培养学生对多个学科知识的涉猎和了解。所谓通百家而精一道,这是适应当今学科高度交叉、知识错综复杂的有效解决途径之一。关于此点,张维认为"工程技术的特性是'综合的',就是说工程师在一些特定的自然与社会、经济与政治、主观与客观等内外约束条件下综合地设计和生产某种产品"[30]。而我国新中国成立初期曾仿效苏联的单科办学模式,对全国院校进行了大规模调整,致使文、理、工等学科分家,造成工程教育专业面过于狭窄。对于如何实现适应新时代的跨学科通才教育,张维认为,首先,工科与理科,相当于水之源、木之本,对于工程问题背后的科学机理认识得越透彻,则越能给出更为巧妙灵活的解决办法,在某种程度上工程技术问题的描述、建模和求解与所具备的理论基础密切相关。因此,"在工科院校增加并加强理科各系,使工科大学的理学院达到综合性大学理学院同等的水平,真正做到理工合校。只有这样才能从根本上有利于提高工科学生培养质量"[31]。其次,工程教育要全方位提高学生的人文社科及相关知识,重视德育教育。张维指出:"现代一个新技术往往超越本学科的范围。要培养学生在校时就不只看到本学科,而且引导他(她)注意到邻近工程或更广范围的涉及社会、经济、文化等领域的发展。"[32]为了扩大学生的知识面,他曾提倡让理、工科学生与文、法科学生混住,以促进彼此间的交流[33]。此外,张维强调"我国的高等工科院校的任务是培养愿为中国的社会主义建设献身的人才,而不是培养输送给外国的技术人才。因此一定要对学生进行爱国主义教育"[34],即培养为我国社会主义现代化建设事业服务的德、智、体全面发展的人才是工程教育培养的最终目标。

5. 关注继续工程教育——全方位建设工程教育体系

在强调人才培养的层次性的同时,张维还提出应建立全方位的工程教育体制,即学校工程教育和继续工程教育相辅相成[35]。首先,建立学校工程教育体制。对于工程教育的结构,张维提出:“一个良好的、组合适当的技术大军是由三方面生产人员组成的:在第一线战斗的工人、负责基层生产技术与管理的技术员和组织、设计各层次生产与研究发展的不同类型的工程师。这个队伍组成的形状应是宝塔形。……据此,我国的工程教育应由三类学校组成:技工职业学校,培养技工;高职或大专,培养技术员;大学(本科)和研究生院,培养生产型、管理型和研究开发型的工程师。三类学校培养目标各不相同,因此,其教学指导思想、教学内容与培养方法各有不同,应明确制定。但三类学校的毕业生应有相互转轨的可能。……转轨应包括:不同种类(技工学校、高职和大专、大学本科)学校之间的转型;同类学校之间的转学;本校内各系之间的转系和转专业”[36]。其次,加强继续工程教育。张维认为科学技术的迅猛发展使得新技术、新问题层出不穷,工程技术人员必须不断学习新知识、新技能才能适应时代的发展,这需要通过继续工程教育来达到终身学习的目的。他提出继续工程教育应该列为我国工业生产的一项基本国策和措施,第一,从制度上要“立法”,使有关单位开展继续工程教育有法可依;第二,从体制上要“统一规划,协调工作,分工负责”,在国务院下要确定一个部门全面负责推动和汇总全国的继续工程教育工作;第三,从形式上应该“产、学、研三结合”,发动企业、事业部门、高校、研究部门与科协的学会协同,持续发展;第四,经费问题原则上“谁受益,谁出钱”,可以由政府、企业或事业单位、参加培训的个人三方面分担。[37]并强调“继续教育的对象是各行各业的在职技术人员,即使是继续工程教育,也因各专业的不同需要,其内容必然是五花八门,具体在什么年代搞何种新技术的培训班,这必须要有针对性,由各行各业与高校、科研单位乃至学会共同商议确定”[38]。

6. 培养具有国际视野的人才——工程教育的开放性特征

近代中国工程教育发展方式可以约略概括为两种:一是“送出去”,即选派留学生到国外深造;二是“请进来”,即借鉴国际上的先进教育理念来建设国内工科院校[39]。两者的实质都要学习先进知识与理念,最终促进我国工程教育的发展。

张维始终认为:“一个民族的文化总是在本民族的基础上又吸收其他民族的先进思想和文化才得到新的发展的。”[40]对于如何有效引进国际上的教育理念,张维有其深刻而清醒的认识:首先,强调要走将国外先进教育理念与国内实际情况相结合的道路,即“各国的工科高等教育制度、计划和内容各有其特色和优点。这些特点都同他们本国的政治、社会、经济、文化、科学情况以及其教育的发展历史有密切关系。人家的一些做法对我们有参考价值,有些则未必,有些环节甚至在他们本国也在总结经验教训……我们是社会主义国家,吸取外国经验,更要注意从本国需要着眼,从实际出发,不能停留在表面上,不能照搬,否则会吃大亏”[41]。新中国成立初期,我国高等院校在学习苏联的过程中存在一些机械照搬的现象,如“教学计划中教条主义是有的,如工业与民用建筑专业中土木结构课程在1952年、1953年的五年制讲三学期,苏联有许多木房子,森林占全国面积的25%~30%,而我们森林很少,很少完全用木头做房子,但我们的土木结构课程时数也照抄苏联的”[42]。对此,张维认为工程教育必须根据本国社会发展的实际情况,坚持历史唯物主义和辩证唯物主义的观点,以发展的眼光分析、判断国外工程教育理念,去芜存菁、为我所用[43]。只有这样,高等工程教育才能具有“社会主义中国的特点”,培养的人才才能更好适应“中国特色现代化”建设的需要。其次,注重培养国际化工程人才。张维认为虽然我国工程教育是培养为国内经济建设服务的人才,但面对经济发展国际化及工业产品全球化形势,我国工程教育应积极采取措施,主动参与竞争,大力拓宽学生的知识面使其与国际接轨。为了培养这种国际化工程人才,张维认为,“一方面要在诸多科学技术,特别是与信息科技有关的学科进行重点科学研究,另一方面是必须花大力气提高我国科技队伍总体在信息技术方面达到中、初级水平”,同时不同层次的工程人才都应加强计算机技术应用的普及,这是关乎我国工程科技队伍总体水平及工业产品具有世界竞争力的重要举措[44]。

三、张维工程教育思想实践与成效

张维一生热衷于教育事业,他将国外先进的工程教育理念与中国实际相结合,形成了独具特色的工程教育思想,对我国工程力学等新兴学科的建设与发展、教学改革、人才培养、教育学术交流等均做出了突出贡献。

1. 坚持走理论与工程实践相结合、面向高科技的清华工程学科发展方向

学科建设是工程教育得以具体实施的框架,其制订得科学与否直接关系到工程教育的成败得失。张维曾担任清华大学土木工程系及工程力学系主任、副教务长、副校长等,在学科设置与建设方面具有科学敏锐的视角。如 1958 年张维出任工程力学数学系首任系主任,当时对于学科发展方向(这里缺主语)存有不同意见,“一种观点认为,清华是工科大学,应向列宁格勒工学院看齐,将力学办成纯工科性学科,围绕产品,用任务来带动学科。另一种观点则完全相反,认为力学学科有其自身的发展规律,应向莫斯科大学看齐,把力学办成纯理科性学科”[45]。张维根据自己多年丰富的工程教育经验,提出“应该二者兼顾,理工结合。一方面,力学研究应加强学科性,力学专业的学生应厚植基础,强化基本功;另一方面,力学的发展不应脱离工程实践”[46]。因此他担任系主任期间对工程力学相继进行了调整,如 1959 年“动力机械系的工程热物理专业调整到工程力学数学系”及 1961 年“根据国家需要成立了固体力学、流体力学、计算数学、工程热物理专业和一般力学专门化”[47],进一步加强了理工科的结合;虽然“文革”期间一般力学被调离,但在 1978 年又再次调回[48]。在张维这种理论联系实际、走与工程发展相结合的力学学科发展观的指导下,工程力学系逐步壮大,固体力学、工程热物理于 20 世纪 80 年代获评为全国重点学科[49]。

同时,张维坚持学科建设要具有超前意识,积极面向高科技而不能抱残守缺。如 20 世纪 60 年代他曾对发展自控专业提出建设性意见[50];80 年代,张维深刻认识到微电子工业及计算机对于国民建设的重要性,从本专业领域出发,极力主张工程力学系展开对智能材料、微电子材料及微封装过程进行基础力学方面的研究工作[51];90 年代以来,张维更是以工程教育战略家的眼光瞄准空间及海洋领域的研究课题,积极倡导学校建立海洋科学与工程研究中心和宇航技术研究中心,并推动建立航天学院的筹建工作[52]。如“他多次参加学校关于航天学科发展的各种研讨会,并亲自出席了与英国萨瑞大学合作研发微型卫星的签字仪式,可谓是清华航天的发起人与重要推动者”[53]。同时,微纳技术的快速发展及其广阔的应用前景也引起了张维的注意,为此他专门约见校领导提出发展微纳技术的重要性和必要性,并献言献策等[54]。实践证明张维坚持走理工结合、面向高科技的学科发展之路是正确的,对国内工程教育学科建设及新专业的成长做出了不可磨灭的贡献。

2. 积极推进教学计划与课程改革

针对新中国成立初期效仿苏联办学模式致使专业设置过窄的问题，同时也为了改变我国传统上重理论轻实践、课程脱离实际的不良现象，张维曾多次参与学校的教学研究会议及教学计划的修订，提出自己对课程改革的意见。他认为本科阶段应加强学生的工程知识，因此在1953年土木工程系制订的教学计划中实践环节与施工类课程占有重要地位，其中工业与民用建筑专业五年制教学总周数及学时数分布得到了确定(见表1)。这些工程知识的学习和训练进一步促进了学生对理论知识的理解，提高了解决工程实际问题的能力。同时，为了增强教学计划的灵活性、扩大学生知识面及培养学生独立工作能力，张维还力主实施学分制，“让每个学生根据自己的志愿和特长在大专业范围内选择两个模块(也可称专门化)，并在全校范围内任选若干学分，每个模块也要给学生一定的选课余地”[55]。针对20世纪50年代中期高等院校学生任务过重的现象，1956年11月“校务行政会议上，副教务长张维报告本学期以来学生的学习情况和改进意见。经讨论，一致同意所提出的为克服目前存在学生负担过重问题所采取的临时改进措施”[56]。同时，张维强调要抓好工程材料、工程设计、工程量测、施工方法等课程的讲授，注意提高学生的培养质量。在教学方法上，张维也力避“灌输式”的教学方式，提倡启发式教学法引导学生自己去学习、去探索，以此培养学生独立思考、自主钻研能力，并倡导教师与学生的双向交流，强调交流讨论是促进学术进步的良好方式[57]。此外，张维还长期在教育部担任工科力学教材编审委员会主任，在制定教学大纲及计划、编审力学相关教材等工作中做出了重要贡献[58]。

表1　1953年土木工程系工业与民用专业五年制教学总周数/课程学时数统计

<table>
<tr><td rowspan="7">总周数分配</td><td>理论教学</td><td>139</td><td rowspan="7">课程学时分配</td><td>讲课</td><td>2106</td></tr>
<tr><td>考试期间</td><td>32</td><td>实验</td><td>382</td></tr>
<tr><td>教学实习</td><td>3</td><td>练习与讨论</td><td>1476</td></tr>
<tr><td>生产实习</td><td>20</td><td>设计</td><td>259</td></tr>
<tr><td>毕业实习</td><td>5</td><td rowspan="3"></td><td rowspan="3"></td></tr>
<tr><td>毕业论文</td><td>17</td></tr>
<tr><td>假期</td><td>35</td></tr>
</table>

资料来源：清华大学校史研究室：《清华大学史料选编》(第六卷第三分册)，清华大学出版社，2009年版，第813~814页。

3. 完善教师选聘制度，加强师资队伍建设

1952年院系调整后的清华担负着为国家培养工科人才的重任，而当时的师资队伍规模却明显不足。张维一生从事工程教育工作，十分重视师资队伍的建设，他认为教师水平直接关系到人才培养的质量。为加强师资队伍建设，张维在担任土木工程系和工程力学系主任期间，积极引进人才，扩大师资规模。在注重数量的同时，张维更强调教师质量的提升，他提出"我国工科教师绝大多数是毕业后留本校工作然后逐步提升为副教授、教授的。他们有两个共同特点，一是近亲繁殖，二是缺乏实际生产经验。前者使学术思想限于一家之言，不利于学术创新。应该提倡面向社会公开招聘教师，做到远缘杂交。后者则形成不是工程师的教师培养未来工程师的局面"[59]。同时，对于解放后"由于没有定岗定编的制度，教师队伍由讲师、助教占多数，教授、副教授占少数的正常比例变成倒金字塔型，形成讲、助占少数，教授、副教授占多数的不合理现象，且产生了后续乏人的危机"[60]，他建议学校"试行公开招聘重点高校学术带头人，改革高等院校提升教授的办法"[61]。在张维的努力下，土木工程系、工程力学系的师资队伍逐步形成了教授、副教授、讲师、助教的正金字塔良性结构(见图1)。张维在任职深圳大学期间实行分工选聘制度，即他亲自负责聘请系主任，然后再由系主任选聘各专业教授，以保证师资队伍的质量[62]。

张维非常重视基础课在人才培养中的作用，强调基础课要由教授来讲授[63]，即"自然科学是描述物质运动规律的科学。它将自然界和人为创造的诸多现象概括为系统的规律。而各种工程专业则是应用这些理论进行生产的学科。……大学生们对这些自然科学了解并掌握得越透彻，在今后的工作中越能灵活应用于工业产品的设计和创造中去。这就要求讲授这些科目(高等数学、物理、化学等)的教师水平要高、经验要丰富，最好还要有一些生产实践的经验，讲授有启发性，在学科的发展上有他(她)自己的科研成果。达到这样要求的教师应该是正教授，而不是学术上还在上升、教学经验尚不太丰富的年轻讲师"[64]。张维尽管行政工作十分繁忙，但仍亲自参与第一线的基础课教学工作，"先后教过应用力学、高等材料力学、结构力学、弹塑性力学、板壳理论等"[65]。同时，张维还非常关心年轻教师的成长，提出"学校应该帮助和指导青年教师在学科上的进步；老一代教授要特别关心学科和人才的换代"[66]。早在20世纪60年代初，张维就预见到国际交流的趋势不可避免，要求青年教师学习外语，并在家中教授他们德语[67]；改革开放后，

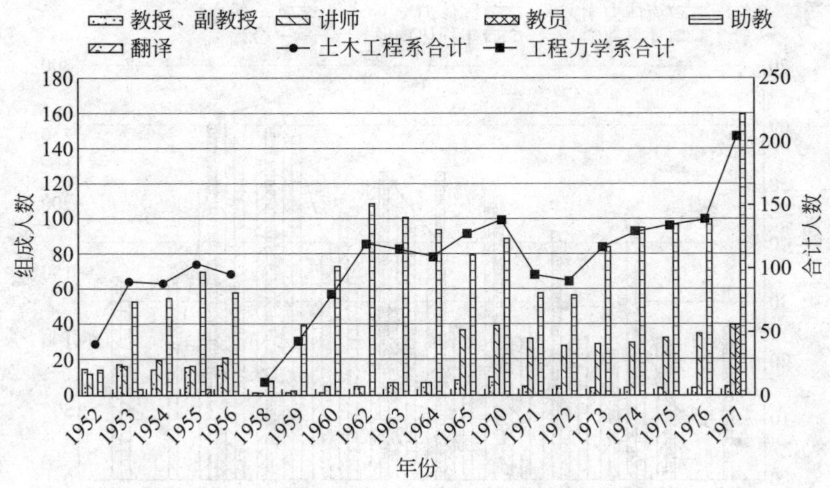

图 1　工程力学系师资队伍组成结构及变化曲线图

资料来源:清华大学人事处教职工统计报表(1952—1956 年、1958—1977 年),清华大学档案,全宗号 2,目录号校 5,案卷号略。

张维曾帮助推荐力学系的许多青年教师出国深造[68]。此外,张维还认为工学院的教师有许多毕业后直接留校,缺乏工程实践经验,致使讲课内容干瘪枯燥,因此他要求助教、讲师等青年教师参加工厂实践锻炼以加强理论与实践相结合[69]。

4. 提升人才培养规模与质量

1946 年张维回国,先后受聘同济大学、北洋大学,翌年执教清华,其间尽管身兼数职,但一直坚持第一线的教学工作,为社会培养了大批优秀的工程技术人才。如张维任土木工程系主任期间,该系在校本科学生人数由 1952 年的 777 人增至 1956 年的 1235 人[70]。为响应 1956 年十二年科学技术远景规划发展力学学科的需要,1957 年高教部和中科院在清华合设的工程力学研究班开学[71],张维参与授课等工作。力学研究班共办三届,招收学生 309 人[72],这些学员大都具有工程背景,经过两年学习后,理论知识得到了大幅提升,其中的许多人后来成长为相关领域的骨干人才[73]。1958 年工程力学数学系成立,该年入学新生 119 人(学制为六年),在校学生共计 327 人[74]。自 1960 年至 1977 年,力学系为国家培养了 1600 多名本科生[75],历年各专业毕业人数如图 2 所示。

至 1966 年,清华大学工程力学数学系共培养研究生 40 人,张维等担任指导教

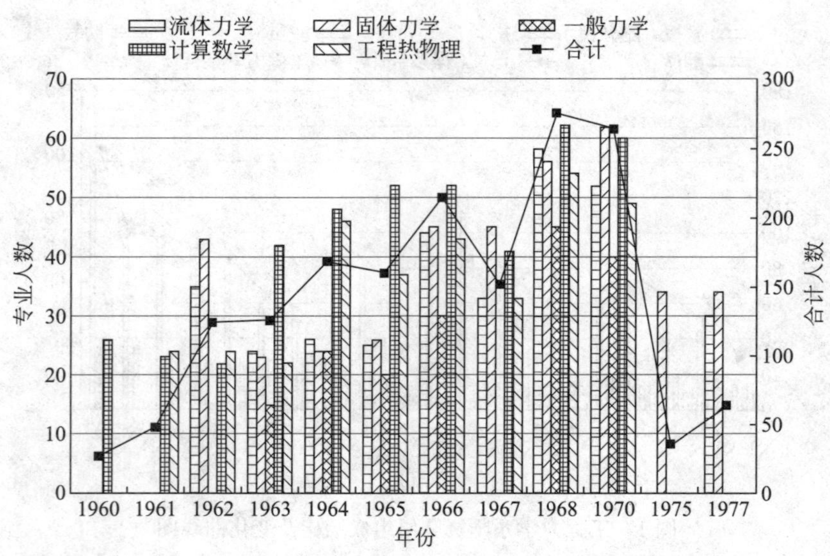

图 2　工程力学系历届各专业毕业生人数分布图

资料来源：方惠坚、张思敬：《清华大学志》(下册)，清华大学出版社，2001 年版，第 147 页。

注：1977 年流体力学当时称流体机械专业，学制三年半；固体力学当时称机械强度专业，学制三年半。

师[76]。“文革”期间研究生教育遭受严重破坏，1978 年恢复招生。1981 年清华大学固体力学、流体力学、一般力学等学科和专业获得首批博士、硕士学位授予权，张维等担任指导导师[77]。他作为国务院学位委员会委员之一，对研究生的培养倾注了大量心血，如精心制订培养计划，采用启发式培养方法充分调动学生的主观能动性，同时尽量创造机会让研究生参加实践锻炼。特别是对于博士研究生，张维更注重培养其研究能力，强调博士论文的选题要对国计民生或学科发展有重要意义、论文工作必须由博士生本人独立研究完成并做出创造性的成果等；在培养过程中，他将“系统性”与“渗透性”方法相结合，让学生多参加学术会议、了解其他行业的知识，在潜移默化中提高博士生的学术水平[78]。1993 年，张维等负责的“固体力学重点学科建设和高水平博士生规模培养”项目获第二届国家普通高校优秀教学成果特等奖[79]。概而言之，张维教过的学生众多，他直接带过的学生中有 14 人后来成为两院院士[80]。

5. 深入开展工程教育国际比较研究，积极推进国际学术交流

“他山之石，可以攻玉”。张维在执教过程中非常重视与国际工程教育界间的

交流，并深入开展工程教育国际比较研究。如1956年赴葡萄牙里斯本参加国际桥梁会议[81]、1978年访问瑞典[82]、1981年访问西德阿亨高等工业学校及柏林工业大学[83]并参加美国工程科学院年会[84]等；20世纪90年代，张维分别对欧美的柏林工业大学、帝国理工学院、苏黎世高等工业大学、麻省理工学院及日本东京大学等世界多所著名院校的发展历史、学制设置及教授制度，特别是工程专业教学计划等进行研究，为我国高等工科院校教学计划、课程设置等方面的改革提出了建设性指导意见；随着21世纪大量新技术及交叉学科的不断出现，美国麻省理工学院提出了"面向全球性经济的工程"的新世纪培养目标，张维等人受中国工程院委托，对美国麻省理工学院、加州伯克利分校、加拿大工程院进行了广泛调研，与时俱进地提出我国高等工程教育的教学内容，即在"传统的为社会主义服务、理论联系实际、加强动手能力培养等方面"内容仍应给予重视的同时，要从多方面向我国高等工程教育提出要求，教学内容要注意国际视野，注意信息技术、生物与物理、社会科学与科学技术的交叉融合[85]。

在此过程中，张维撰写了《浅谈美国高等工程教育》《国外力学与工程教育》等多篇文章，并翻译了大量国外优秀的力学著作，如德国慕尼黑工业大学K. 玛格努斯教授和H. H. 缪勒教授编写的《工程力学基础》及其配套的《习题详解》[86]、A. 贝茨和H. 贝内金教授所著的《休特工程师手册》[87]等；推广国外先进的力学理论与成果，如在我国大力推广轻型薄壳结构和普及壳体理论[88]；聘请许多外籍学者来到清华土木工程及力学等系讲学、短期工作和进行学术交流，如苏联专家萨多维奇、捷烈文斯柯夫，美籍教授张捷迁、田长霖，西德教授雷曼等。所有这些都为提高我国工程技术水平做出了重要贡献，为工程教育改革提供了宝贵借鉴。鉴于张维在国际力学界的影响与贡献，他曾荣获瑞典皇家工程科学院外籍院士、联邦德国洪堡基金会奖章、大十字级德意志联邦共和国勋章、世界工程组织协会联合会"工程教育优秀奖章"等奖励与称号。

综上所述，张维先生是我国著名的科学家和教育家。他在高等教育特别是高等工程教育中以历史唯物主义与辩证唯物主义的学术视野，开展了高等教育特别是高等工程教育的深入而又翔实细致的研究。在清华大学的教育实践中，在完成筹建深圳大学的艰巨任务中，在国际高等教育特别是高等工程教育交流工作中，取得具有重要影响的成果。从本文所阐述的内容中，我们可以深刻地体会到他精辟的教育思想并学习他的深入细致的实践精神。

他和合作者们从历史唯物主义出发，从不同国家的历史发展、工业化进程与人力资源需求对教育的要求以及教育对上述要求的反作用的角度，系统地研究了国家工业化—工业竞争力与工程教育的关系[89]。用美、德、法等国的工业化进程的历史与发展进程的阶段的各种重要数据,来阐述工程教育与国家发展的相互促进的关系。从宏观的层面及历史的演化角度来说明工程教育如何适应国家需求与工业化的世界各国社会发展的要求以及教育如何促进工业化进程的规律。从历史与社会发展的角度来研究高等教育,达到了登高望远的境界[90]。

他从长期在欧洲特别是德国与英国从事研究与工作的经历深刻领会了德国的洪堡的高等教育思想及哥廷根学派重视应用的技术科学思想[91]。努力做到在人才培养上理论联系实际,汲取欧陆工程教育的精粹,在清华大学的教育实践中教书育人;在建设深圳大学的过程中,殚精竭虑;在高等教育的实施方面上,提出了大师、教授执教基础课的建议,并自己率先垂范;并在国情调研的基础上,大力呼吁加强大学后的继续教育。

他是工程教育比较研究的倡导者与实行者。他在80岁高龄还亲自到美国卡内基基金会和德国柏林工业大学,进行为期三个多月的工程教育比较研究。写出了有重要影响的“五国工程教育比较研究”的报告[92]。作为共同组长,领导并亲自参加了20世纪90年代末为期近一年的“我国工程教育改革与发展”的咨询研究,写出了调研报告[93]。他不仅有深邃的科技与教育的思考,而且展示了亲自搜集资料、调研访谈的深入细致的科学研究作风。

他是教育家,其所倡导的工程教育培养目标的多样性、理论与实践相结合、工程教育的“通”与“专”的辩证观念、建立全方位的工程教育体系,以及工程教育国际比较研究等,对中国工程界及工程教育产生了积极深远的影响。他又是实行者,在具体的调查研究过程中,是孜孜以求的研究者;他言行身教培养与陶冶了众多的研究生。他写出的咨询报告和研究论文中,向教育界领导提出了许多重要的建议。他在长期教育的实践中,为清华大学的发展,为清华大学土木工程系与工程力学数学系的建设,留下了丰硕的成果。历史的长河川流不息,张维先生作为著名教育家所留下的宝贵财富与丰硕果实,将随时间的流逝而弥新。张维先生的教育思想与实践,将激励后人接好先辈的接力棒,谱写中国高等教育的新篇章。其德、其功、其言,传承后世,遗志永存。

注释

[1][2][3][4][5][9][56][71][79][81]　清华大学校史研究室:《清华大学一百年》,清华大学出版社,2011年,第192~215、226~227、239、326、362、453、227、229、442、225页。

[6][62] 张维:《创建深圳大学的点滴旧忆》,http://www.china-taiwan.org/zt/szzt/sz/jnzy/zyhg/201008/t20100825-1504765.htm. 2010-08-25/2012-11-04。

[7] 张光斗、张维:《关于成立中国工程科学院的意见》,清华大学校长办公室:《校领导刘达、张维、张光斗等同志向国务院等部委领导的请示、汇报》,清华大学档案,全宗号 2,目录号校 1,案卷号 8010。

[8] 张光斗、王大珩、师昌绪、张维、侯祥麟、罗沛霖:《早日成立中国工程与技术科学院》,《光明日报》,1992 年 9 月 9 日,第 3 版。

[10] 庞昆:《中国工程院教育委员会在京成立》,《继续教育》1999 年第 1 期。

[11][15][16][17][31][32][34][35][55][60] 张维:《迎接二十一世纪的挑战——对我国工程教育改革与发展的几点设想》,《自然辩证法研究》1999 年第 8 期。

[12][30][59][66][85] 张维、王孙禺:《美国工程教育改革走向及几点想法》,《高等工程教育研究》,1998 年第 4 期。

[13][14][18][19][24][27][29] 张维:《面向 21 世纪的工程教育》,《教学与教材研究》1996 年第 2 期。

[20] 李群芳、秦珊:《美国科技竞争力发展探析》,《暨南学报(哲学社会科学)》2001 年第 1 期。

[21][22][23][25] 张维、王孙禺、江丕权:《工程教育与工业竞争力》,北京,清华大学出版社,2003 年,第 162、205、205、199 页。

[26][45][46][73] 工程力学系:《张维先生的治学、办学理念与我校工程力学学科》,《新清华》第 1465 期,2001 年 11 月 16 日,第 3 版。

[28] 吴怡:《怀念我的导师——张维先生》,清华大学航天航空学院:《温馨缅怀张维,陆士嘉老师文集》,2006 年,第 135 页。

[33] 匡文起:《一生能遇几名师》,清华大学航天航空学院:《温馨缅怀张维,陆士嘉老师文集》,2006 年,第 80 页。

[36] 张维、王孙禺:《"科教兴国"与工程教育改革》,《电子科技大学学报(社科版)》1999 年第 1 期。

[37][38] 张维:《抓紧时机推动全国性的继续工程教育》,《继续教育》2001 年第 4 期。

[39] 张维:《近代中国科学技术教育的发展》,《百年潮》2001 年第 4 期。

[40] 张维:《融汇中西文化　创建世界一流大学》,《清华大学学报(哲学社会科学版)》2001 年第 4 期。

[41][43] 张维:《吸取外国经验必须从我国实际出发》,《人民教育》1980 年第 5 期。

[42] 教务处:《高教部召开的教学计划座谈会材料》,清华大学档案,全宗号 2,目录号校 3,案卷号 259。

[44] 张维:《提高我国科技队伍的总体水平》,《群言》,2000 年第 7 期。

[47][48][49][72][75][76] 方惠坚、张思敬:《清华大学志》(下册),清华大学出版社,2001年,第144、144、144、143、147、148页。

[50][52] 方惠坚:《张维先生是德高望重的工程教育家》,《新清华》第1464期,2001年11月9日,第3版。

[51] 余寿文:《音容宛在忆先生》,清华大学航天航空学院:《温馨缅怀张维,陆士嘉老师文集》,2006年,第47页。

[53][54] 龚克:《怀念我的老师张维》,《新清华》第1473期,2002年1月11日,第4版。

[57][69] 校长办公室:《蒋南翔校长关于"怎样做一个劳动者,怎样做一个工人阶级知识分子"的报告及张维副校长与同学座谈内容摘录》,清华大学档案,全宗号2,目录号252,案卷号57010。

[58] 《张维》,清华大学校史研究室:《清华人物志(五)》,清华大学出版社,2003年,第204页。

[61][88] 黄克智、任文敏:《倡导推广轻型薄壳结构的著名教育家与力学家——张维》,http://news.tsinghua.edu.cn,2007-01-09/2012-11-04。

[63] 张维:《基础课要由教授讲授——提高学生培养质量的根本性措施》,《高等工程教育研究》2001年第3期。

[64] 张维:《基础课应由教授讲授——试论如何提高培养学生的质量》,《科技导报》2001年第9期。

[65] 中国工程院学部工作部:《中国工程院院士自述》,上海,上海教育出版社1998年,第576页。

[67] 过增元:《提携后辈的楷模》,清华大学航天航空学院:《温馨缅怀张维,陆士嘉老师文集》,2006年,第14页。

[68] 陆明万:《深切怀念张维先生》,清华大学航天航空学院:《温馨缅怀张维,陆士嘉老师文集》,2006年,第98页。

[70][74] 教务处:《学生人数统计(1946年度至1965年度)》,清华大学档案,全宗号2,目录号校3,案卷号041。

[77] 方惠坚、张思敬:《清华大学志》(上册),清华大学出版社,2001年,第249~251页。

[78] 张维、杜庆华、黄克智:《关于博士生培养工作的一些体会和问题》,《学位与研究生教育》1985年第3期。

[80] 清华大学校史研究室:《清华人物志(五)》,清华大学出版社,2003年,第205页。

[82] 外事办公室:《一九七八年学校代表团访问瑞典的有关材料》,清华大学档案,宗号2,目录号校7[1],案卷号78011。

[83] 外事办公室:《清华大学教育考察团赴西德考察访问的材料》,清华大学档案,全宗号2,目录号校7[1],案卷号81060。

[84] 外事办公室:《一九八一年孙以实、李志坚、夏翔、黄鼎模、何炜、张维、张光斗、解沛基、吕应中、赵炳时参加国际会议的有关材料》,清华大学档案,全宗号 2,目录号校 7^1,案卷号 81017。

[86] 徐秉业:《缅怀张维先生的几件事》,清华大学航天航空学院:《温馨缅怀张维,陆士嘉老师文集》,2006 年,第 93 页。

[87] 忻鼎定:《深切怀念老师陆士嘉教授和张维院士》,清华大学航天航空学院:《温馨缅怀张维,陆士嘉老师文集》,2006 年,第 71 页。

[89] 张维、王孙禺、江丕权著:《工程教育与工业竞争力》,北京,清华大学出版社,2003 年。

[90] 中国工程院教育委员会成立大会及学术报告会文集,1998 年 11 月 25 日,北京。

[91] 中国工程院工程教育咨询项目组:《我国工程教育改革与发展》1998 年 5 月。

[92] Wei Zhang, A comparative study on the Engineering Education——five countries; Chinese Academy of Engineering1997, May. Beijing, China.

[93] 黄克智、徐秉业主编:《固体力学及其工程应用》,王孙禺、汪欣:《关注工程教育,锐意创新改革》,清华大学出版社,2003 年,第 17~26 页。

(本文为教育部人文社会科学研究“工程科技人才培养研究”专项课题重大项目的部分成果,原载《高等工程教育研究》2013 年第 3 期,与王孙禺、李珍、田慧君联合署名。王孙禺,清华大学教育研究院教授;李珍,清华大学校史馆七级职员、博士;田慧君,清华大学教育研究院博士研究生)

工程教育发展的目标与分类分层推进的策略思考

中国已经是实实在在的工程教育大国。我国正处在新型工业化阶段，在全球经济环境中，处在国家发展与改革的重要时期。工程教育的目标，是培养面向全球经济、服务建设“四个现代化”国家需要的德智体全面发展、获得必要的工程师训练的高级科技人才，把中国建设成为工程科技人才强国。我们确立了这样的目标，并为实现这一目标进行了长期不懈的努力。几十年来，工程教育界推出了一系列理论建言，并在教育主管部门的推动下，进行了诸多的实践与探索，引起工程教育界的关注。工程教育的策略选择，即实现目标的手段，也有了相应的探讨。目标确定之后，它在一定时期具有不变性，而策略手段则具有灵活性，因此，有必要对后者进行分析比较和思考，抛砖引玉、互相切磋交流。这便是本文的动因。

一、近年来我国工程教育发展与改革部分成果拾珍

《高等工程教育研究》创刊迄今已 30 周年，这段时间，中国经历与见证了工程教育研究及其快速发展和改革的岁月，也催使我们对今后我国工程教育发展与改革目标进行理论思考，并且研究为实现这一战略目标所应采取的策略选择。现先回顾我国在工程教育领域中，值得重视的几项系统性改革实践，为本文第二部分讨论发展的目标及其策略选择提供铺垫。

1. 工程教育研究者们曾经提出的部分建议

在20多年的研究中,我国工程教育界观察、收集、调查了中国工程教育的现状,努力寻找改革的路径,认为其中需要改革的方面很多,曾经提出种种建议。兹举其大者:根据工业界用户需求,调整工程专业结构;工业界用户参与制定工程专业的培养目标、培养计划、产出人才的质量评定与认证;规定工程专业学生实践训练时间,建立与企业合作的工程实践培养中心;改革教师队伍结构,要求教师必须有一定的工业实践经验,聘请有经验的工程技术专家为兼职教师;改革教师评聘规则,重视工程创新、发明专利和工程经验;开展工程教育改革研究;加强校企合作,加大政府对工程教育的投入等等。

以上建议的重点,是明确工程专业应以培养各种类型的工程师后备力量为目标,强调加强工程教育与工业界的联系,并探索未来工程师培养的新模式,培养不同类型的工程师,以实现不同类型都做到"卓越"。

2. 近年在工程教育中若干系统性改革的回顾

近十来年,除了在理论与政策取向上建言的同时,教育部及各相关高等院校在实施层面上,推进了重要的系统性工程教育改革。1983年,全国本、专科在校生为120.68万人,当年招生39.08万人,工科专业数为255个。到了2010年,工科在校的本专科学生数达803万人。2012年,全国高等学校学生总数已近3000万人,其中近1/3主修理工科,专业数达170个左右[1][2]。

在工程教育改革方面,可列举几项系统改革与试验:

(1)1983年前后,清华大学与兄弟院校开始试点工程类型的"工学硕士"的培养改革,是1997年国家正式建立的专业学位"工程硕士"的先声。发展到2013年,年招生人数已达13.9万人。多年来,培养出了近27万名工程硕士。他们当中的大部分,现今或不久的将来,将成为工业企业中的工程科技骨干力量,担负起设计、加工、运行、管理等方面的重要任务,是我国工程创新的重要力量。多年来,这一培养模式,成功地为社会提供了一大批学用结合的人才,为工业现代化提供了高层次人才资源[3]。

(2)在中国工程院2008年《走向创新》的咨询报告中,提出培养创新型科技人才的目标。2010年6月,教育部启动了"卓越工程师培养计划"。至2012年共有

194 个高校的 821 个专业(学科)点参与[4]。这一计划的指导思想是“面向工业界,面向世界,面向未来”,提出:各类工程师都要“卓越”,以培养高质量的各类工程师技术人才为任务,以走中国特色新型工业化道路为契机,以行业企业需求为导向,以工程实际为背景,以工程技术为主线,着力培养学生的工程实践能力、工程设计能力和工程创新能力。

(3)新世纪伊始,完成了对几百所高等院校的教学水平评估,以及分“层次”评估,可说是风生水起,促进了教育质量的提高,加大了高等教育的投入。这次评估既积累了经验,也注意到了需要改进的方面。而专业作为高等工程教育本科人才培养的基本单元,其评估与认证,在 1992~1993 年期间,就已启动多样性的专业分类评估。在当时建设部主导下,首先实施了建筑与土木建设类的专业评估,以国际水准的高起点为标准,由学校与行业企业联合进行专业评估,至今已评估了国内约 17% 的该类专业的专业点。随后,在中国工程院与教育部的动议下,由当时人事部牵头组织,由教育部主导,经由中国工程教育专业认证专家委员会组织实施,在全国范围内进行了工程教育专业认证,完成了 14 个专业大类的近 170 多个专业点的工程教育认证。这个认证,是按照国际实质等效的认证标准实施的。2013 年 6 月,我国的工程教育认证已被由十多个成员国组成的《华盛顿协议》(国际工程教育本科学士学位互认协议)接受为预备会员,它标志着我国工程教育认证开始进入了国际互认的范围。

(4)引入发展 CDIO(构思—设计—实施—运行)的工程教育模式:这一模式的核心,是遵循工程项目全寿命周期的理念,建立新的一体化课程体系,使学生能结合工程链的实际来学习工程。2005 年,汕头大学率先实施基于 CDIO 的工程教育模式改革,并于 2007 年主办 CDIO 国际合作组织会议,同年成立 CDIO 工程教育研究与实践课程组。尔后在全国开展试点的高校增加到近 40 所,在全国组织了有近二百所院校参加的 CDIO 系列会议并筹组相应的全国联盟。在 CDIO 教育模式本土化的改造过程中,已经创造出许多新的经验[2]。近年来,许多高校还开展基于项目/问题的学习等,大家在探寻工科学生的认知过程的规律方面,取得了可喜的成果。

以上所举例的几项工程教育系统性改革活动,虽然表现形式和涉及的受众不同,但它们的“道”是相通的。随着全球经济时代的到来,人力资源需求发生了变化,但是工程教育的一个主线没有变,即不同的人力资源市场需求,都要求高等院校与行业企业结合起来,培养工业界、企业界所需求的多样性的、不同类别不同层次的工程技术人才。

二、工程教育发展与改革的策略取向

笔者曾撰文[10]述及我国工程教育发展的目标:首先建设高质量的工程教育大国,进一步要建设工程教育强国。要达到这个目标,应该走什么样的道路?几年前,国外的工程教育界出现过一种论调,说由美欧发达国家来培养引领科技的人才;而大量的加工制造与信息软件产业的人才,主要应“外包”给中国和印度这些发展中国家来培养,以这种人才培养的分工来界定不同国家工程人才培养的目标。针对这一论调,工程院的《走向创新》咨询报告[5]中提出:对于中国这样一个迅速崛起的发展中国家,应该走世界科技发展与本国产业发展双结合的“两轮驱动”的多样化工程人才培养道路。事实证明,我们既应该培养从事航天飞船、深潜设备、超高速计算机、高速铁路等研发设计制造的高科技人才,也应该培养从事现代制造、大型建筑结构等满足广大人民衣食住行、医疗保健与教育需求的各种工程科技创新人才。

总之,我国需要走“两轮驱动”或“多轮驱动”的发展工程教育的道路,既培养发展高新科技与工程所需的人才,又培养从事应用创新大工程所需的各类人才。人才需求具有多样性,其分布具有广谱性。在确定了工程教育发展目标与道路之后,我们来讨论实现这一目标的策略取向。

1. 三种策略选择

以什么样的发展思路,来实现我们的工程教育?可列出三种策略取向:

(1)集中力量发展精英教育,建设一批一流的大学,一流的专业,一流的学科,培养一流的人才,去占领原始创新的高地;

(2)鉴于我国人口众多,加大发展大众化教育,集中力量,普惠大众,培养当前热门的转口加工制造,以及与服务业相匹配的量大面广的科技人才;

(3)从中国国情与全球经济视野出发,一方面,发展创新型应用科技人才,另一方面着力培养赶超国际科技与大系统工程发展所需要的创新骨干人才。我们称其为“两轮”或“多轮驱动”的策略取向。

从第(1)种策略出发,集中力量,支持重点,培养精英,它强调对高校、专业、学科的发展“分层”,重点支持顶层,即动用管理手段,评出高校、专业、学科的优、良、中、差,驱使各个不同层次向上跃升。这一策略的缺陷在于,最终只有少数跃居高端者受惠;而且只采用同一种评价标准,从而导致不同的专业、学科、高校趋同。

从第(2)种策略出发,着重考虑当前人力市场的多样性需求,发展满足于当前生产需要的不同类型的人力资源供给,着重发展应用型、管理型、复合型的急需人才。强调的是“分类”,即满足各种企业人才的近期需求。但这一策略有可能疏于宏观长远布局,限于局部,不能立于潮头从全球经济的长远发展出发,并着眼长远竞争力的可持续发展,不利于培养出我国需要的一大批工作于高端的前沿科技领域并引领工程创新的骨干人才。

可取的策略选择可能是第(3)种,即着眼于中国是人力资源大国,一方面强调“培养各行各业所需的各类工程人才”,同时注意使各个不同层次的专业、学科和高校有差异地实施匹配协同的发展,即实施“两(多)轮驱动”的发展策略。更具体的就是在分类发展且各类都要达到卓越的基础上,有调控地支持不同层次的专业、学科、高校的发展。这种做法,既能适应中国的国情,以及它在世界工程人力资源格局中的应有位置,又能弥补因过分强调“分层”而忽略高等教育大众化发展阶段的人力资源多样性需求所引致的趋同效应,它既是一种长远的策略选择,又适应当前补短效应的需要。

2.“分类”—“分层”还是“分层”—“分类”

多年来,出于高校教学水平评估的需要,国内发表了不少研究高等学校分类的文章。现列举其中两篇。潘懋元等[6]在讨论高等教育分类方法论问题时指出:要“建立相应分类标准及指标体系,……以便于人们确定事物……之间的相互关系”。在一定的价值观引导下,通过分析归纳,从逻辑上建构起并列、等级或并列与等级相结合的分类模式,指出“高等教育分类的内容是将高等教育作为一个统一的开放系统进行类型和层次的划分,这种划分不仅包括横向上的分类,也包括纵向上的分层。”明确提出,应当依据所承担的主要任务,对高等教育进行横向分类,以便明确人才培养的类型和专业设置的面向。另外,需要“依据社会职能的能级对高等院校进行纵向分层”。该文作者进一步指出,“横向类别划分是纵向层次划分的前提”。“在横向分类的前提下,做出横向分类与纵向分层两个维度相互结合,从而促进高等学校的多样化”。而“分类框架解决的是高等教育及其机构的任务、职责和能级区别的问题,不是解决高等学校的社会地位高低问题”。上述观点十分明确地描述了“分类”与“分层”之间的区别和联系,以及“分类”和“分层”的目的。然而,一直以来人们往往基于社会等级观念,首先关注“分层”,而对层次分划之前提的类别划分(分类)重视不足,导致国内外不少应用型或职业型的学校,以及相应的专业与学科,都朝“学术型”攀高趋同。马陆亭在文中[7]指出,“应用型人才培养弱化,是当前我国高等学校分类发展需要重视的问题。应当把高校‘上层次发展’的内在驱动力,引向重特色和提高质量的内涵发展”,使高校在不同类型上“更上一层楼”。

人们曾明显地看到这样一种取向:高校及其专业、学科具有强烈的“上层次”的内在驱动力,由大专转向本科,进一步在硕士点与博士点上争取“零的突破”。各类学校都在争办“××知名,××一流”大学,学科专业则要成为“国内领先”,“××一流”。由于在某些政策导向下,这种“上层次”可给学校带来提升行政级别、增设管理层行政职数、提高生均拨款数额、不同程度扩大学校自主确定职称的自由度等,从而使干部、教师、学生都能在这种“上层次”中获益,但从长远看,忽略了人力资源市场的多样性需求。正是这样的单一性的“分层”,忽视或掩盖了“分类”。而“分类”本应该是各种“分层”的前提。有人把这一现象称之为“大写分层,小写分类”,而人们现在已经感觉到这种分层引起的冲击及其消极后果。

在高等教育还在精英教育阶段时,为提高教育质量,保证重点,引领全面,在高等教育体量不大,资源不足的时候,分层择优,有利保证重点,提高教育质量。然而,在高等教育进入大众化阶段,企业与社会对人力资源的需要发生重要变化之后,就应当引导大学根据多样性的需求,加强分类发展,使各类人才培养都能实现卓越。因而,应该明确提出高等教育大众化阶段的教育质量观。如上文所指,近十几年来,在高等工程教育的系统性改革与发展举措中,“分层”攀高的趋势受到了实施“分类”卓越的抑制;在“卓越工程师培养计划”中,明确提出了“各类都要卓越”的要求。在工程教育专业认证活动中,强调在质量标准的最低门槛基础上体现特色发展的多样性;在工程硕士培养中,强调学校与企业结合,划分出几个领域,培养行业与企业需要的工程技术骨干。这些活动的起点,都在于以“分类”面向需求,吸引各种学校与专业学科参与,提高各类人才的培养质量,在发展中提高并自然而动态地形成不同的能级并形成分层。这种“分类”提升的政策取向,是治疗“趋同”与“攀高”的良药,在当前中国高等教育中,具有重要的现实意义。

三、工程教育发展与改革的目标和策略取向的分析与思考

1. 实现工程教育发展与改革目标的策略取向分析

(1)分“层”实施的策略:“层”是自然形成的客观存在。可解释为重叠的级数[9],即有上有下,有高有低;“层”同时还是动态演化的,变动的。“分”是人们的动作,是主观将客观的存在的“层”加以区分。例如,授予学位按照层次区分:授予学士、硕士、博士学位的专业,或学科分层、或学校分层,还有各种不同的分层方法。层次越高,数量越少,层次越低则体量越大。政策调控及资源分配可加速或减缓分层。在过去一段时期内,分层的方法,曾经取得一定的成功,但随着高等教育进入大众化阶段,卓越标准多样性的质量观,将必然导致分“类”发展基础上的分“层”。因为只有各种适应需求的不同类别充分发育,才可能导致自然的分层。过早的人工的强力分层,并不能达到我们预计的目标。

(2)分“类”实施的策略:“类”是适应外界需求而由自身驱动发展的客观存在。按《辞海》的解释[9]“类”是具有共同特征的物象形成的种类,而“分类”是以对象的本质属性或显著特征为根据所作的划分。“类”的划分与“层”不同,它不相互重叠。高等工程教育任务中所进行的分类或分型,如研究型、综(复)合型、设计型、应用型等,是根据培养人才的显著特征而形成的相互区别的类型。因此,类型是客观存在,而分类(型)是人们的主观行为。工程教育分类发展的目的,主要是在于行业、企业、社会对人才的类型具有不同特征的需求,因而有必要鼓励高校的专业、学科适应不同的需求。这种不同的类型是需求的不同,而无层次高低之分,是由分“类”基础上分“层”的“类”—“层”协调发展的一种策略。

这里举几个例子。在“卓越工程师培养计划”中,参与计划的有不同类型的高校,对工程师的培养存在不同类型,但要求做到各种类型都达到卓越;另外,工程硕士按照不同专业硕士的要求来培养,服务于不同类型的工程领域,不同工程领域本身也需要不同类型的人才;还有,工程教育认证鼓励不同的专业类型办出特色,给人才培养与发展留下充足的空间,提倡不同类型间的协同与合作,不搞排名,不相互攀比,消解分层的重叠层级间的压迫感,使各高校在一定管理政策的支持下,通过自身努力,吸取尽可能多的所需资源。如此,有了肥料,有了种子,而无

上下层间的挤压，自主生长，就可能展现出百花齐放、万马奔腾的发展前景。

在分类指导、协同发展的同时，不同类型的办学单元实体又会动态地呈现出不同的能级。因此，在分类发展的基础上，动态地区分发展的层次，能保持横向的分类发展和纵向的分层发展，使之协同和平衡。这是一种优化的发展策略，它适应我国工程教育的发展国情，即从以往过分强调分层发展，按层级投入，到近年来转变为分类指导协调发展。同时，这一策略可以减少内部摩擦引起的能量耗散，关闭为越层而去“寻租”的空间，从总体上使我们这一人力资源大国能积累和释放最大的能量，达到建设人力资源强国的目标。

2. 关于发展策略的理性思考

上文勾划出的发展策略，它的根据在哪里呢？这里尝试作以下分析：

(1)中国工程科技人才需求的多样性的客观实际，决定了培养工程教育必须面向人才市场的多样性需求，以培养出各类不同层次的高质量的创新人才，这是外部需求。而中国高等教育本身，已进入大众化的发展阶段。它已从专业精英人才的培养，过渡到大众化的量大面广的各类人才培养的阶段，这是高等教育发展的现实。我们必须从历史与文化的角度，来审视我们现阶段的需求所决定的发展策略及其演化。

(2)世界各国的教育历史不同，文化差异源远流长。在不同时期，高等教育的分类与分层各有侧重，而且交叠倾斜。美国大学强调分层，但专业认证又倾向分类；德国的大学长期按大学与高等专科院校两种类型发展，近年来又推出精英大学计划。我国历史上千年的科举制度，强调官列七品，学而优则仕；前些年对于高等学校与学科进行评估排序分“层”，近年来开始鼓励分类发展。因此，管理层面的职责应该是进行政策调控以求各类各层协调发展。

(3)我国地域广大，人口众多。教育作为公共产品，需求旺盛，矛盾集中。近年来，社会对高等教育的公平性，时有批评，如长期按金字塔式分“层”发展，并按评优层级投入资源，在财政投入、招生政策、国际交流、人力资源投入等方面，低层级的地区与学校有可能陷入恶性循环，从而导致教育差异与地域不平衡进一步扩大[8]。从国家的长远发展和长治久安来看，目前需要重视高校分类分层的和谐与协调。国家近年来十分重视教育公平，注意缩小教育差异，调控不同地区与不同层次教育的平衡，这对国家的长治久安意义重大。

(4)工程教育是教育大系统中的一个子系统，从系统论与分类学的角度来看，类别差异永远存在。按系统哲学的角度来分析,差异是一种“不同”。在不同中成长,在不同情况下协同,才能使事物的成长得到更大的驱动力,降低发展过程中不同层次办学单元之间的摩擦与能量耗散,使其间没有阻碍发展的“天花板”,从而促进办学单元的发展,层次及能级的提升。

中国古典哲学中的“和而不同”,恰好是这种策略取向的哲学阐释。“和”是和谐、统一;“同”是相同一致。和而不同,是追求内在的和谐与统一。林治波介绍说:我们说的“协同”就是协调而不重复,因而达到和谐[12]。黑格尔将“同一”区分为“抽象的同一,排斥一切差别的同一”和“具体的同一,包含差别与自身的同一”。后者与“和而不同”就十分近似。诚如费孝通先生在其80寿宴上的感言:“各美其美,美人之美,美美与共,天下大同。”我们应该秉承差异协同的哲学,而不是以对立、竞争排异的观点来审视我们的策略取向。差异可以理解为一种类型的对立,但并非那种矛与盾的尖锐的对立,是可以协同的。

唯有如此,才能构建和谐的工程教育系统。自然界万物,千差万别,协同演化。虽然物竞天择,但最后结果是包容共生。一首交响乐,和谐为天籁之音,是因为有几十种不同的乐器,按不同的声部,奏乐发声,达到交响和谐。奥林匹克运动会的各项比赛,类别不同,规则差异。而正是因为各尽其能百花齐放,才最终赛出“同一个世界,同一个梦想”来。

(5)同理,讲到人才培养,尽管高校、学科、专业千差万别,分类分层的策略交叉辉映,但从教育价值观的终极上讲,一切都离不开育人。笔者在《大学者,育才之谓也——中国特色高等教育十议》一文[10]中曾指出,大学有大师,大师要育人。梅贻琦先生的名言“大学者,有大师之谓也”经常被误引。如果认真查阅梅先生当年在清华大学就职演说稿全文,就可以看到其下句便讲到教师要教给学生精深的知识,还要引领学生的灵性(inspiration)。在2012年2月20日,现任清华大学校长陈吉宁在就职演说时有一段话:“大学不仅是传授知识和技能的场所,更是培养人的思想、情感、意志、品德之所在,是铸造灵魂的地方,办大学要以学生为本,学者为先,学术为基,学风为要。”因此,讨论大学办学,讨论工程教育的改革与发展,最终都要聚焦到培养德智体全面发展,获得必要的工程师训练的高级工程科技人才这一育人目标上来[11]。

在高校的专业与学科负责人的工作中,常常遇见一个困惑的两难问题:办好专业与建设好学科,它们之间是什么关系?在我国高等院校的语境中,学科常常指硕士研究生与博士生的培养及相关教学研究组织[13]。如前所述,“专业”是本科生培养的基本单元,而“学科点”是指研究生培养的基本单元。就现今的情况来讲,专业的发展,由于多样性的要求,其评估与认证的标准指向“全体学生的学习结果”,即以满足基本要求基础上的“分类”多样性的发展;属于“合格”评估,而非“选优”评估。而对学科特别是博士点与学科评估,基本上属于“分层”质量评估。如对一级学科进行选优评估,其各级指标体系,取加权定量评分。如学科状况(重点学科数、学术队伍、科研项目等)、科研成果(科研获奖级别与获奖数、论文与专著数)、研究生培养(研究生人数、课程建设、论文综合评价等)。这些指标就是具体化了评估目标[14],学科评估的核心在于建立上述评估指标体系。这是属于一种“水平评估”或“选优评估”。于是,作为高等院校的基层组织单元、同一专业类及其学科点,同时经受“分类”式的专业认证或专业评估的“合格评估”,又经受学科评估这种“分层”式的“选优评估”。那么该如何处理这两者的关系呢?这个题目本身可以写成一篇研究长文。这里我们仅就本文论题的范围提出几个重要的但需要进一步研究的观点:其一,“分层择优”是在“分层卓越”的基础上形成的。因此,专业的建设,包括本校专业人才培养的成果,学生成才的数量与质量,是相应学科研究生发展的基础;未有本科专业的人才培养质量一般而研究生培养与学科建设成绩斐然的。有人形容本科与研究生培养两者的关系时形容前者是基,后者是干,如倒T形图像,两者依存共生,在分类卓越发展基础上达到学科分层的优秀。其二,就一个专业与学科的整体关系而言,首先是学生(本科生、研究生)为本。其三,学术是学生培养的基础。学术属于“专门的系统的学问”,而学问,有学习、问难之义。因而有学术大师与厚实高深的学术氛围,就成为学生培养的根基。在这样的根基之上,才能长成树干、结出果实、成就“十年树木,百年树人”的美谈,从而逐渐形成不同专业与学科人才培养的“能级”与差异。经过历史的演化发展,自然区分出客观存在的“层”“级”来。在这样的基础上的“分层”,才能成其为“美美与共,天下大同”的和谐共生的培养。因而专业的“分类”林立与学科的“分层”卓越,形成和谐共生的人才培养生态。

本文回顾多年来的工程教育研究,列举了工程教育系统改革中“卓越工程师培养计划”、工程硕士学位的开通、工程教育专业认证与CDIO的试点与扩展等几项系统性工程教育改革的实施行动。根据我国工程教育发展目标,比较了“分层”与“分类”实施的策略选择,在此基础上,对改革我国工程教育提出了若干策略建议。笔者相信,随着我国工程教育发展与改革的深入,一个“需求驱动,积‘类’成‘层’,差异协同,分‘类’卓越,分‘层’递进,‘层’‘类’平衡,和谐发展”的新的工程教育改革与发展的前景,在向我们招手。我们期待着在《高等工程教育研究》创刊50周年之际,共同拥抱我国工程教育发展的美好明天!

参考文献

[1] 王孙禺、刘继青著:《中国工程教育》,北京,社会科学技术出版社,2013 年,第 328、326 页。

[2] 中国工程院教育委员会:《中国工程教育发展报告(2012)》,北京,高等教育出版社,2013 年。

[3] “中国学位与研究生教育现状”课题调研组著:《中国学位与研究生教育发展报告(2011)》,北京,清华大学出版社,2012 年。

[4] 林健:《卓越工程师培养——工程教育系统性改革研究》,北京,清华大学出版社,2013 年版。

[5] 中国工程院“创新人才”项目组:《走向创新——创新型工程科技人才培养研究》,《高等工程教育研究》2010 年第 1 期。

[6] 潘懋元、陈厚丰:《高等教育分类的方法论问题》,厦门大学“中国特色高等教育体系”创新研究基地“高等教育分类研究”课题总结,2006 年 4 月,文章编号:1000-4203(2006)03-0008-06。

[7] 马陆亭:《我国高等学校分类的结构设计》,《北京大学教育评论》2005 年第 2 期。

[8] 谢维和、李乐夫、孙风、文雯:《中国的教育公平与教育发展(1990~2005)》,教育科学出版社,2008 年,第 59~71 页。

[9]《辞海》,上海辞书出版社,2000 年。

[10] 余寿文:《大学者,育才之谓也——中国特色高等教育十议》,《高等工程教育研究》2011 年第 2 期。

[11] 余寿文:《关于现代化工程教育的几个认识问题的讨论》,《高等工程教育研究》2013 年第 2 期。

[12] 林治波:《“君子和而不同”的解读》,《人民论坛》2005 年第 4 期。

[13] 孔寒冰:《工程学科:框架、本体与属性》,杭州,浙江大学出版社,2011 年。

[14] 王战军:《学位与研究生教育评估技术与实践》,北京,高等教育出版社,2000 年。

[本文获教育部人文社会科学研究“工科科技人才培养研究”专项(10JGDE001)资助,原载《高等工程教育研究》杂志 2013 年第 6 期]

学习蒋南翔教育思想的两点感言

我作为蒋南翔同志在清华当校长时候的清华研究生、工程力学数学系的年轻教师，以及后来长期在清华大学当教师并参加过学校教育管理工作的人，对学习蒋南翔教育思想主要有两点感受。

一、大学的责任

什么叫大学？大学培养的学生应该是什么样的？我觉得南翔同志有两个“四个字”的关键描述。第一个“四个字”就是：“方向”“质量”。高等教育就要把这四个字抓住。其次，对学生培养也是四个字，就是“又红又专”。我觉得这八个字时至今天还在闪耀着理性光辉。为什么？现在我们对于大学，或者对于人才培养，在认识上有些偏颇。比方说，我们对于大学，千万次的引用说“大学乃大师之谓也”。这句话对不对？很对！这八个字对大学的概括全不全？不全。因为所引原文的下两句，就讲教师不仅要教学生知识，还要引导学生的精神。所以，大学如果只要有大师，后面就加个句号的话，大学和科学院有何区别？大学是大师培养学生的地方。怎么评价大学办的好不好？主要看大学生培养得好不好。我觉得这是一个很常识性的问题。所以，“又红又专”，作为一个时代的口号，是对于教师自身的要求和培养学生的责任。但是大家回想一下，只要现在拿出一个表格，比如现在正在填的教授晋升职称的表格，你会发现表上栏目标题是大写黑体的“科学技术成果”，括弧里面非黑体写着“含教学成果”。学生培养就变成非黑体字了，这样的表格今天还在用，它说明了一种流行的校园文化。如果把学科建设和学生的培养割裂开来,是不符合蒋校长关于大学和学生要抓的两个“四个字”的精神的。所以说,南翔同志的讲话今天仍有重要的现实意义。

南翔同志讲的学生要“又红又专”。这里还有一个问题,就是大学,高等院校,有没有上层建筑的功能?当然有!但是现在有些人的思想里头,对大学的社会功能中上层建筑的这一部分性质强调得越来越少、只是看到教育的生产力属性,只看到人才培养要转化成科技生产力。生产力为谁来做?这是方向问题。蒋南翔同志生动地比喻,我们要到天安门去,要经常注意方向对不对;方向如果对了,大量的时间是走路,要用脚一步步来走,这是很重要的辩证法。如果问一个大学好不好,问清华大学今天之所以成为清华大学的原因,我们应该去看我们的校友、校史展览,首先要看我们在过去几十年、上百年为国家培养了多少民族的脊梁,培养了多少的人才。但现在大学的评价标准中少有“reputation——学校信誉”,少提及有大学培养的“人才”。着重评价的有什么呢?有论文数、经费数、获奖数,院士与长江学者和杰青人数,论文还要是《科学》(*Science*)、《自然》(*Nature*)上发表的,量化的分数更高。这是社会上唯 GDP 评价的那种驱动在我们大学的学科评价上的一种反映。所以,回过头来想,我们还是要坚持一句话:要“又红又专”。方向上要走到天安门,走路要千里之行始于足下,要在正确的方向上一步一步地走。学校首要的责任是培养人才。

二、在实践中学习

1958 年清华水 8 班真刀真枪做毕业设计的后期,我正在清华念研究生。水 8 班毕业设计的经验中很重要的一点就是体现了教育和生产劳动相结合的方针。这个大方针今天讲的也少了。从教育的认识论观点来看,清华当时工科的目标是要培养红色的工程师,那么,一个新的工程师应该怎么培养?我觉得 1958 年的这一个真刀真枪的毕业设计,在清华,在全国的教育实践中间,实际上非常生动地体现了教育和生产劳动相结合。它让学生接触到了社会,让学水利的学生走向了水坝的工地,让我们老师学生设计的密云水库能在科学研究的基础上经受住地震和洪水的考验,同时也让学生在这样一个过程中间面向了社会,让他们知道了我们学的专业和工程、和社会之间是什么样的联系,和农民是什么样的联系,和工人是什么样的联系,和周围的技术人员是什么样的联系,和一个小组里的同学们是什么样的联系。近年来,我们听说很多在国外的推行的 PBL(Problem Based Learning——问题为导向的教学方法),也就是基于问题的学习,基于项目的学习。当我们听到这个学习理念的时候就想,清华学生上大学的时候就已经有了基于大项目的真刀真枪的设计学习。在 1965 届毕业的学生,近年写了一本书,书中回顾总结了在这新的培养模式中,我们学生的活力即战斗力是增强了。2013 年校庆,我当年教过的 1963 届的学生回来,我看到,当年在与生产劳动和实验室建设结合起来进行学习中表现突出的同学,经过了 50 年之后,也是创造性强、贡献突出的骨干人才。从这个意义上讲,从教育认知论上看,我们的工程教育在当时国际上也是有创造性的。现在流行讲的 teamwork——团队学习,就是当时毕业设计中一个组在那里集体学习与协同工作的体现。而当时毕业设计组里比较活跃的人,今天从他们在几十年后的实践结果来看,也说明了这种教育模式的成功。

作为一个学生,作为一个教师,我认为南翔同志这两个很重要的教育思想,在今天看也是历久弥新的,值得我们纪念、缅怀,也值得我们与时俱进发扬光大。

(本文原载《深切的怀念　永恒的记忆——纪念蒋南翔同志诞辰 100 周年》第 185~188 页,清华大学出版社,2014 年)

工程教育评估与认证及其思考

一、关于教育评估与认证

当我们讨论工程教育的质量保证及其相关的评估与认证时，必然直面一个困难而重要的问题：什么是真正意义上的工程教育评估？评估的目的是什么？主导工程教育评估的教育价值观念是什么？这些看似易于清楚回答的问题，却需仔细分析方能找出其真实的答案。许多具有法律或法规意义上的明晰的提法，在现实生活的实施过程中，往往会像雾里看花变得模糊起来。本文拟就此一问题试作分析，看看有何答案。

首先，林林总总的各种评估易于搜索而呈现眼前[1]，择其大类者有三：曰认可评价、认证评价、社会评价[2]。其中，认可评价是由政府主导的一种行政性评价，强调制度遵循，注重评价投入；认证评价多由中介组织进行，有由民间组织实施的，也有准政府组织实施的，它反映与认识对象的利益相关者的需求；而社会评价属于多元化的市场评价，面向多元主体和多元需求，提供不同的评价系统，以满足不同的主体的信息需要。

我国《高等教育法》第44条规定："高等院校的办学水平，教育质量，接受教育行政部门的监督和由其组织的评估。"教育部在《2003~2007年教育振兴行动计划》中，实施普通高校教学工作水平评估制度。此外，也开展了研究生培养相关的"一级学科选优评估"。由于90%以上的高校设有工科，约三分之一的高校的研究生毕业于工程的学科门类。因此，上述评估属于工程教育的认可评价范畴[2]。

我国的工程教育的认证评价及其实施(20世纪80年代有过专业评估的研究与试点),还应追溯到20世纪90年代的建设部启动的建筑学和土木工程专业的评估。尔后于2006年开始展开了直至今日的覆盖15个专业类的工程教育专业认证。它由全国工程教育认证协会实施,是一个由第三方组织实施的,由高等学校、工业企业界和人力资源部门等利益相关方组织的一种认证评估。

与之相平行,国内亦有不同社会组织的各种大学评估,专业办学质量评估、研究评估,也由不同媒体公布了各种评估排名排行榜,提供给社会,受到学生、家长和各种社会组织的关注,为社会提供各方关心的信息。

在国外,也有多种多样的社会评估,其中影响国内较大者可列举几类评估,特别是大学评估(排行榜)。可试图作一比较分析:其中泰晤士报(Times)大学排行榜[3]的指标示于图1(a),美国新闻(U. S. News)[3]示于图1(b),QS示于图1(c)。

泰晤士报			
教学	30%	教学声誉调查	15%
		师生比	4.50%
		平均博士学位数(与学士学位相比)	2.25%
		学科门类齐全度	6%
		师均学校收入	2.25%
研究	30%	学术声誉调查	18%
		研究经费	6%
		师均论文发表数	6%
论文引用	30%	师均论文引用数	30%
国际化程度	8%	国际教员比例	3%
		国际学生比例	2.50%
		国际合作研究比例	2.50%
产业收入	2.50%	与企业联系	2.50%

(a)

U.S.NEWS			
声誉	25%	全球科研声誉	12.50%
		地区科研声誉	12.50%
文献	65%	论文发表数量	12.50%
		归一化引用影响指数	10%
		总引用次数	10%
		高引用论文数	12.50%
		高引用论文百分比	10%
		国际合作	10%
学校相关	10%	授予博士学位数	5%
		每名科研人员授予的博士学位数	5%

(b)

QS	
学术同行评议	40%
全球雇主评价	10%
师生比	20%
教师人均论文引用次数	20%
国际学生比例	5%
国际教师比例	5%

(c)

图1 国外三种影响较大的大学评价体系

泰晤士报的大学排行榜评估指标中,研究和论文引用占了60%的比例,教学约占30%,其中还含有师均学校收入等与研究经费相关的内容,计入产业收入等项,与研究相关内容占七成;U. S. News更主要以科研声誉(25%)及论文发表(65%)为主要指标,属于学术研究评估的内容;汤森路透(Thomson-Reuters)的大学及其学科发展绩效评价体系ESI(基本科学指标数据库)QS评价体系中,雇主评价、师生比、国际化程度等项指标约占40%,教学资源投入与绩效还占了三分之一强的比例。

然而,近年来,上述的评估组织,也推出了更强调教育的评估标准。如 U. S. News 的美国国内大学评估标准:大学本科学术声誉(22. 5%);学生保有率(22. 5%);师资力量(20%);教师薪资(25%);学生素质(12. 5%);财务资源(10%);毕业率(5%);校友捐赠率(5%)。"2013 年泰晤士报大学排行榜综合排名"的评分指标共有 8 项,依次为学生满意度、研究质量、入学标准、师生比例、服务与设施支出、学生毕业率、荣誉学位获得率、毕业生就业率,最后算出各所大学的总分。这些表明国际上也出现了既有学术研究的大学排名,也有强调教育的大学排名的相应的标准和权重的两类评估。

随着办世界一流、国际知名大学的潮流在国内的涌动,竞相偏重学科建设与学术评价。论文发表与引用、科学研究的成果与获奖成为大学评价、学科评价、专业评价的强音与主旋律。而强调教育的评估多年来趋向式微,但近年来已引起教育的研究者和管理者的关注。若论及本文所讨论的主题——工程教育评估与认证,它所论的是教育的评价,而不是学科研究的评价;而且是工程教育,不是纯粹的理科门类的教育。但以科研评价为主的评估体系,成为一股巨大的思维定势,影响甚至主导着教育的评价,以至于扭曲了高等工程教育的以培养各类工程技术人才为目的的评价,实在是必须引起工程教育工作者反思的,这将在本文的第三部分来讨论。

由于高等教育的改革与发展,近年来,高等工程教育的评估也发生了重要的变化。由于教育部推进了高等教育质量工程,实施了"卓越工程师培养计划",加强了工程硕士专业学位的人才培养与建设,推进了高等工程教育专业认证,在工程教育评估方面有许多重要而且可喜的变化,兹列举其大者:建立了"五位一体"的大学本科教育的评估体系:即自我评估、院校评估(含合格评估与审核评估)、专业认证与评估、国际评估和教学基本状态数据常态监测;学科评估也由重点学科评估、一级(二级)学科评估转向以研究生教育相关、以研究生质量为评估主要目标的自我评估与合格评估。我国开展了基于学生学习结果的工程教育专业认证,去年已经成为国际工程教育互认体系《华盛顿协议》的预备成员,标志着我国工程教育正在走向世界。通过认证的专业达到了国际实质等效的认证标准的要求。这些重要变化,说明我国工程教育的评估与认证,适应了高等教育从精英教育走向大众阶段在工程教育质量评估上与时俱进的发展。

这里要特别强调的是:工程教育评估与认证,其评估的目标主体是教育。而教育是"影响人的身心发展为直接目的的社会活动",教学是"在学校工作中由教师和学生共同组成的活动"(《辞海》第 1778 页)[4],而教育评价"是通过系统收集与处理信息,对教育成就和价值所作的判断”。(同上)它不同于“学术研究评价”。因此,不能将“科研评价”“学术评价”用于“教育评价”。而工程,具有综合性,不只求真,也求善求美。而如果将论文发表与引用当作学科评价的全部且套用来进行工程教育的评价,用通俗的话来讲叫“驴唇不对马嘴”,用叙理的话来说,是错误地应用了评价标准。总之,对于针对教育质量保证、学术研究、管理问责和向社会提供信息的不同类别的需求,必须使用相应类别的评估标准。当前尤其应注意区分教育评估与学术评估。两者评估目的不同,不可错用学术评估的标准来进行工程教育评估。

二、工程教育认证的理念与关节点

在讨论了教育评估之后,我们来重点考察分析我国的工程教育认证。它不是认可评估而是属于认证评估,关于认证的标准、步骤、实施与结果[5]。这里只着重分析工程教育认证的基本理念及实施中应注意的几个重要的关节点。

在介绍工程教育认证的理念之前,先讨论工程教育进入大众化阶段,社会对工程科技人才呈现多样性需求:如应用型、研究型、复合型……不同类型。孟子云“夫物之不齐,物之情也”,且随社会发展其要求的标准也会随时间而变化。但不同的类型都要满足最低的门槛(如图2所示)。

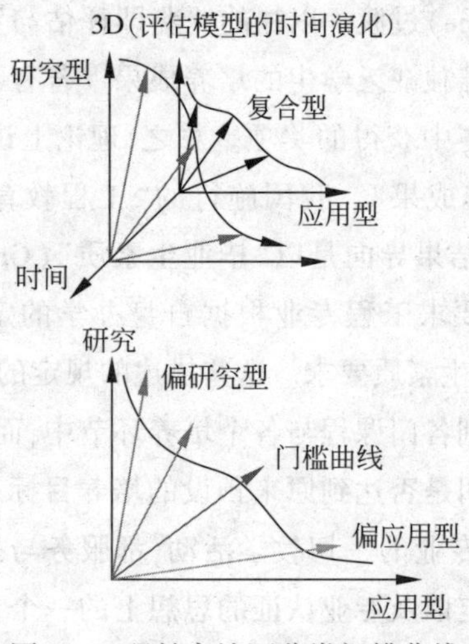

图2 工程教育认证分类门槛曲线

由于我国的工程教育认证,是一种按国际实质等效标准的认证,认证的主要目的是保证工程教育的质量。认证的对象是对被认证专业授予的工程学士学位的国际实质等效的认证或鉴定。它的认证结果是通过与不通过。判定是基于培养人才的多样性需求下根据各专业对培养目标的定位,对其实施过程和学生毕业所达到的毕业要求而提供的自我评估与证据的判定。而如果在我国成为国际工程教育互认协议的《华盛顿协议》的正式成员后,这一认证的结果将实现协议成员之间的工程学位认证的互认。这将为我国的工程建设与制造业走向世界的同时,实现工程师的交流互认准备条件,这将是不远的将来的一个努力的目标,也开启了中国工程科技人才随着"一路一带"项目的发展而走向世界的新的契机。

认证的核心是认证的标准,而标准制订的核心理念不同于以往着重于教育投入的评估,这一理念是我们常说但并未很好实现的"以人为本""以学生为本"的基于学生学习结果的准则——基于结果的教育(Outcome Based Education, OBE)。它着重于在教育过程中及学生毕业取得学位毕业后的"学习结果"。对于工程教育开展认证与评估,在美国已经有80多年的历史了,近年来,特别是2000年以来,以美国工程技术认证局推出认证标准EC2000,其主要的评鉴准则是"结果导向"(Outcome)型的准则。它以专业的产出结果为主要的认证目标,其各项指标均针对评鉴"全体学生"的"学习结果"产出。开宗明义,首先评鉴关于学生的毕业生素质要求,也关注各项投入,包括课程体系、师资队伍、支持条件、质量的持续改进等。且各项标准达到的考核,必须是面对全体学生的。当前,国际上对评鉴与认证的标准的提法,已从"专业结果"(Program Outcome)向着"学生学习结果"(Students Learning Outcome)过渡。以往的评鉴即评估与鉴定,其所选择的要素指标,往往是注重其投入,唯独缺乏学生的培养成果。若有,也列举其拔尖者曾获得国际性或全国性科技竞赛中获得的奖项。总之,理论上讲是"以人为本",但却少见评鉴"全体学生的培养成果"。我国施行的"工程教育认证标准"也是以基于"结果导向"的。而这个结果导向是以"毕业生素质"(Graduate Attributes)的展开为主要检测对象的。它要求工程专业根据自身办学的定位,制订出本专业可度量、可测评的具体的毕业生素质要求。这些描述的规定的结果(知识、能力、品德)的各分项矩阵式地分解到各门课程与各个培养环节中,而最终以多年的全体毕业生素质的产出结果来证明是否达到原来预设的培养目标。这样的评鉴标准,聚焦于毕业生的培养结果。专业的一切教学活动,都服务与指向毕业生的产出,应该说这是教育教学评估鉴定以及专业认证的思想上的一个重要转变,即从重视投入向着重视结果产出的转变;专业教育从关注名师与拔尖学生的教学与研究成果向着全体毕业生结果产出的转变;从只关注学校的教学向着强调理论与实践相结合、学校中学习和向工业界向社会学习结合的转变;从完全由学校和专业的教师从事人才培养向着学校与社会和工业界相结合,来加强对学生的培养的模式转变。这也自然将会牵动着对教师的职务聘任和职称评定,从着重研究成果与研究论文发表向着教学与研究相结合、重在育人的评价标准转变。

当然,师资队伍、教学资源、管理与质量保证、经费投入、实验—实习—实践环节,都是对教育过程的投入,是十分重要的,但这一切都聚集于培养质量合格的学生。对学生的"毕业要求"的具体翔实的描述,要通过设计合理的并得以实施的几十个培养环节来实现,以培养各环节为行、以毕业要求为列的教育计划的大矩阵中的每个元素,都有科学合理的设计,并得以实现;而这些过程的实现,必须有客观的证据予以证实,这当中列重要者如:教师对学生实现毕业要求的相关方面的证据,在读学生、毕业后的学生或读研的研究生、毕业多年的校友、用人单位的反馈意见,就业人才市场的毕业生就业率等数据及信息反馈、社会的满意度、学生在入学至毕业的增长值、毕业后职业与学习专业的关联、学生的毕业率等等。然而,这些信息与数据,教育举办方并没有被要求定期采集、反馈,用于定期作持续的质量改进(Continue Quality Improvement, CQI)。通过上述的分析,我们可以看到,这是教与学的观念上的巨大的转变,即对学生(当然也可推广到研究生)培养的从重投入到重过程与最终学习结果的巨大转变。这是工程教育认证中所体现的基本教育理念与价值观判断上的转变。例如,早先将教育评估,看成教学评估(且被译成 Teaching Assessment 而不是直译的 Teaching and Learning Assessment);看似一种不经意的译法,实际上反映了人们将教育缩写成了教学再聚集于评"教"了。这是较之早先重分层评优且注意教的投入向注重学生学习结果的重要转变。

这里需要强调指出的一个工程教育中的"短板",即应该特别强调本科工程教育中教学过程面向"复杂工程问题"。一则由于近十几年来,工科学生数成4~5倍地扩张,教学资源的投入无法充分承载对全体工科学生在学习、实践、研究的过程中聚集面向"复杂工程问题"。二则工程教育受着追求"科学化""研究型"的影响。整个教育环境逐步远离"大工程",被逐渐地虚拟与"软化"。与此同时,国际上工程教育的潮流却是向着"回归工程"流动,以"大工程观"来审视与要求培养21世纪的工程师。《华盛顿协议》(WA)近五年来反复强调并在"毕业生素质要求"的标准中,多次出现认证实施过程中,要按面向"复杂工程问题"的标准条文来要求。而我国的工程教育界发现这是我们需要着力的地方。WA 列出复杂工程问题的具体条文可抄录于下[6],"复杂工程问题"具备下述特征(1),同时具备下述特

征(2)~(7)的部分或全部:

(1)如果不具备深厚的工程知识且达到相应的水平,就无法解决的问题。

(2)涉及了宽泛的或技术冲突的工程及其他方面的问题。

(3)没有显而易见的解决方法,需要通过抽象的、有创造性的分析以建立合适的模型才能解决的问题。

(4)涉及了不太常见的问题。

(5)属于专业工程实践标准及规范涵盖范围之外的问题。

(6)涉及了多种不同的利益相关者多样化需求的问题。

(7)属于高水平问题且包含许多组成部分或子问题集。

从上述"复杂工程问题"的解释可以看出,要求工程教育的培养过程中要有深厚的工程知识,会解决复杂性工程问题的某一或某几个方面;会创造性地分析建模与解决问题,会解决涉及工程与其他方面及不同利益相关者的多样化需求,能深入于工程标准与规范涵盖之外的可能不太常见的问题,还能开展研究以解决高水平且包括多个组成部分或子问题集的问题。它体现了工程教育的实践性、创新性、系统性。因此,我们必须要求教育过程合理地规划与实现在工程资源范围、系统相互作用的层次水平、工程实施的社会环境后果、培养学生的创新能力以及相关学科的基础理论应用于复杂工程问题等方面的工程教育活动。

在讨论工程教育质量评估与认证的问题上,还应该讨论工程教育评估的策略的历史发展与演化。笔者曾著专文申论,这里不重复该文的内容,只是着重指出两个重要的视点,以引起从事工程教育评估工作的同仁们注意[7]。

图3(a)表示一种金字塔式分层排名评估的示意图,它说明当高等教育还在精英阶段时,为提高教学质量,有限的资金投入以保证重点,并引领全面。在高等教育系统体量不大、资源不足时,分层择优,有其必要性,但同时引发了不同类型办学单元的趋同性和单元间的非协调的互相挤压性。但当高等教育进入了大众化的阶段、企业与社会对人力资源的需求多样化特征明显之时,应当适时将评估与认证转向如图3(b)所示的基于分类发展基础上的分层评估。它的特征是:各办学

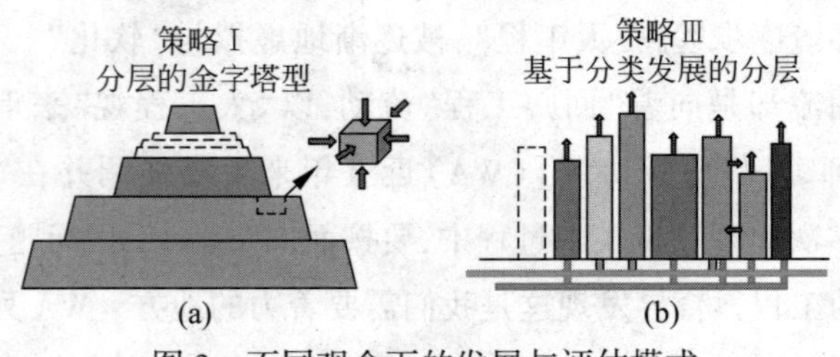

图3 不同观念下的发展与评估模式

单元之间,有差异,无相互挤压之虞,有协同发展之便。不同办学单元,自己恰当定位,寻求企业社会的合作,政府根据国家与地区发展的需要以不同的管道支持办学单元的发展。以分类发展面向多样性需求,在发展中提高并动态地形成不同类别中的能级并自然形成分层,这种模式可称为“分类发展基础上的分层”模式。它减少了发展过程中的内耗,扩延了内在发展的自由度与空间,在成长的演化中自然形成了不同的能级与层次,不失为新的一种协同发展的办学生态。

与此相关,对工程教育的评估通常出现的一个问题作一些分析:在我国办学的语境中,本科办学单元是专业,而研究生的办学评估单元是“学科”。规定“学位授予单位按目录中各专业所归属的学科门类,授予相应学位”[8],且注明“划分专业的范围相当于二级学科”。因此,学科的语境已不完全相同于通常所称谓的学科:“学科是知识体的形成、应用与制度化”[9],而是指“学界或学术”的“组织单位”,但讲到学术研究时,它又是“学问的分支”。

在工程教育评估的视角,当今本科的“专业”与研究生的“学科”,其评估的策略,都体现了图3的从“a”到“b”的不同程度的变化。如果说以往的评估着重于分层评优,今后的学科评估和专业的认证,都将更关注学生培养的质量,关注学生(研究生)的结果或“产出”。

工程人才的培养,除了学生的知识—能力的要求外,更重要的是价值观的塑造。爱我们的国家,服务于人民,有高尚的品德。讲职业道德。认证标准的毕业要求的第一条,即要求培养学生“具有人文社会科学的素养、社会责任感和工程职业道德”。第五条要求“设计过程中能够综合考虑经济、环境、法律、安全、健康、伦理等制约因素”。这些直接要求落实“工程职业道德”“伦理”。其余各条分别要求落实实施“能正确认识工程对于客观世界和社会的影响”,“具有表达能力、人际交往能力以及在团队中发挥作用的能力”,“具有国际视野和跨文化的交流、竞争与合作能力”。这些能力要求写入工程教育认证的通用标准,是从事工程师工作的职业要求。国际工程联盟指出,工程师活动是一种社会实践活动,“工程伦理是对在工程实践中涉及的道德价值、问题和决策的研究”。各大工程师协会的章程都把“工程师的首要义务是把人类的安全、健康、福祉放在至高无上的地位”作为章程的根本原则。气候变化、洁净能源、绿色生产、仿生工程、基因工程、智能制造等都对当代的道德伦理、可持续发展、科技政策提出了新的问题。工程项目的要件如操作实施、人际沟通与人力资源、财务资金、组织体制、工作环境界面等都与人的活动相关联。工程师要申请职业工程师执照,也有工程职业伦理道德表现的硬性要求。美国国家科学院、国家工程院在《2020年的工程师:新世纪工程学发展的远景》中指出工程师应该成为“受全面教育的人,有全球公民意识的人,在商业和公务事务中有领导能力的人,有伦理道德的人”。不少国家的工程教育认证要求,必须把培养学生“工程职业和实践的伦理特征的认识”作为接受认证的一个条件。因此,工程伦理教育是工程教育的一部分。要求应当开设相关工程伦理的课程,在实践环节中加强工程伦理的教育。《易经》云:“君子以厚德载物”。工程是物事之功,它御于德,也承载德。因此,落实工程教育中关于培养学生人文社会科学的素养,具有工程职业道德,是培养全面发展的人的应有之义。

三、工程教育评估与认证的再思考

近年来,高等工程教育专业认识正在逐步推进,其中有三项具有相当难度的工作,需要同仁们共同研究与推动实施:

其一是教育思想的转变:即教育评估从重评教、重投入转变到注重学生的学习结果上来。注意加强工程实践能力培训,学校与工业企业协同育人。它对什么是好的教师、好的教与学,从教师发展与聘任的机制上有实质的推动与提升,牵一发动“全身”,牵动着培养计划的重新设计、学校企业的合作育人、教师评聘的人事制度、教学与科研评价的平衡。

其二是从教与学的管理上,教务部门与学生工作部门,要做到合力协同培养学生,对评教评学的举证机制化,综合教务数据库与学生就业、毕业生调查、用人单位反馈等方面的信息,以学生学习结果为汇聚点,提供教学基本状态与学生发展的数据。真正实现课程与各培养环节的教师、学生工作系统与教学管理人员在几十个培养环节协同育人。

其三是在实施工程教育认证标准过程中,注意加强学生培养全过程中面向“复杂工程问题”的训练与能力培养,增强教师队伍面向于解决“复杂工程问题的能力”,从而提升工程教育长链条中真正能面向复杂工程问题,通过“真刀真枪”的实践与设计环境,在工业企业中的实践经历中,培养能解决工程实际问题的受工业企业欢迎的质量好的大学生。

上述三者,属于不同层面的问题,是相互联系共同起作用的。

行文至此,实际上工程教育评估与认证面临要回答的一个基本问题:什么是大学？大学是培养人，培养大学生与研究生的地方。什么是办得好的大学？培养出满足国家与社会需求且受学生欢迎的学校。什么是好的教师？以培养好的全面质量合格和优秀的学生的教师。教师要做好研究，但大学中教师的研究有别于科研院所工作人员的研究。教师们要和学生一起，研究式地学习，边教边研边学边习。和学生、研究生们一起将研究成果贡献给世人，既探究客观世界，又培养一批又一批人才，薪火相传。因此，我们应该回归清华大学原校长、教育家梅贻琦先生的名言"大学非大楼之谓也，乃大师之谓也"，同时还应该引用他同一文章下一行的两句："教师要教给学生精深的知识，还要引领学生的灵性(inspiration)。"固"大学乃大师育才之谓也"。对此，笔者曾经在文献[10]中详述。

综上所述，本文回顾与比较了国内外各种大学、学科、专业评估与认证的历史及其发展之后，指出教育评估与别的各种评估不同。不可用"学术评估""学科评估"以及各类大学排名、专业学科排名之类的所谓"评估"代替"教育评估"。上述其他评估有它自身的用处，却不能用于"教育评估"，特别不可用于"工程教育评估"。工程教育评估与认证之内核和聚焦点在于：学生(含研究生)的学习结果。各种投入、条件保障、师资发展等是为学生的成长服务的。而且工程教育的评估，在我国当前的情况下，特别要重视面向"复杂的工程问题"。对此所做的各种试验与措施，均值得鼓励。因为"大学不仅是传授知识和技能的场所，更是培养人的思想、情感、品德、意志之所在，是铸造灵魂的地方"。[11]

参考文献

[1] 王孙禺等：《中国工程教育》，北京，社会科学技术出版社，2013 年。

[2] 周光礼、莫甲风：《从政府问责到社会问责》，《中国人民大学教育学报》2014 年第 2 期。

[3] http://www.indexedu.com/learn/edu/14308.html
http//ranking.tiandaoedu.com/introduction；www.thompsonscientific；
http://www.igo.cn+2010/news/lxxw/dxpn/2014。

[4] 《辞海》，上海辞书出版社，1999 年。

[5] 中国工程教育专业认证协会：《工程教育认证标准》(2014 年版)。

[6] 中国工程教育专业认证协会：《工程教育认证标准》(2015 年版)。

[7] 余寿文：《工程教育发展的目标与分类分层推进的策略思考》，《高等工程教育研究》2013 年第 6 期。

[8] 秦惠民主编：《学位与研究生教育大辞典》，北京，北京理工大学出版社，1994 年，第 20 页。

[9] 孔寒冰著:《工程学科:框架、本体与属性》,浙江大学出版社,2011 年,第 26~27 页。
[10] 余寿文:《大学者,育才之谓也——中国特色高等工程教育十议》,《高等工程教育研究》2011 年第 2 期。
[11] 陈吉宁:《就职清华大学校长的演说》,2012 年 2 月 20 日。

(原载《高等工程教育研究》2015 年第 3 期)

奏响工程教育的“交响乐”

在我国,工程教育远在新中国成立之前就已经出现了。但当时的工程教育主要培养的是通用工程人才。新中国成立后,我们开始培养专门的工程师,希望这些人才像电子仪表能够“即插即用”。

改革开放后,国内工程教育开始学习美国,更多地注重工程科学家的培养,工程教育开始向科学方向倾斜。这种情况一直持续到 2000 年之后,欧洲工程教育模式进入中国,我们除了培养工程科学家外,开始注重工程师的培养,但此时,“工程师”的概念还是很模糊的。

2010 年,教育部开始实施卓越工程师教育培养计划,工程师作为人才培养目标被正式重新提出来。此时,“工程师”的概念已经明晰化。更重要的是,工程师的类型开始变得多样化:研究型、生产型、服务型等等。

需要明确的是,现代工程师和过去的工程师很不一样,前者要求有全球视野,要懂得工程伦理,要有创新和合作的意识,还要学会跨界创新。换言之,现代工程师已经具有了集成性。在一次会议上,麻省理工学院原院长查尔斯·维斯特曾讲到,过去我们的工程学习很习惯力、速度、力度等科学名词。但现在,我们的工程人才碰到了新的语言——规模、范围、集成、复杂度、支付能力……这些原属于经济、法律和社会相关范畴的名词,开始成为工程系统常用的语言。

于是,我们面临着这样一个新问题:在新时代下,工程教育所涉及的内容与之前已经截然不同,话语体系也已经不一样。我们该怎样培养下一代的工程师?尤其是面对“一带一路”倡议的挑战,我们的工程教育准备好了吗?

当前,我国已经建立了比较完整的高等教育体系,其中也包括工程教育体系,但我们还仅仅是一个教育大国,而非教育强国。我们处于工业化的中后期,对于世界上任何一个国外先进的教育理念和教育实施,我们可以领会其精神,但不能完全照搬,因为我们的规模不同、国情不同。

然而,无论是何种教育理念和方法,有一条是共通的。那就是我们要有不同的人才培养规格,而非培养单一人才。国外曾经研究过几条不同的人才发展道路,比如美国自然科学基金会2008年的一项研究报告就指出,美国要培养引领科技人才,至于制造和信息办公等领域,美国完全可以培养外包产业人才,利用这些人才引导印度和中国发展相关产业。

就在美国发布这一报告的同一年,中国工程院有198名院士和研究人员通过将近一年半的调查研究,对国内九大行业的人才需求进行了各方面的研究。最终发布报告指出,我国要走世界科技发展和本国产业发展双结合、两轮驱动的人才道路。而这份报告正是引发2010年开始实施的卓越工程人才培养计划的思想来源。

然而,我们该如何做强我们的工程人才培养呢?

在我看来,要想达到目的,主要取决于两大因素。首先是整体规模,在这方面,我国拥有3400万在校大学生,这是我们最大的一个"富矿";其次,在学习领域,每个人都有自己的能量,但每个人能量发挥的百分比是不一样的,有的人能将自身所有能量充分发挥,有的却只能发挥一半甚至更少。如果我们能将所有学生的能量发挥到100%,这将是一份了不得的力量。

我曾做过一项调查,在麻省理工学院,我问这里的学生每周在学业上花费的时间有多少,得到的回答是60~70个小时。在清华大学,我针对研究生也提出了同样的问题,得到的回答是60个小时,我们还差10个小时,而且清华学生在国内还算比较努力的。我们常看到有的高校里,所有教室的灯都是亮的,只有两三个人在学习;有的高校所有教室的灯也是亮的,但里面坐满了人,这说明国内学生的学习精力参差不齐。而不同学习精力下,学生发挥的能力显然是不同的。

那么,又该如何发挥学生们的最大精力?

正如前文指出的,在我看来,我们依然需要在人才培养以及人才评价上,注重多样性的塑造。

我们可以将所有的学校和专业列在一个坐标系内。其中,竖轴为研究型,横轴为应用型。过去,我们把所有的评价体系,全部趋近于竖轴。然而,国内所有学校和专业的类型都被缩成一条轴,应用型如何处理?

在工程教育领域,我们的专业要有多样性,人也需要有多样性。因此,我们需要有多样性学校。而且通过行政手段,将专业类型"统一化"。在这方面,我们的确应该借鉴一些国外经验。

目前在欧洲,多国的工程教育认证大体上都有一个相同的标准。其中最重要的是面向学生,以学生最后的学习产出为主要衡量指标,这在世界范围内也是一个共识。国外工程教育的每个教学环节都会有若干个要求,学生的毕业要求也必须与各中间环节的要求相对应,所有因素综合在一起,才能形成学生的总体评价。但需要注意的是,这种要求仅仅是一个“最小公约数”,在此基础上,各专业都有着很大的自主发挥空间。

事实上,工程教育质量的评估和认证就是根据不同专业的不同定位,达成一条最低要求线。在此基础上,使人才摆脱单一培养方式的束缚,在单一的“研究型”和“应用型”之间,形成更丰富的人才结构和类型。

在工程教育质量认证方面,我们目前存在着几种不同的评估方法,第一种是用同一标准评估,每个专业都在这一体系内一步步向上爬,最终到达金字塔顶端,在这一结构中,每到达一个层次后,“攀登者”都会受到来自周边竞争者全方位的压力。

第二种方式就是形成完全的分类评估,各专业在不同标准下分类生长,从而减少来自周围的压力。

第三种方式则是基于分类的分层评估,即在分类评估的基础上,让评估共同吸收来自政府和社会的营养,至于吸收能力如何,就要靠学科本身的办学定位、判断和努力了。营养越来越多,成长越快,若干年后,专业间的分层就自然出来了。

总之,在工程教育领域,我们希望奏响一曲“交响乐”,形成一个和谐的工程教育系统。就像奥运会一样,正因为比赛项目各不相同,才能各尽所能、百花齐放,赛出“同一个世界,同一个梦想”。

(原载《中国科学报》2016 年 1 月 7 日,记者陈彬整理)

适应博士后的三个变化，选择不同做法

作为一名博士后的合作导师，我多年来和十多位博士后有过合作。在这些合作过程中，也经常会有交流，主要包括以下几方面。

一、从博士到博士后的三个变化

进入清华大学做博士后，这是一个很重要的变化。这个变化对自己有哪些影响？这些变化意味着什么？应该怎么样来主动应对这种变化？有些人选择根据新的单位、新的工作、新的需要随波逐流，用一句话来讲，会跟着公众往前走，走到哪算哪，这是一种态度；另外一些人，采用比较聪明的态度，在这个转折的前后自己思考，我在哪？我到这里来做什么？我还有什么不足？他会做一些预先的思考，这样工作起来就比较主动。这样两种情况，我相信大多数人是选取后者的，因为后者的选取对于一个人的学术人生来说，他会有更好的准备，也会取得更好的结果。

多少年前我曾经看过一本书，这本书作者是一位美国的社会科学家，他的一项针对3000人跟踪了30年的调查发现，那些成功的人，他会在进到下一步之前或者刚进到下一步的时候、就想到下一步做什么，经历哪些变化，有哪些长处要发挥，有哪些短处要克服，有哪些地方要向新的单位学习等等。有这样准备的人，后来成了各方面的领军人物。

刚进到清华大学做博士后，或者你刚得到博士学位不久，或者你刚参加工作不久，今后的人生也会经历很多转移和选择，而在这个转移和选择的时候，需要你们在晚上夜深人静的时候思考前面讲的几个问题:我在哪,为什么要在这;我有什么长处,有什么不足;我应该学习什么,应该发挥什么特点;等等。我想这是一个大家每个人在变化中间应该想的问题,而且是能够预先想的问题。

那么,作为博士后,主要会面对哪些方面的变化呢?

第一个变化,就是在做博士后研究的过程中,你们应该要逐步地学会既要与合作的单位、合作的导师一起研究,更重要的是你们要自己去发现问题、提出问题、解决问题。做博士学位的时候,除非那些很优秀的博士,多数的博士题目是博士生导师们根据他们的情况给你大致框定一个大的范围。有些创造性比较好的博士,他可以在里面畅游他的世界,提出很新鲜的想法,甚至可能突破原来导师给的约束和藩篱,但是大多数是能够很好地完成课题。作为博士后,你不仅要会解决问题还要会提出问题和发现问题。清华大学的博士后流动站是在国内历史最长的一个博士后流动站,而且也是建设得比较好的一个博士后流动站,怎么利用这样的条件,去达到国家或者是社会对博士后们所期望的、所设定的目标,这是变化之一。

第二个变化,就是过去做博士的时候,是有博士生导师或者导师的群体或者导师组和你们在一起,现在做博士后了,也会有相应的合作导师和合作导师组,但是更重要的是你自己要要求自己,博士后和博士期间不一样,要能够说不,能够独立思考,能够提出问题、发现问题。提出问题和发现问题,包括提出科学问题也好,提出重大的技术问题也好,和过去解决一个问题、分析一个问题不完全一样,或者是很不一样。大家会发现合作导师不再是给你一个题目,再给你几十篇文章,把你拖到做完博士的题目。这是第二个变化。

第三个变化是,大家从原来的博士单位,有大学、有研究所,来到一个新的大学——清华大学,这也是个变化。大家要充分地利用新到这个大学它所构建的平台,这个平台不仅是在大学的校园里面,它会辐射到很多与清华大学博士后流动站有着越来越强学术联系的国际各方面机构。所以大家要考虑,到了这样一个新的博士后流动站以后,应该怎样利用这个新的博士后流动站所提供的氛围和资源。当然,这是相互的、双向的,新的博士后也从各自所在的大学带来了一些新的学术研究方向,一些新的有特点的研究方法。

我招过许多博士后,他们从很多单位来,我也向他们学习了很多的东西,这就是一种大学之间的交流,是双向的。对博士后来讲,既要把自己的过去学的东西能够贡献出来,同时你也要去学习,要问问新进的博士后流动站它有什么特点,有什么历史,有什么长处,它和国际上的学术机构有什么样的联系,在这些联系中我能学习到什么,这是大家面临第三个变化应该要考虑的。

因此、希望大家主动思考一下,进站以后有什么变化,如何来适应这个变化,预计这个变化,以及如何自己主动地驾驭这个变化。

二、博士后的三种做法

许多博士后到了一个新的流动站经常会碰到的问题有三种情况。

第一种情况,博士后在过去博士阶段还有很多工作没做完,当时解决了一批问题,但还有一些问题没有解决,比如博士论文后边都有一些展望,那么第一种可能,就是把过去博士阶段的一些东西再进一步发挥,进一步延长,进一步把它完善。这是第一种状况。

第二种情况,是利用我们已经学到的东西,把过去的工作在博士后流动站里,与合作导师继续把它完善,继续往前推进。但是请注意,你要观察合作导师组里正在做什么,他希望你做什么,他们组里还有几个正在研究的问题,这是第二种。也就是说,要充分利用过去的研究成果,并看到现在所面临的新领域中和你相关的东西。那么,短短的两年时间,你要把这些结合就不容易了。这个结合本身就是对你能力的一个培养和考验。这是一个渗透、发展和结合的问题,一个成功的博士后如果没做到渗透、发展和结合,应该说他不是最成功的。

第三种情况,有少数的人,他们有比较活跃的学术视野,有比较精深的基础、修养,到一个新的单位去以后,他看到一个自己想做,而且新的单位也想做而没有做的,或者并没有很好地做的,但是很重要的课题,由他开拓一个新的东西,研究出成果。这样的人,他们的学术敏锐性较高,这叫作“春江水暖鸭先知”。那些具有很好的基础,同时具有高度学术敏感的博士后,就能很好地抓住新的问题并往前推进。

因此,博士后有三种做法,第一个是过去的延长和放大,也可以做得很好;第二种是一定要渗透结合,发扬光大,能做出新的东西。这些是多数人应该做的。因为做到了这个,你就会觉得做博士后不虚此行。今后除了做博士后外,到了新的工作单位已经练就了这样一个结合挖掘、发现、拓宽的能力。一定要有这个经历、无论研究做的大小,或是多少;第三种情况很好。他们年轻,学术敏感,基础又好,又肯苦干,就可能开拓一些新的东西。这些新东西可能不为人所理解,但过了

5年、10年,必然会被人们所理解。希望新进站的博士后们在这三类情况中间有一个合理的选择。

三、关系处理与治学方法

在做博士后的时候,有几个要处理好的关系。

第一,个人和合作导师的关系。合作导师和个人之间的定位一定要清楚,他不是博士导师,他和你共同合作,但是也有指导的意思在里面。博士后要有自己的定位,要好好地合作。

第二,学术交流和个人研究的关系。大家到了一个新的博士后流动站,它一定有一个群体,你们要和新的单位互相交流和学习,要开放,要多交流,不要自己一个人对着你的计算机屏幕,以为这就是你的世界,当然你做研究的时候,这就是你的世界。但是你在做学术交流的时候,你和人家接触的时候,我希望你们这个世界不仅仅是你的学术群体,应该还有清华大学,还有清华大学所承载的学术交流平台,还有周围的清华、北大、科学院这么多的老师群体,这是很难得的。

第三,我过去接收过许多博士生和许多博士后,发现中国的博士生和博士后比起国外的一些博士生和博士后来讲,沟通能力比较差,不太容易把自己的想法很精练地告诉别人,也不太容易把别人的想法很精练地吸收进来。要注意,和人的交流一定要训练,做学术报告,你去讲错了怎么办?在学校里头讲错了没关系,都是你的师兄、师弟、老师,所以要训练表达能力。

第四,有些人觉得博士后阶段经常有合作导师让做杂事,写项目申请,导师要申请基金,叫我帮他写,有时候要与导师带的学生进行交流等。当然,杂事做多了不行,但杂事不做也是不好的,因为你们以后都要写基金申请,那么导师是写申请有经验的人,你帮他写这个从中能够学习,你写得不好他改完了你就知道是怎么写的了,你出站以后你可以写,到工作单位可以写,到管理部门也要写,做科学基金也要写,这有什么不好的?帮着带学生有博士生、有硕士生,甚至还有本科生,跟你研究工作有关系,也没有坏处。因为你带的学生,大家今后还会一起打交道的,要打交道那你就有关系,你就得学会和人共事。在国外叫作 Team work,团队工作,所以这些工作希望大家也要做。

最后,希望大家注意点方法论。清华大学过去有个规矩,论文做完还要做一篇哲学论文(要交的)。这就是要告诉大家,在做研究的时候,你一定经常地总结自己的经验和教训。每个人有自己的研究方法,不完全一样,在做科学研究的过程中肯定有各种各样的方法,这个方法是你曾经用失眠,用血汗换来的一种宝贵财富。为什么不把这种方法论总结出来呢?一个有比较正确的方法论的人,和一个没有考虑到正确工作方法的人,工作效率是不一样的,聪明程度是不一样的,工作成果是不一样的。钱学森先生当时是我在清华当研究生时候的班主任,他就很注意研究方法论,他给我们力学系的博士生写信说,希望你们学学唯物辩证法。我希望每个做研究的人在做研究的工作过程中间,善于从方法论的角度来总结你自己治学的方法,来学习别人治学的方法,这样会使得你更聪明,而不要把这个东西看成是一种负担。我想,年轻人要做这样的东西。

大家都想要做自我设计,这个设计有不同的尺度,我送大家一句话,叫作"风物长宜放眼量",你把尺度放长一点,不要看到明天有什么结果、明天我可以得到什么利益,而看一个时期,5 年、10 年、20 年,长一点,把这个设计好了,才是真正的好的设计。如果把明天作为设计的时间区间,把明天的利益当作设计的目标函数,那么这个人从长远来讲,可能对于他的一生,回过头来看,一定是成就不大的。

希望大家能够考虑到这些,这只不过是一个做过若干年学问,和博士、博士后们相处了几十年的一位老师在经历的过程中所想到的一些东西。博士后们在清华虽然时间短,只有两年多,在这个过程中,我希望这个过程能够成为你们人生中很好的一个加油站,成为你们人生中学习的一个新的起点,也成为你们人生中今后成长的一个非常好的转运站。

[原载《流光溢彩(1985—2015)——清华大学博士后风采录》第 119~123 页,清华大学出版社,2015 年]

对工程教育质量保证中几个问题的思考

我们的工程教育正在发生很重要的变化。我们正在进行专业建设与认证,进行学科建设与评估,这中间有一致性,也有矛盾,直接牵扯到大学教育质量以及学科与科学研究的评价问题,是个“指挥棒”。刚才很多专家都讲到了,对于工程专业的人才培养质量,企业也有评价。大唐集团的杨毅刚副总裁从企业的角度谈到评价的标准,特别强调学校标准和企业标准的不同,他也讲到工程伦理,指出工程伦理应该基于真实的企业标准。

在新工业革命背景下,形成了新的企业形态。工程不再是一个简单的构件和机器,而是一个系统,工程和社会密切交融。平时我们要进行人文素质教育,要进行通识教育,通识教育和工程教育结合,最明显的特点就是强调它的社会学部分的内容,关于道德、伦理、经济效益、法律、环境、子孙后代的可持续发展等对工程的影响。因此社会需求给我们提出了新的要求。2015 年夏天,我们清华开了一个国际工程教育的工作坊,在工作坊上,联合国教科文组织的一个代表问了一个问题,说你们中国提出了“一带一路”,你们的工程教育对“一带一路”准备好了吗?这句话在我们脑袋上敲了一棒子,我想在座的人今后都要考虑这个问题。这个问题实质上是要求我们现在的人力资源要适应国家和社会的需求。我们以前讲“学好数理化,走遍天下都不怕”。学好数理化基础知识,对理工科当然很重要,但是还远远不够。现在有许多文章研究讨论软实力,所谓软实力,可以说是专业之间的可转移能力。刚才杨毅刚总工讲到了中国工程教育认证,大家知道,《华盛顿协议》对参加协议的国家的工程教育专业认证提出了 12 条“毕业要求”,这 12 条中有 7 条和我们下面所讲的学生软实力那一部分的综合素质相关。

我们面对的现实是,时代对工程教育要求的内涵变化了,可是有时候我们的脑袋还停留在过去。就是说,与以往不同,现在我们要把学生培养成为有全球视野、工程伦理意识和创新意识的人才。同时,我们还要结合复杂的工程系统,用集成的办法来实现人才培养,这是今天工程的要求。所以,我们要有新的课程体系,要创新专业。网上有人讲,说我们工程现在的基本词汇都发生了变化,说的话变了。我们当学生时讲的力、速度、尺寸、公差、模数、电压、温度、精度,这些都学过,但现在添加了不少新词汇,一些老词汇的内涵、外延、用法也有所发展,这就提出了一个新的使命:我们现在要建构面向工程系统的话语系统,不能只用过去单向的纯技术性语言。

2015 年夏天联合国教科文组织的代表和我们一些代表在做工作坊的脑风暴时画了一张“一带一路”的图,有代表问,你们培养出来的从事工程事业的学生,到那里去修铁路、开工厂、转移技术,了解不了解阿拉伯的文化?了解不了解中亚和中东的文化?我们过去学的外国文化很多是关于英美的,但是对我们的老朋友,我们今后工作的对象,却知之不多。能不能跨这个文化,就是“一带一路”背景下我国高等工程教育必须解决的新问题。

卓越工程师培养计划有二十几个部委和协会参加,其中有一句话可谓石破天惊——要培养各类卓越工程师后备人才!我们过去培养人才,是分层式的金字塔型,这有利于集中国家的经济实力和财力。但今天我们的工科学生数量已经占到了全世界工科的 38%,这个单一金字塔式的发展要向分类发展基础上的多样性分层发展过渡。

教育部在近一二十年推进了质量工程、工程硕士培养、工程教育认证、卓越工程师培养计划、CDIO 工程教育模式、大学生创新创业训练计划,这些都是大手笔,有很多取得了成功,但也有不少还存在问题。存在问题不怕,打一仗赢了 70%、输了 30% 也算赢。这些改革中有一条最基本的贯穿始终的红线,就是把大学生的质量要求和工程单位、用人单位的需求结合起来,就是说,要满足国家社会和人民的需求,而且要把各类工程人才培养都做到卓越。

过去我们的培养环境太过于软化,一味强调科学,考虑工程实际太少,在这方面,我们是有缺失的。刚才杨总已经把这些缺失讲得很清楚。有位用人单位的老总说,他到我们学校去认证,发现我们的微电子学实验教学内容脱离实际。内行说话往往能一语中的,真是说到我心里去了。

中国工程院 2008 年发表了《走向创新》的研究报告,该报告在《高等工程教育研究》2010 年第 1 期上正式发表,其中很重要的一条政策建议是中国的工程科技人才的培养必须采取“双轮战略”,就是两个轱辘往前走,既有工程研究人才,也有大量应用型创新人才。1993年建设部开始推动工程教育认证,第一个认证的专业是建筑学专业,清华是被认证的五个学校之一。当时我在学校负责教学工作,参加专业认证的专家约有40%是用人单位的。他们讲的话和教授专家讲的话视角不一样,很值得重视。"双轮战略"意味着我们的工程教育一定要强调多样性,到了现在如果不强调多样性,就太晚了。因为我们的工程教育已经有这么大的规模、这么多的学生了,还只用一种标准,搞"一刀切",显然是不合适的。这么多的人,要适应各种类型行业企业的需要。在做工程教育认证时,当时有人画过一张图,叫"大学的相平面图",研究人才培养定位。从中可以看出,有部分人将来要做研究,即研究型的工程科技人才,但大量的要做应用,就是开发应用型人才,有创新性的应用,也有技术服务的应用,还有复合型的应用。可是在我们的脑子里往往只有一根弦。前几天,我听了一个科学研讨会的总结报告,讲我们现在把科研分成研究的、开发的,报告人问:这是不是等于我们就把科研分成两等了,做研究的高等,做开发的就低一点。我说不对,这是个平面图,不是立体的,没有高等低等之分。在这个平面图上研究可以做到很卓越,应用也可以做到很卓越,复合型的也可以做到很卓越。我们国家有这么大、这么多样的工程人才需求,如果把所有的人都赶到工程研究人才类型里面去,全世界38%的工科学生都一个类型,好多事情没人做,所有人去做一件事,那就是悲剧了。所以多样性是很重要的,人有多样性,人才类型有多样性,每个人各有所长,我国的工程教育才能健康发展。

卓越工程人才培养要走向创新,我们不能够把人才培养都变成了工程研究型,二维的平面的都缩成一维的。应该是整个平面上各种人才都有。这是非常大的结构问题,结构一维,就不可能合理。之所以如此,是因为我们以往的"指挥棒"都驱使大家来做研究型人才培养,"千军万马过独木桥"。这种局面必须改变,实际上也正在改变。

培养多样性人才还碰到一个传统思维问题。我有一个朋友是某专业的负责人,也是学科负责人,他在做工程专业认证的时候要用OBE的标准,就是聚焦学生的学习结果,所以教师必须把精力放在学生的学习结果上,每门课都要讲学生获得什么样的学习结果,这对他来说很新鲜。常见的情况是,我们脑子里还残存着传统的偏见,往往聚焦于教师的研究成果、经费、奖励等上面。这个其实现在已经在变,比如,我们搞学科评估,在2014年12月发的学科评估文件里面,最重要的一句话就是,我们评估有多种,但是必须聚焦于研究生培养质量,学科评估跟学术研究有关,更与研究生培养质量有关,你的产品、你的学生培养的质量如何,才是衡量学科发展水平的最重要的标准。这跟我们过去的评估标准不完全一样。但由于过去的印象非常深刻,已形成思维定势,新的内容 2014 年 12 月才以正式文件发表,到现在仅仅过了一年多时间,人们还来不及真正换脑子。卓越工程师培养计划的验收也有类似的情况,第一步必须通过工程教育专业认证,第二步还要通过附加的几条考核内容,OBE 的标准贯穿其中,有点不习惯。另外,我们的学科评估现在各个点都在做准备,也在做调研,课程结构调研,学生情况调研,研究成果汇总,但是脑子里还在想,前几年我算的是院士数、SCI 文章数、经费数、获奖数,现在搞 OBE,不适应。

我有一个观点:要重视本科教育。我们要聚焦全体学生的结果,不管是培养本科生还是培养研究生,要一视同仁,更要系统思考,而本科是基础。从来没有见过一个学校,它的本科专业办得很差,研究生教育倒办得很好。倒是有些学校只招研究生,不招同专业的本科生,研究生就缺乏优质生源了。大家都知道,科学院现在也办了大学,动力之一就是为了解决生源问题。许多大学当时也是这样做的:推荐学生读研,把最好的学生自己留下来当研究生,科学院就招不到好的研究生生源了。所以这是个问题。应该认识到,对于本科教育和研究生教育来说,办好专业和建设学科是一致的。高等院校一定要做研究,高等学校的研究一定是和研究生一起做的。在座的各位都知道,你做科研的时候会有许多学生,这和科研院所的情况不完全一样。

过去我们办学与招生是金字塔形的,分成若干层,有若干条分界线。我非常反感人为的分层制。这个分界线是上世纪 90 年代形成的。那个时候没有网络,每个学校招生的人抱来一大摞考生档案,清华大学和北京大学率先在晚上八点进驻招生点,明天早上八点把档案送回去,录取完了走路,以便下一批招生者好拿走报他们学校那部分考生的档案,第二批招完了,再把档案还回去,供再下一批的人如法炮制。经过几年循环,就固化成后来的一本、二本、三本的分层了。到了 20 世纪 90 年代末,网络普及了,技术进步了,分发分数线和填报志愿的工作可以在若干分钟内解决。但一本、二本、三本,作为陈规也就这样延续下来了。于是有的学校和考生就认为这个一本、二本、三本是命中注定、不可改变的。其实,每个学校只要把自己的优势发挥出来,如同走路,定位定好了,互相不挤压,沿着自己的路往前走,就会畅行无阻;又像庄稼,沐浴天上的阳光、吸收地下的水分,就能茁壮成长。水分有的来自工业企业,有的来自政府,学校有正确的定位,养分吸收了,庄稼就长高了。至于长得多高多矮,在同类庄稼里面就会自然分层了,这样的分层,才能真正反映学校的办学水平。

帅才和多样性怎么统一？所有的学校都培养元帅，不打仗了？钱学森提过一个问题：老的教育体制能培养帅才吗？但是没有人真正回答过。其实，在 1991 年 11 月 15 日，钱学森自己提供答案，他有五点建议：一是要学习马克思列宁主义、毛泽东思想。二是要了解整个科学技术，了解科学技术整体发展情况。三是要学习世界上各种知识，了解其起因、历史，等等，以迎接世界的挑战。四是要学习军事科学知识，包括组织管理方面的知识和才能。五是学点文学艺术，培养换一个角度看问题的能力，避免“死心眼”和机械唯物论。（见《中国大学人文启思录》第二卷，华中科技大学出版社，武汉，1998 年，第 201 页）这是讲培养帅才，在培养帅才方面，我们过去做得不够，没有强调让学生在大学里了解更广的知识，了解科学技术、了解世界知识、学习军事科学知识、学习唯物辩证法、学习为人民服务。请大家记住，钱学森讲的是要培养帅才，大学做得不够，没有培养好，我们要努力。我们还要进一步反思，要不要培养将才？要不要培养校才？要不要培养作为基层骨干的连长？要不要培养突击队的士兵？不能有帅无将、有将无士啊。所以我们应该各类人才都要培养，各类都要卓越。工程院的调查报告《走向创新》一文后面有 12 个附件，每个附件写一个行业或一个专题，每个行业调查了很多材料并做了深入的分析，有理论有案例，有对行业领军人物的调查研究。结论是领军人物的培养既要在学校里培养，打好基础，拓宽视野，更重要的是在实践中锻炼学习，通过若干年的积累才能真正变成领军人物。

大学学习和社会实践对人才培养至关重要，于是就提出了一个问题：如何进行质量评价。质量评价种类、各自的标准和用处也不同。

近两年来，多家媒体多次报道大学排名，它们吸引眼球，也搅动着人们的脑子。这里列出三个例子，即 U. S. News、TIMES、QS 三大排名。从 2015 年网上下载的相关资料看，U. S. News 的排名，声誉占 25%，论文占 65%，与学校相关的工作占 10%。我相信他们收集的数据是有根据的，按照设定的标准，这个排名也不算错。但是，大家也许还没发现，2015 年 U. S. News 推出的排名榜有两个版本，上面介绍的是国际版，实际上，它还有一个国内版。国内版包括学校声誉、学生的保持率（约占 20%），接下来是雇员（包括教授和教师的薪水），接下来依次是：学生的素质、学校的财源以及学校获得的捐献。我问美国工程教育学会的专家：同样一个大学排名为什么有国际和国内两个版本呢？他们回答说，前一个是给外国人看的，就是显示美国科研多先进，你们赶快过来（“你们”当然是指各国的优秀人才），这一套，甚至误导了有些国家的大学，使它们走上了“论文至上”的歧途；后一个是写给美国国内的人看的，是给美国家长和学生看的，吸引他们来报我这个学校。

所以,每个项目都有它的标准,都有它的目标和用处。比如说,制定一套比赛标准,用米尺量某项运动的成绩,再制定另一套标准,用秒表测另一个项目的成绩,各有各的用处,不能张冠李戴,把秒表用于田赛,米尺用于径赛。所以要注意,不同目标和用途,用不同标准。TIMES 排名也有其特点,教学占 30%,研究占 30%,论文引用还有 30%;还有国际化的程度,研究和科技共占 62.5%,这是另外一套标准。同年还有一个 QS 标准的排名,同行评议很重要,占 40%,雇主的评价 10%,师生比占 20%,看是不是放羊,一个老师教一百个学生,还是一个老师教几个学生,成本不一样,效果也不一样。教师论文引用占 20%,这与前面的 U. S. News 论文占 60% 大不一样。还有国际学生的比例,国际教师的比例。TIMES 排名榜还有另外一个版本,大家如果愿意去看网上都有。我们国家的高校评估从 2010 年开始有了很大的变化和进步,第一要自我评估,第二是院校评估,院校评估里面有一个合格评估,还有一个审核评估,另外还有专业的评估和认证、国际评估,等等。

我国 2014 年、2015 年对高等院校出台了科研评价的改革意见,出台了学科评估的新文件,这些文件都体现了一个共同的精神——改革的精神。这些文件正在落实之中。工程教育专业认证已有十来年的试点与实践,从 1993 年开始,到 2006 年正式出台多专业类试点的文件,已经有 15~20 年的历史了。这段历史的经验和教训都表明,正确的教育质量评估是一个与专业评估、学科评估、高校科研评价、教师评价紧密联系、互相作用的系统。

这里重点谈谈教师发展与评价。既然我们对学生要进行评价,对学校要进行评价,那么,教师发展应不应该有评价?我们的确有,但评价内容值得推敲。如果各位愿意把去年你们学校升教授的表格拿出来,就可以发现要填些什么。我拿到一所很著名的学校的教师评价表,第一页是姓名,第二页标题是科研成果,黑体字,下面加一个括弧,“含教学成果”,括弧内不是黑体字。这好像是大学文化涉及教师评价时孰重孰轻的一种不经意的流露。

2016 年 7 月份,清华大学工程教育中心要开一个工作坊,有一项内容是,请欧洲 28 国工程教育学会的专家来讲教师发展和教师证书,主讲者是那些学会的主席和有经验的专家。我们现在没有真正的教师证书。工程教育中教师该不该有证书,人家有,但我们还没有。至少卓越工程师培养计划对这个问题是讲清楚了,在附加验收条件里面,规定最后几门专业课必须由具备多少年工程经验的人来讲,而且必须有名有姓,以便核查;第二,规定必须聘任多少个来自企业的兼职教师,学生必须有多少时间在企业里结合培养计划进行实践。这些都是为了确保工程教育的教师和学生发展真正姓“工”。

现在都在讲工程伦理,今年夏天我们那个工作坊会上还有一个研讨的题目叫“工程伦理和胜任力”。我国工程教育认证的毕业要求一共有12条标准,有6条到7条讲的是过去不太拿得出定量证据的条目。我们清华的校训中后半句叫做“厚德载物”,我们做工程,德和物应该是结合在一起的。授课和学生学习的内容中应该有德;培养学生通过物的课程,通过物的互联网,但也要体现对学生的德的培养,而不是两张皮,好像“德”的事情归辅导员管,物的事情归教师管。其实教师教课,在各个培养环节,都必须做到厚德载物。

众所周知,工程师最高的义务是服务于公众的健康、福祉和安全。我们要讲伦理,讲道德。这些都包括在“毕业要求”所列出12条里。如果要参加工程教育专业认证,就该这么办。你要提供培养学生结果的证据。要培养创新意识,考虑公共的健康安全社会因素。考核你的教学业绩,你要拿出证据来,证明学生被这样培养过并达到了培养的要求。

这12条不是为了应付《华盛顿协议》专家的检查,出于获取工程教育学位国际互认的需要才写上的。工程教育要培养未来从事工程的人才,要面向工程系统,我们的专业不应只注意基础课、专业课和设计环节,更要落实工程实践环节。有一句话我们曾说过多年:“教育与生产劳动相结合”,要求学校和企业合作育人,途径如何实现?有人问,本科学制总共四年,又要系统,又要环保,又要经济,又要法律,时间哪儿来?MIT说,他们有一个秘诀:85%以上或基本上所有学生都参加与企业共同进行的研究型实习项目和创业项目。学生在研究和创业过程中,只要在解决问题,其中就必然会牵扯到法律、经济、环境,牵扯到各种各样的社会问题和工程伦理问题,要在与实践的结合中,解剖麻雀,学会自主学习,学会系统综合。如果没有与实际结合,没有实践环节,当然就只剩下X加Y了,也就满足不了国家和社会的需求。

最后,要看到世界发生的变化,世界在变,质量的内涵也在变。现在我们讲的质量不完全是过去的数理化基础或者狭义的机器和设计质量,而是一个工程人才的综合素质,是现代工程背景下合格人才的全面发展的质量——当然,作为大学生,还仅仅是“毛坯”的质量,走上工作岗位后还要进一步锻炼。我们的大学都很重视质量评价和排名,但质量标准是多样性的。多样性标准如果做得好,就是科学的,可以借鉴参考,但绝不可盲目照搬。国际上有许多大学排名榜,但正如前面提到过的,同样一家新闻机构,却有国内国际两套排名标准,作为信息来源,当然值得关注,但是千万不能被牵着鼻子走。有些标准仅仅是衡量学科和科学研究的标准,不一定适用于衡量工程教育的水平,教育的标准是衡量培养的人,也就是我们讲的 OBE。所以,不同的赛场要用不同的符合竞赛内容的标准,人才培养也是如此。MIT 有位前校长写了一篇校长年度报告,题目是《察变化、善综合、求平衡、重创新》。工程教育的积极变化之一,就是加入了系统思维,致力于把所有的资源、所有的构成要素整合起来。我们现在很多工作正在整合,教学和科研是整合,学校和企业也是整合,综合、融合;而且在整合中关注平衡,随着时间的变化,这个平衡杠杆的支点也在逐步移动。当然,最重要的还是有创新。

(本文根据在中国高教学会工程教育专业委员会第四届理事会暨工程科技人才培养研讨会上所作的学术报告整理而成,原载《高等工程教育研究》2016 年第 3 期)

大学的本质功能与中国科技人才的培养

本文讨论两个问题:大学的本质功能是什么?中国科技人才培养的道路和实现途径是什么?这都是老问题,要从新而不俗的角度来讲,不容易。我不是教育理论工作者,所以仅从自己看到的文章、想到的问题、做过的事情谈起,讨论几个大家感兴趣的问题。

一、从国际大学评估—排名讲起

现在建设"一流大学,一流学科",谈得很热闹,大学要评估、专业要评估、学科要评估。当今有三个国际大学排名榜最为出名,也最受国内关注。在此,我要提请大家留意这些排名各自的标准、因子、权重,思考一下这些标准是不是今天我们该认为的好大学的标准。

第一个排名是 U. S. News,其中学校声誉占 25%,论文占 65%,论文评估、引用率评估、国际合作等加在一起,科研部分总计占 90%,显然,该标准认为,大学排名应按科研特别是论文论座次。我也注意到,U. S. News 排名有国际版和美国国内版两种,国内版主要有学生保持率(占比 22. 5%)、教师薪酬、校友捐赠、雇主所认可的学生全面综合素质等评价因子。对此,人们难免会产生这样的疑问:为什么要弄两套标准?2015 年,我在与美国教育工程学会一位同行交流中问及此事,他回答说,这是为了满足不同用途的社会需要,国际排名标准是科研排名,给国外人看,吸引大家赴美交流;国内标准给美国家长和孩子们看,他们可以据此选择学校。

第二个排名是英国的TIMES排名,TIMES排名里面教学声誉占15%,研究部分占30%,加上论文引用占30%,科研占比共60%,此外还有产业收入的标准[1]。

第三个排名是QS,该排名因子包括师生比例、同行评议、雇主评价、教师人均论文数、国际学生比例、国际教师比例等。其中学术同行评议占40%,要注意,这里所谓学术还是着重在科学研究上,据我了解,早先的学术同行评议少有中国人参与的份,为什么?QS有专家库,2012年以后,才逐渐有少量中国专家参与同行评议。QS还对中国发出了5条忠告[2]:①引文索引的核心功能是科学检索,而非科学评价;②基本科学指标(ESI)只能用于评价科学领域的学科,不能用于评价人文与艺术、工程等其他领域的学科,更不能用于评价机构和个人;③作为衡量期刊影响力的常用指标,期刊影响因子应予以恰当的应用,而不是作为评估作者或机构的替代品;④高被引指的是科研成果影响较大,不能等同于质量高、贡献大;⑤跟科学文献的计量相比,应当更加重视文献、专利的内容挖掘和情报分析。QS还明确指出,对影响因子"应予以恰当的应用","更不能用于评价机构和个人"以及建议必要的质化分析等,也表明了"过分利用其数据产品,后果自负"的态度。

国外大学评价排名标准与结果各种各样,它们所提供的信息,也各有各的用处,但上述三个大学国际排名的选取标准,都不同程度地忽视了人才培养,特别是人才培养对社会、国家、人类福祉的贡献这一本质功能。因此,在当前一流大学建设中,对于这类大学排名要有科学的态度,切莫重蹈以往用SCI及其引用率来评价科研和人才水平的覆辙。

2010年起我国开始实施的本科高校评估系统有五类:自我评估、院校评估、专业认证与评估、国际评估、教学基本状态数据常态监测;自2010年以来,中国的高校评估对本科层面的质量监测和评估提出了五个度的要求:社会需求的适应度、培养目标的达成度、师资和条件的支撑度、质量保障的有效度、学生和社会的满意度[3]。这个评估具有中国特色,较之以往有显著进步。其中很重要的一条是把教学的基本状态常态数据库建起来,并依照基于学生培养质量的标准来评估。在专业认证方面,贯彻以学生为中心、基于学生学习结果并持续改进质量的理念,形成有中国特色的大学和工程教育认证和质量保证制度。

最近我国教育部明确指出:"2015年新修订的《高等教育法》再次明确,高等学校以人才培养为中心,开展教学、科研、社会服务。人才培养是中心、是根本,是大学的本质属性,是大学的存在价值。本科教育在人才培养工作中占据基础地位,是大学教育的主体组成部分。本科教育质量是大学办学声誉的重要载体。坚持'本科为本',是我国一流大学建设的必然选择。"大学第一职能是人才培养。教育质量的短板之一是绩效评价不合理,对教师评价"重科研轻教学";而工程教育的主要短板是学生解决复杂工程问题的能力偏弱,对工程职业道德操守的培育有待进一步落实。

众所周知,我国正在推动"双一流"建设。习近平出席全国高校思想政治工作会议并发表重要讲话指出:"只有培养出一流人才的高校,才能够成为世界一流大学。办好我国高校,办出世界一流大学,必须牢牢抓住全面提高人才培养能力这个核心点,并以此来带动高校其他工作。"[4]

国务院2015年底印发了《统筹推进世界一流大学和一流学科建设总体方案》,指出要"坚持以中国特色、世界一流为核心,以立德树人为根本";"突出人才培养的核心地位";"培养具有历史使命感和社会责任心,富有创新精神和实践能力的各类创新型、应用型、复合型优秀人才";要"将学生成长成才作为出发点和落脚点,建立导向正确、科学有效、简明清晰的评价体系"。从教育的角度看,学科建设主要面向研究生教育,专业建设主要面向本科教育。在"双一流"建设中,要正确处理两者的关系:"一流学科建设与一流专业建设成为有机统一体,相互融合、相互支撑、相互促进。一流本科教育是高质量研究生教育的基础"[5]。

评价是一个指挥棒。评价的标准是根据评价目的来定的。学术评价评研究,教育评价评人才培养,科研评价评项目,职称评价评个人。矛盾也在此显现出来。我们在学习借鉴国外经验时,应当根据自己的国情校情,区别对待、择善而从,尤其不可忘记人才培养这个核心,必须把源源不断的一流人才培养作为建设一流专业、一流学科和一流大学的最重要的指标。

二、什么是大学、大学的本质功能

大学是什么?首先看三位著名的中国教育家的论述[6]:

第一位,北大校长蔡元培,在1917年4月就任校长演说时说:"大学者,研究高深学问者也。"蔡元培接下来的解读是,"今诸君苟不于此时植其基,勤其学",将来必致贻误国家、贻误自己。所以他所说的研究高深学问是用研究的办法来学、来问,这和我们今天社会上泛指的科学研究一样吗?有一样的地方,但也有重要的差别,那就是,"研究学问"既是学习的目标,更是学习的路径,人才培养,已在其中了。

第二位,新中国成立前清华校长梅贻琦在校长就职典礼上说:“大学者,非有大楼之谓也,乃有大师之谓也。”但接下来又说:“我们的知识,固有赖于教授的教导指点,就是我们的精神修养,亦全赖有教授的 inspiration。”[7] 现在人们常引用前一句形容大学,难免有以偏概全之嫌。后一句才点出了梅先生的本意,即,大学的“大师”是要教授知识、培养学生精神和情操的。

第三位,新中国成立后的教育家、清华大学原校长蒋南翔,关于大学的定位讲得很清楚:“办学要讲‘方向’、讲‘质量’,培养学生要‘全面发展,又红又专’”。[8] 培养学生有正确的社会主义价值观,走正确的为学和为人的人生道路,这是讲到了点子上。蒋校长这番话也是当今具有中国特色的高等教育人才培养理论的简要表述。

2016 年 4 月,习近平总书记在致清华大学建校 105 周年贺信中提到:“清华大学形成了爱国奉献、追求卓越的精神和又红又专、全面发展的培养特色。培养了大批学术大师、兴业英才、治国人才,为国家、为民族作出了重要贡献”,“源源不断培养大批德才兼备的优秀人才。站在新的起点上,清华大学要坚持正确方向、坚持立德树人、坚持服务国家、坚持改革创新”。

总之,大学要培养又红又专、全面发展的人才。所以,我要对梅贻琦先生的提法略加扩展:“大学乃大师育才之谓也”。

三、社会主义价值观与工程伦理

学校和教师的责任是对学生的能力培养与实践指导、知识传授与求知引导,很重要的一条是价值观的培育。清华大学的校训中有四个字——“厚德载物”,所谓通才专才的意义就蕴含其中。“德”是有正确的价值观、有伦理、有道德;“物”是我们要和社会、和工程结合在一起,念文科要改造社会,学理工科的要通过科学和工程造福人民,物中有德,德要驭物。由此联系到我国工程科技人才培养的道路问题。工程学科是科技创新活动,也是人文社会活动。比如汽车,过去的汽车简单,有变速器、发动机、底盘等等,开着就走;现在的汽车则要讲究舒适性、安全性、环保性,追求性价比。今后还会有无人汽车、智能汽车,这些难道仅仅是纯粹的科技活动吗?所以说科技人才的活动,一定是和人文社会交融的。美国的科学院和工程院的报告曾讲到,“我们 2020 年的工程师应该是受全面教育的人”,此话是有实在含义的。人才的培养,除了对学生的知识—能力的要求外,更重要的是价值观的培育。爱国家,服务于人民,有高尚的品德,讲职业道德。工程教育认证标准中"毕业要求"的第一条,即要求培养学生"具有人文社会科学的素养、社会责任感和工程职业道德";第五条要求"设计过程中能够综合考虑经济、环境、法律、安全、健康、伦理等制约因素"。这些标准直接要求落实工程职业道德和工程伦理。其余各条分别要求"能正确认识工程对于客观世界和社会的影响","具有表达能力、人际交往能力以及在团队中发挥作用的能力","具有国际视野和跨文化的交流、竞争与合作能力"。这些品质和能力要求被写入工程教育认证的通用标准,是从事工程师工作的职业要求。

国际工程联盟指出,工程师活动是一种社会实践活动,"工程伦理是对在工程实践中涉及的道德价值、问题和决策的研究"。各大工程师协会的章程都把"工程师的首要义务是把人类的安全、健康、福祉放在至高无上的地位"作为根本原则。气候变化、洁净能源、绿色生产、仿生工程、基因工程、智能制造等都对当代的道德伦理、可持续发展、科技政策提出了新的问题。工程项目的要件如操作实施、人际沟通与人力资源、财务资金、组织体制、工作环境界面等都与人的活动相关联。工程师要申请职业工程师执照,也有对工程职业伦理道德表现的硬性要求。美国国家科学院、国家工程院在《2020年的工程师:新世纪工程学发展的远景》中指出,工程师应该成为"受全面教育的人,有全球公民意识的人,在商业和公务事务中有领导能力的人,有伦理道德的人"。不少国家的工程教育认证要求,必须把培养学生对"工程职业和实践的伦理特征的认识"作为接受认证的条件。凡此种种,都清楚地表明,工程伦理教育是工程教育的一部分。工程专业课程体系中,应当开设相关工程伦理的课程,在实践环节中也要加强工程伦理的教育。《易经》云:"君子以厚德载物。"工程是物事之功,它御于德,也承载德。因此落实教育中关于培养学生人文社会科学的素养,具有职业道德是培养全面发展的人的应有之义。[9]

以我国工程类专业认证标准中"毕业要求"为例:第三条提到所有的设计要考虑公共健康、安全、文化、社会以及环境等因素,不仅要认识到这些因素的影响,并且理解应该承担的责任;第八条是职业规范:"具有人文社会科学素养、社会责任感,能够在工程实践中理解并遵守工程职业道德和规范,履行责任";第九条是个人和团队:"能够在本学科、跨学科及跨文化的团队中作为个体、成员或负责人有效发挥作用"。中国高等教育的一个重要特色,就是重视学生的思想政治教育,不但教思想政治课的教师身负重任,而且全体任课教师和其他职工都肩负着育人的责任。因此,应该努力实现两个转变:其一,转变教育指导思想。教育评估从重评教、重投入转变到注重学生的学习结果上来。学校与工业企业协同育人,注意加强工程实践能力培训。对什么是好的教师,好的教与学,在教师发展与聘任的机制上应有实质性的推动与提升。教育指导思想牵一发而动全身,牵动着培养计划的重新设计,学校企业的合作育人,教师评聘的人事制度,教学与科研评价的平衡。其二,转变教学行政管理。教务部门与学生工作部门,要做到合力协同培养学生。对评教评学的举证制度化,综合教务数据库与学生就业、定期毕业生调查、用人单位反馈等方面的信息,以学生的学习结果为汇聚点,提供教学基本状态与学生发展的数据。真正实现课程与各培养环节的教师、学生工作系统与教学管理人员在几十个培养环节协同育人。

总之,做工程、做科技的人才是从事科学技术的人,也是一个社会的人,从事人文和社会活动的人,高校的工程专业必须强化社会主义价值观和工程伦理教育。

四、我国科技人才培养的道路

当前,我国已经建立了比较完整的高等教育体系,包括工程教育体系,但我们仍然只是一个教育大国,而非教育强国。我们正处于工业化的中后期,对于世界上任何先进的教育理念和教育实施,都只可领会其精神,有选择地加以借鉴,而不能完全照搬,因为我们的国情不同、规模不同、发展阶段不同。然而,无论何种教育理念和方法,有一条是共通的,那就是我们需要有不同类别的人才培养规格,而非单一类型的人才规格。2008 年中国工程院做了一项重要的咨询研究,回答我国科技人才培养的道路问题,写出了题为《走向创新》的综合报告[10],其中有句话非常重要:“中国的科技人才培养要走与世界科技发展和本国产业发展双结合、两轮驱动的培养人才道路,培养各类卓越工程后备人才。”此处所指“各类”,并非是工科、理科、文科的划分,而是创新型、研究型、复合型、创新应用型的类别划分。有外国教育研究组织和专家建议,还有另外两条科技人才培养道路:第一条是培养引领科技人才的道路,这一点美国一直在践行。1992 年我们在 MIT 做教学调查,待了近一个月,看它们的实验室已经在探索计算机和人眼的生物学信息之间的互相作用了。当时 MIT 已建了大楼,要求所有学生必修分子生物学,实际上,他们已经念到基因、神经了。毫无疑问,中国当然也要培养引领科技的人才,但中国这样大体量的工程科技人才培养,不可能把目标锁定在只培养或都去培养引领科技的人才上。还有第二条建议:走培养外包产业人才的道路。美国要做培养科技引领人才工作,加工成型让中国人去做,信息、办公软件让印度人去做。我们做加工外包,印度人做信息外包,美国人和发达国家做设计引领。美国是脑袋,而我们是手,是执行元件。这条建议也不可接受,我们不能只有手而缺少思维的脑子。

中国的国情是,我们有巨大的人力资源,每个人都有潜能和能量,要使每个人能量尽可能发挥,满足国家发展对人才多样性的需求。中国犹如一个富矿,有很多很多煤,如果只让百分之十几的煤充分燃烧,别的都打折扣不温不火的,发出的能量又能有多少?如果能把所有人的能量都发挥出来,如同所有的煤都充分燃烧,那时我们的能量能有多大!所以,希望中国所有的大学生都要树立人人皆可成才的自信。

五、工程教育的发展与变化

第一个变化,工程教育的前沿现在有纳米技术、生物技术、信息技术、认知技术,大工程出现在工程实践领域。比如 Macro,就是指宏大的工程,在这里,能源、环境、加工制造、通信、物流实际上已经跟社会科学交融在一起。过去我们读工程,读的是力、速度、尺寸、公差,今天还会读到规模、复杂性、集成、构架、演变、支付能力、社会范畴,也就是说今天工程科学的教科书里面有了新的话语,这些话语是工程系统的语言。话语也是工程文化的体现,工程的文化发生变化了。现在我们需要与复杂系统打交道、要用集成的方法来实现。现代工程师和过去的工程师的内涵很不一样,要有全球视野,要更懂得工程伦理,要有更强的创新和合作意识,还要学会跨界创新。换言之,现代工程师的素质结构已经具有了集成性。这就是工程教育的第一个发展与变化:话语变了,工程的文化在变。

联合国教科文组织代表 2016 年夏天来清华大学参加工程教育工作坊,他们拷贝过来一张"一带一路"的地图,问我们中国从事工程教育的同行说:发展"一带一路",你们工程教育界准备好了吗?这是工程第二个重要发展与变化:工程学科面向和服务的地域也在改变。

第三个发展是我们要面向更为复杂的工程问题,而非简单的工程问题。很多工程问题都具有系统性与复杂性,要求工程和科技教育要面向复杂工程问题。我国工程教育认证标准“毕业要求”的 12 条中有 7 处提到复杂工程问题。这一点,前面谈到工程文化的变化时已经述及,兹不赘。

第四个发展是要求培养多样性的卓越工程人才。在人才培养以及人才评价上,要注重多样性的塑造,满足学生和社会的多样性需求,要因材施教,发挥每个学生的学习积极性。可以将所有学校和专业的培养目标列在一个平面坐标系内。其中,纵轴为研究型,横轴为应用型,两轴所夹的广大平面上,分布了多类人才的需求。我们以往的评价体系中,把广大的平面分布的多样性全部凝缩趋近于研究型的工程科学研究的纵坐标轴上去了。如果所有工程学校和专业类型都被缩成一条轴,那么,应用型和其他许多不同类型的需求如何满足?在工程教育领域,人才需求有多样性,专业培养也要有多样性。因此,需要有多样性人才—专业—学校。通过单一的行政评价手段,将专业类型的目标和要求“统一”,不符合社会的需求。在这方面,我们的确应该借鉴一些国外经验。偌大的中国,需要多种多样的人才。2010 年,教育部启动“卓越工程师教育培养计划”,工程师作为人才培养目标重新受到重视,“工程师”的概念也明晰了。更重要的是,工程师的类型开始变得多样化:研究型、生产型、服务型、复合型等等。我们要适应这些重要的变化,更好地构建和完善我国的工程科技人才培养体系。

六、高等教育大众化时代的大学发展策略

我们讲的“一流”是中国特色的世界一流,是多样性的卓越。多年来,工程教育有两种发展模式:第一种模式是当我们学生人数较少、国家财力有限时,对于某些重点学校和学科加以支持,让它们有较好和较快的发展,以取得发展的经验。20 年前,我国的高等院校是一个金字塔形状,重在区分层次,学校之间处在一种攀比、紧张的状态。第二种模式是基于分类发展基础上的分层发展[11]。这是我们现在正在走的路,学校分布呈现扁平态,每一所大学、每一个学科和专业都坐落在这扁平的基础上,吸取着不同的营养,可以从政府得到支持,可以从工业企业和社会中得到营养,能否健康发展取决于它能否正确地自我定位,制定正确的发展战略,而不是在同一个单元间互相挤压。在第二种模式的基础上,大家可以互相学习、互相交流,向上生长,最后实现和谐的大学发展、学科发展和专业发展。第二种模

式恰如奥林匹克运动会的各项比赛,类别不同,各尽其能、百花齐放,赛出"同一个世界,同一个梦想"来。

七、钱老之问答与"双一流"建设

钱学森曾发问:"老的教育体制能培养出帅才吗?"大家可能不太了解,1991年11月15日钱老自己拿出了答案[12]。钱老在"九十年代科技发展与中国现代化系列讲座"上说:"怎样培养帅才?我提出以下五点意见:一要学习马列主义毛泽东思想,强调学生一定要有思想,有哲学,有思辨;二要了解整个科学技术,是整个,不是一部分;三要学习世界知识;四要学习军事科学知识;五要学点文学艺术,还要身体健康。"钱学森领导发展了我国的火箭、导弹,它是大系统,所以提倡建立系统论哲学,他自己就在研究哲学,研究系统论,也勉励自己的学生们学习唯物辩证法。1991年,清华大学工程力学系有15位博士生给钱学森先生写信,说:"您是清华大学工程力学研究班、工程力学系的创始人,我们现在学习力学,应该如何前进、如何发展,还需要您的指导。"半个月后,钱学森亲自给这个班的学生回信,回信中有一段话:"怎样做到理论联系实际,必须深入实际,但到了现场,实际就在眼前,可是你可能抓不到问题的要害,原因何在?缺少分析洞察问题的能力。怎样培养分析洞察问题的能力?我认为最好的方法就是学习并掌握马克思主义的哲学。"他指出如何培养分析解决问题的能力,很重要的是要有好的思想指导,学习哲学、方法论。写到这里,对于正在高等学校学习的学生今后如何学习和成长,我也提出几点希望作为寄语:第一,要有理想。要想而有理。首先讲"想",兴趣就是一种"想",可是"理想"要"想"得有"理",离开"理"的"想"是"幻想"。"理想"要符合自己的条件,还要符合环境提供的可能和社会发展的规律。第二,学而习之,通常讲学习,往往重学轻习,我们应该学而习,知而行,行而更深地认知。第三,知而能识,学知识,不能光重知的积累,把脑子变成图书馆,更要有识,有思考、有批判、能联系、能辨析,这才是真学习。第四,专而能通,应该通中有专,专中有通。第五,网而重道。网络提供如此多的信息,上网要抓住网中的道,道就是本质、规律,就是解决问题的关键,就是你要学习的核心内容。第六,立而自信。你有这种能力,就能够成长起来。第七,要珍惜并学会驾驭时间,既要只争朝夕,又要终身勤学不辍。

中国工程院的咨询报告[10]写道:领军人物的培育有两个阶段,有院校教育成才阶段和企业社会实践成才阶段。领军人才的成长,除了高等院校教育培养外,还要经历实践环节长期的学习、磨炼、筛选,并经历专业的跨界学习和实践,他的思想方法与哲学的提升,也要经历长周期成长过程。大学是培养人才的地方,莘莘学子遇此天时、地利、人和,只要自强不息,成长为国家需要的人才是可以预期的。

参考文献

[1] 余寿文:关于高等工程教育的几个基本概念研究的注记,载《高等工程教育研究》2007 年第 1 期。

[2] http://blog. sciencenet. cn/blog-280034-945114. btml.

[3] 余寿文:《关于现代工程教育几个认识问题的讨论》,载《高等工程教育研究》2013 年第 2 期。

[4] 习近平:《全国高校思想政治工作会议讲话》,《人民日报》,2016 年 12 月 9 日。

[5] 林蕙青:《一流大学要办好一流的本科教育》,《光明日报》,2016 年 5 月 6 日。

[6] 余寿文:《大学者,育才之谓也——中国特色高等工程教育十议》,载《高等工程教育研究》2011 年第 2 期。

[7] 梅贻琦:《在就职典礼上的演说》,《清华大学校刊》,No. 341,1931 年 12 月 14 日。

[8] 蒋南翔:《关于红专讨论的报告》,《蒋南翔文集》(下卷),北京,清华大学出版社,1998 年,第 701 页。

[9] 余寿文:《工程教育评估认证及其思考》,载《高等工程教育研究》2015 年第 3 期。

[10] 中国工程院“创新人才”项目组:《走向创新》,载《高等工程教育研究》2010 年第 1 期。

[11] 余寿文:《工程教育发展的目标与分类分层推进的策略思考》,载《高等工程教育研究》2013 年第 6 期。

[12] 钱学森:《我们要用现代科学技术建设有中国特色的社会主义》,《九十年代科技发展与中国现代化系列讲座》,长沙,湖南科学技术出版社,1991 年。

(原载《高等工程教育研究》2017 年第 2 期)

大学者,大师“育才”之谓也

——从“双一流”建设与人才培养谈起

有人通常依据各种指标体系来评价哪些大学哪些学科建设得好,多数是看论文及其被引用、被高引的数量。但此类排名只是一种信息传递,不可倚重它来评价大学和学科。

2016 年 12 月,在全国高校思想政治工作会议上,习近平总书记曾说,“只有培养出一流人才的高校,才能够成为世界一流大学”,“办出世界一流大学,必须牢牢抓住全面提高人才培养能力这个核心点,并以此来带动高校其他工作”。

所以,培养出一流的人才,涌现一流的老师,是建设“双一流”的核心任务。它要求我们培养的人才应该有历史使命感和社会责任心,富有创新精神和实践能力,具有全面发展的素质,有国际视野和创造能力,要求我们将学生的成长成才作为工作的出发点和落脚点。

“双一流”建设的实施办法明确规定了人才培养方面的遴选条件。具体开展起来,就是要重视评价与比较下列各项:(1)坚持立德树人,在培养环节中全程贯穿社会主义核心价值观,所有课程与培养环节都要做到全面育人;(2)有无创新人才培养模式实现协同育人,在教育创新方面成果是否显著;(3)在课程体系和教学内容改革上是否有丰硕成果;(4)学校与学科的资源配置的政策导向是否体现人才培养的核心地位;(5)人才培养的质量保障体系是否完善,学校与学科的学生培养质量如何;(6)学生的社会责任感、法制意识、创新精神和实践能力如何,人才培养的社会认可度如何。

以上列举的 6 个方面,可定性或半定量地评价高校在人才培养方面的成绩。问题是,有人认为人才培养质量难以定量评价,以至于对此几乎不予评价,或是只突出科研评价的权重,弱化人才培养应占的权重。

在学校层面，则可以评判一些子项，例如：学校在推动科研与教学融合方面所做的努力和成果；本科生与研究生对科研育人、科研伦理和学风教育方面的反馈；学校与学科将科研成果转化到教材与培训环节的实绩；学校在教师职称评定政策中，教学与教育改革部分与科研成果和论文发表中的认可比例是否适当。凡此等等，还可以列出多条。

除了上述的政策层面和实施层面外，我们应当加强与人才培养相关的理论与认识的研究讨论与交流，诸如：(1)制定实施并不断改进关于人才培养质量的评估标准，实行定性与半定量相结合的遴选评定与成果检查与验收方法，真正重视人才培养在"双一流"建设中的核心地位；(2)在大学—学科—专业的评估与认证中真正重视学生，注意学生的学习与研究产出，注意培养质量持续改进，融合推进提高一流的本科生质量与一流的研究生质量，逐级加力，实现学科与专业质量并翼齐飞；(3)在本科生与研究生培养中，鼓励研究性学习，在研究中培养人才，在培养人才过程中引导师生"研究高深的学问"(蔡元培语)。使大学的人才培养过程中有学习有问难，在切磋研究中，师生成长，以达成一流建设的目标。

曾有教育研究者索引我国的"专业"与"学科"两个词的原意及其演变。在当今语境中，本科以专业(类)分，研究生教育以学科(门类、一级、二级学科)分。它与国际上大学和学科的分类原意多少有点儿不一致，也影响到人们对"双一流"建设的学科评价分类与本质内涵的理解。

讲人才培养和"双一流"建设，自然牵涉到什么是大学的概念和内涵。通俗地讲，大学是培养大学生(含研究生)的地方。人们常引用梅贻琦先生在 1931 年就职清华大学校长时演说中的一段名言，"大学者，非大楼之谓也，有大师之谓也"。后面的两句话却少有人引用，即"我们的知识固有赖于教授们的指导指点，就是我们的精神修养，亦全赖有教授的 inspiration"。其实全文原意可概括为："大学乃大师'育才'之谓也。"新中国成立后清华大学的校长蒋南翔倡导办大学要抓"方向、质量"，培养学生要"全面发展、又红又专"，更接近现今"双一流"建设的内涵。教育家们对办好大学培养好学生都有蕴意深刻的名言，值得"双一流"建设中借鉴。

(原载《中国青年报》2017 年 9 月 22 日第 2 版)

工程力学办学的设问与刍议：多样性、目标、途径

这是一篇自问自答而又是设问征答征议的文章。作者在工程力学办学的园地耕耘近六十载，看到当前工程力学办学的现状，回溯历史，关切现在，剖析工程力学办学多样性的性质，发问其培养的目标，求索其可能的实现之道，求教诸同仁，诚盼互相讨论学习，期盼惠及后人。

一、历　史

回顾历史，以期昭示今后，又便于进一步回答如何培养若干年后的工程力学人才。时至今日，在国内总体上已经进入工业化中后期的时代，进入面向创新的新时代。面向第四次工业革命，从工程的角度来说，由信息网络的时代再迈向人工智能和生物科技的时代。前些时候，国内的一些基础研究规划只提及数理化天地生 6 个基础学科，力学（包括工程力学）似乎出局了。人们不禁要问：几千年的力学历史长河即将面临断流了吗？纵观历史长卷，回答应该是否定的。这将在下一个问题中进行讨论。

20 年前，白以龙先生在力学会议上阐述力学发展的历史时，概括了可用如下图 1 表达的力学发展的源流历史，给人们以历史长卷的启迪。发问后人应如何开掘并接续这历史长河的流动[1]。

图 1 的回溯说明了力学的源与流。从数千年力学发展的长卷，人们看到的是一幅幅生动的生产、观察和研究活动[1]。自公元前三五百年以降，中国对力学的

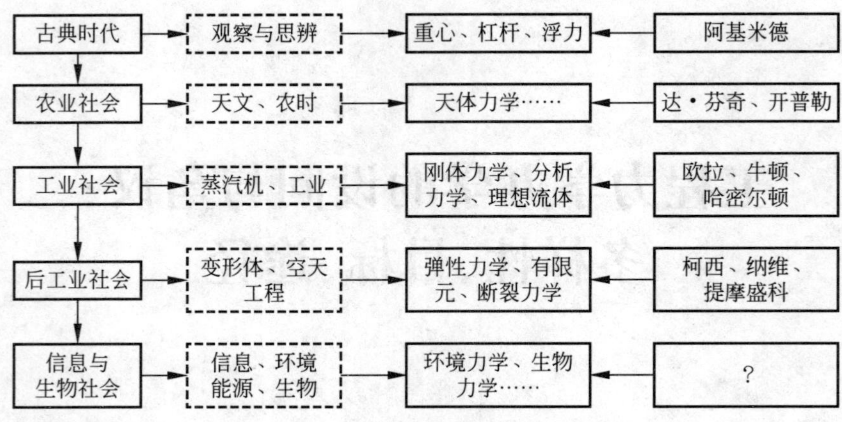

图1　力学发展的历史长卷

贡献渐显,有《墨经》对力和重心的记述、曾侯乙编钟所展现的音律与振动学的成就、都江堰神奇的水利枢纽的建设和拱形赵州桥所展现的拱受力的力学原理,说明我们的祖先对力学原理的深刻理解。古罗马时期阿基米德对浮力的揭示及静力学的创始以及从文艺复兴时期达·芬奇对落体运动和梁的强度的研究,到伽利略对梁的强度的实验,从开普勒对行星运动的观察到由大力学家科学家牛顿集力学规律与万有引力定律之大成,达到了力学科学研究的里程碑式的高峰。蒸汽机发明后,人们进入工业社会。刚体力学得以发展,分析力学业已发端。牛顿力学体系进入大的发展时期。分析力学的出现,开辟了力学的新的体系。随着工业化社会的发展,在纳维、柯西、泊松、欧拉、瑞利和雷诺等力学家的贡献的基础上,形成了变形体力学及其强度,变形与稳定性和流体力学的系列理论。20世纪后半叶开始的近代工业社会,航空航天工程与信息科技有大的发展,而以普朗特、铁摩辛科为代表的应用力学学派,更深刻地影响了几代力学工作者。社会生产推动了力学学科的发展并在应用中壮大。这说的是历史的回溯,说明数千年力学长河川流不息。那么,现代和今天呢?

二、需　求

讲了历史,再看看现代与今后,问现代与今后的力学有哪些新特点?它预示了现在力学教育培养出的学生将面临什么样的需求?为方便,笔者列举自己从事固体力学的例子。

先说现在。在工业化所联系的大工程方兴未艾，大机械、大建筑、大交通提出新的力学问题的同时，人们也已见到微纳科学所昭示的微纳技术和工程，在细微尺度的客观世界里：信息—生物—纳米科技世界，展现了小、快、复杂的客观物质世界，构成了现代科技的一个重要前沿，这是问题的一个方面；宏观尺度的世界里，能源、环境与生态和气候变化以及制造、通信、交通等，呈现大而复杂的特点，而且与社会生产与人类生活直接关联，这是问题的另一方面。其间还有相互交叉的中间地带，因而力学的外载因素拓广到多场—相变—多态—化学反应，其运动形态也拓广到与其他运动形态相耦联的机械运动。由于新材料、新能源的应用，微钠机械系统已经进入工程技术中来，微尺度力学在近 20 年来有大的发展。另外，以往的力学强度、刚度和稳定性的设计，是面向用来加工机械系统和结构的商品材料，而不能定量计入材料形成直至加工成产品的工艺过程中的力学状态变化。现代的科技发展使精细的分析逐步成为可能。首先应分析材料在制备过程中内禀应力状态变化及可能存在的不同尺度的缺陷，进而分析含上述应力和允许的不同尺度的微缺陷的材料在加工制造成结构物时，各种加工工艺引起的残余应力或失配应力，然后分析这种存在初始应力与微缺陷和残余应力的力学状态的结构，在外来广义载荷作用下的响应，这种力学分析流程已经有别于传统的固体力学和结构力学的分析，产生了不同工程领域的工艺力学。于是定量的“工艺力学”在应用现代实验力学与计算力学新发展和应用的基础上诞生。每个不同的行业，产生了不同的例如复合材料与部件成型和微电子机械加工与封装过程的工艺力学和增材制造的工艺力学，而工艺力学是行业质量保证的最重要的库藏之一，受知识产权保护，它又确实是中国制造的短板。现在科学技术的发展，使工程分析进入了闭环控制的工程大系统的新时期。对某些重大工程，力学担负着关键环节的工程分析与技术开发的任务。

再如各个不同工程部门都有自己的“工程链”。行业内称之为“CDIO”，即构思(C)、设计(D)、实施(I)和运行(O)及其反馈(F)。图 2 表示在上述不同阶段，在识别—量测表征—设计计算—工艺控制—运行安全与寿命控制以及反馈再设计的整个工程链条中，力学起着关键的作用，成为整个工程链条中起着定量计算的多个中枢节点。以工程机械和结构系统为例，从工程构思开始，要进行载荷与环境的识别，进而在设计中进行各种工况状态的静力—动力—稳定性分析，同时进行在线测量，再推进到计算机辅助设计和实时加工制造，要求在线监测与控制，进而获得运行过程的测量反馈，再回到设计优化与再设计。这种由构思—设计—

加工—运行—优化再构思设计的闭合循环,甚至已经成为学生学习中必备的经验流程,开发出适应于各种工程的计算机辅助系统,这将是广大力学工作者在新时期所将经历的新的工作环境与生产方式[1]。

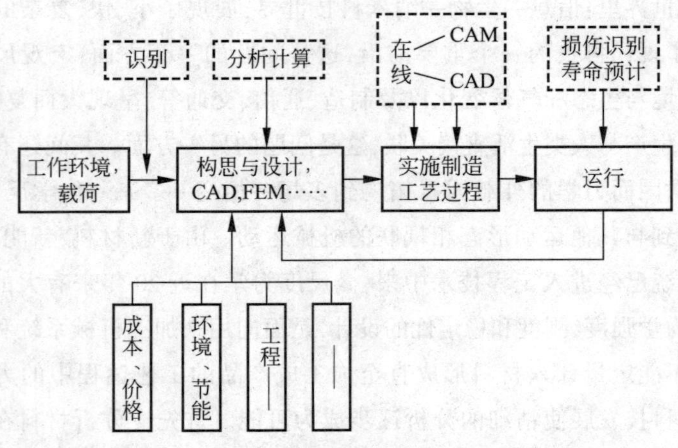

图 2　力学在工程链条中的关键节点的位置

以上讲的是服务和面向人造物的“工程”的力学。今后的力学不应只主要面对人造物的工程,而应扩展到自然界,其空间维度扩展到山川海洋、外空至宇宙。地球上自生自在的地质材料、岩石、土壤、沙砾、冰、雪、江河湖海的水和地表的风和大气等自然物,人们对其认识未有穷尽。其实力学源头即和农业生产的天文相关,李四光先生等人创建了地质力学,钱学森先生在 20 世纪 50 年代即开设了“宇宙航行”的课程。力学不仅面向自然界扩展了疆域,美籍华人科学家冯元桢先生创建了“生物力学”,力学进入研究有生命的动植物与人体健康与保健的范畴,直接服务于人类的福祉,极大地扩延了力学的视野与疆界。力学要研究天、地、人。

总之,讲到前瞻和展望,仅从工程的角度,已有了新的分野:出现了从微纳尺度的材料与器件至巨大尺度的机器系统与工程系统,以及从微纳科技、生物科技、信息科技转化成为大工程系统可用的科学技术。从工程与应用的角度来说,能源与环境、生态与农业、保健与治疗、信息与社会、地震与地质、宇航与安全乃至细胞的生长和凋亡与脑与神经系统的调控等提出了 21 世纪生生不灭的新的力学问题,呼唤力学工作者拓宽研究的疆域。

而人工智能将工程的智能科技与人类的思维—控制与运行结合起来,与基于网络(互联网,物联网等)的信息技术结合,引发了科学技术与工程的新一代改变，因为它将人造物的工程与有生命的系统初步连接起一个“天、地、人”的合一网络。力学人必须欢迎并深深进入这一巨变的大潮，而不是哀叹过往的力学被信息与生命科技的大潮所淹没。现今先进国家的多个院校推出的 CPS(cyber physical system) 专业系统课程（基于网络的计算物质（理）系统）。其中，核心环节之一就是计算和建模。而这二者正是力学的新用武之地，也是新的“武功”形成之疆域。

十几和几十年后的力学人，他们基本的世界观和方法论，必然要脱离那具有历史影响的纯机械式定量的观点和方法。而如同力学的先辈钱学森先生所垂范的学习运用唯物辩证的观点进而发展出“巨系统的系统论”的哲学范畴，其实这一发展长河本身即是一本大书，非这几百字所能写出，但在此希望指出的是明天的力学和明天的力学人所面对的现实，我们必须在这样的视野中来讨论力学教育和人才的培养。大学的专业是为明天培养人才，所以应该尽可能地在基于前人研究基础上形成科学的前瞻观。

三、性　质

上文简单回顾了力学的历史，以及现在和今后力学发展的趋势。我们应该回答：力学学科的性质是什么？只有对此有了较为现实且一致的认识，我们才能讨论今后力学教育的目标和实现目标的途径。

力学学科的性质是什么？是基础理论性的还是工程技术应用性的。曾经众说纷纭，连力学界内也有许多不全相同的看法[2]：有称为基础学科者但有很好的应用；有界定为技术科学或工程科学者认为是基础理论与众多工程应用的桥梁；有认为是应用力学者但具有鲜明基础学科的性质，凡此等等，可见叙述先后次序与侧重各有不同。但争论交流终归得到比较和谐一致的认识：即兼有理论与应用力学的性质。中国力学学会的英译为中国理论与应用力学学会（The Chinese Society of Theoretical and Applied Mechanics, CSTAM)，还有国际理论与应用力学联合会（International Union of Theoretical and Applied Mechanics, IUTAM)，即力学具有理论与应用力学的广谱的多样性的学科性质。注意到应用力学与工程力学二者范畴还不同，排除当前“工程”被泛用的意义，工程属人造物，与自然界丰富的无生命的和有生命的物质有别。然而应用力学的对象就涵盖工程、自然与生命体。

文献[3]指出力学有科学的基因,还有技术的基因。而工程力学更具有工程的基因。科技求真、社会科学求善,工程具有社会性和人文性更求真善美。当然工程力学与工程二者范畴不同,但它具有工程所要求的本质秉性。

1985年版的《中国大百科全书·力学卷》[4]将力学定义为:“力学是研究物体机械运动的科学”,“力学可以说是力和(机械)运动的科学”,后一句点明要研究力和(机械)运动的关系。2013年,中国力学学会又将力学的定义拓展为:“力学是有关力、运动和介质(固体、液体、气体和等离子体)宏、细/微观力学性质的学科,研究以机械运动为主及其同物理、化学、生物运动耦合的现象。”后者更突出了“力学研究机械运动为主及其同物理、化学、生物运动耦合的现象”。所以,近日的力学更突出与各基础学科的耦合的多样性,具有基础学科与应用学科的二重性乃至广谱性,以及工程力学与各众多工程交融一体的工程性。学科发展可形象地展示如图3[5]所示。在研究与应用的二维平面上,有的偏重研究,有的偏重创造性的应用,还有在此二极之间众多的中间模式,呈现精彩纷呈的各自发展。要求各自在二维坐标系中的矢径做到最大,这里说的是不同的力学学科可在各自取向上实现卓越。上面说的是学科的性质和各个单位所在的即时位置,力争做到在自身的幅角定位下将矢径做到最大。这说的是力学学科的本身的一个图像的比喻。

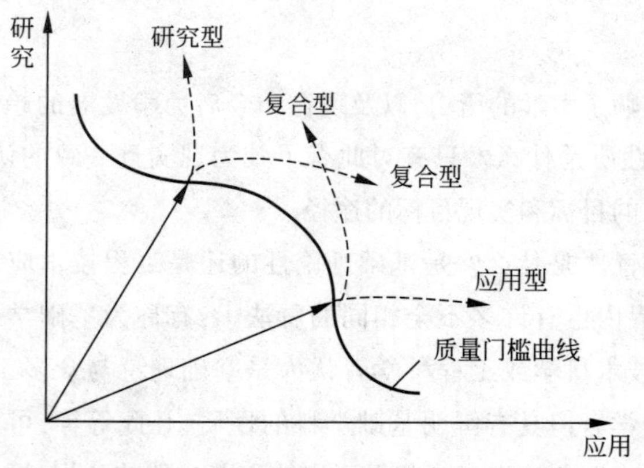

图3　专业与学科发展多样性与门槛曲线

再看力学教育培养的学生,即讨论本文的主题“力学人的培养”,则必须在图3中引入“门槛曲线”,即合格线。对于每个专业与学科培养的“力学人”,决定每个专业或学科的人才培养的根据是需求给出的定位取向,即矢径的幅角。当矢径 r 达到该取向的门槛值,即达到合格,都可努力将矢径做到最大即达到“卓越”。但不同的取向矢径 r 间不可直接相互比较,因为它们各自具有多样性的特色。而且随着环境和需求及自身条件的变化，可以调整其幅角以改变办学的模式。所以这样的图可以形象地表示出人才培养的需求多样性及办学目标的多样性。因而判断人才培养质量的标准也必须是多样的，如同奥运会田赛、径赛、球赛、全能赛有各自的标准去创造各自的"金牌"，在分类发展的基础上分层发展，奏出一曲和谐的和而不同的力学人才培养的交响乐来！

四、目　标

在分析了力学的性质及力学专业与学科人才培养的多样性之后，应该紧接着讨论这样的问题，即力学（含工程力学）人才培养的目标是什么？答案应该是：培养国家需要的多样性特征的力学（含工程力学）人才。即既培养未来的研究型人才，也培养在工程—自然—生物医学等信息科技新时代的和各工程领域结合的创新型应用型力学人才；以及这两者之间广泛类型的科技人才。总体上从事基础力学研究的人才求精不求量，一些学校的登峰计划实验班在探索培养的经验；更大量的是结合行业需求的创新型的应用型的工程力学人才。工程力学培养的学生，如前所言，会有相当大的部分融入各个复杂的工程系统，成为各个行业（不只是工程，还有各种与自然界和人类健康幸福相关的各个行业）的不可或缺的在工作链条各关键节点的研发人员，这是否可理解为工程力学的学生已被行业淹没而成为"配角"？有识之士会认识到，他们工作在事关行业的质量—安全—经济的关键节点上，就应当被看作"广义工程"各种科技大军的合成中在关键节点做出贡献的人才。历史也证明，在各行业的领军人才中，确有不少是从工程力学毕业而且在岗位中再学习成长的人才，关键是他们是否在学校学习过程中，得到"全面发展，又红又专"的培养，这是社会的客观需求决定的。作为制造业大国乃至今后要成为强国，中国具有全球最完整的各个门类的工业体系和最丰富的人力资源。制造业不应该也不会虚化，因此结合各工业制造领域的人才需求会永远旺盛。而要建立创新型国家，科技研发领域的资源与人力投入就会永不衰竭。因此，复杂的工程系统的发展，对力学人才呈现丰沛的结合行业的需求，包括云计算与基于大数据基础的建模和计算的能力。因此可以前瞻工程力学人才的多样性分类发展的客观必然性。当今问题是，大多数的工程力学专业与学科都不敢贸然确定多样性需求下的不同的发展路径。都希望拥挤在窄小的研究型的力学人才培养的"胡同"

里,原因何在?这里不得不说的是除了学界本身,以至某些掌握资源与升迁的管理者所推崇的人才与学科的评价体系,以及被国外知名媒介所鼓吹的"大学排名""学科排名"所左右的排名情结和唯论文唯"帽子"的痼疾,于是就出现了相当长期的"SCI 崇拜""帽子工程",在国外一样也泛滥着大 R(研究)小 E(教育、工程)的偏见。虽然党中央国务院对科研与人才评价和"双一流"建设推出了一系列重要文件与改革措施,但旧的重研究论文轻人才培养的陈旧观念与评价陋规,仍然束缚力学人才培养改革的推进。广大的力学工作者和师生,到了这攻坚克难还力学本来面目的时机,勇敢地面向这"多样性卓越"的人才培养需求,去迎接力学专业(本科)与力学学科(研究生培养与科学研究)并翼齐飞的明天。开拓新的力学疆域,培养适应面向世界和造福人类的安全与福祉的新时代的力学(工程力学)的年轻一代!

五、途　径

当明确了专业的培养目标之后,下一个问题便是实现这样的培养目标的途径是什么?我国办力学专业也有 60 多年的历史,最早是新中国成立后学习苏联,在北京大学开办了理科的力学系。1957 年 2 月,在钱学森、钱伟长、郭永怀等力学大家主持下,创建了清华大学的工程力学研究班,以及嗣后许多学校办了工程力学系。工程力学研究班办了三届,基本的经验有三条:一是适应工业现代化与国防现代化的需求;二是有一大批当时国内最优秀的力学大师执教;三是遴选了国内土木、机械、造船、航空等工科的优秀的毕业生进行研究生的培养,同时也有来自科研设计单位的年轻骨干。在有好的工科力学教学的基础上,精选当时先进的力学课程,结合实际做研究,培养了一批当时满足国家需要的工程力学骨干。

现在全国有近百个工程力学专业点和少数的理科力学专业,又有几十个力学的博士点与硕士点。为办好这些专业与学位点,提出了一些办学途径的建议供同仁们讨论:

(1)工程力学本科专业,按照新公布的全国 92 个专业(类)的国家质量标准和中国工程教育专业认证的标准,开展专业基本质量的认证,并与 18 个《华盛顿协议》成员实现学士学位互认。以学生为中心,以学生学习的结果为认证主要目标,由各利益相关方特别是工业企业界参与按质量标准进行认证并确保培养质量的持续改进。采用逆向设计的方法,从专业培养目标达成专业 12 条的毕业要求,据此制定矩阵式培养计划,每个培养环节集成以达成毕业要求。毕业要求涵盖毕业生的素养、能力与知识。全国 31 类工程专业(类)已开通认证的有 16 类,2018 年又有核能、生物医学工程等专业类开始认证,约 3 年内将涵盖包含工程力学专业在内的 28 个专业类。这是工程力学类专业必须迈过的第一道坎。与此相应,不进入国际实质等效认证的专业也必须接受按国家专业质量标准的专业评估。与之相应的学位点也在进行以研究生培养质量为中心的合格评估和审核评估。因此,办专业要深刻理解并合格实施达成质量标准,达到国际实质等效的国际学士学位的互认。

(2)实施满足基本质量要求基础上的培养环节。不同专业的培养目标需要有特色地满足国家或地区需求,形成新的培养流程,该流程能达到数学、理化、信息等宽厚基础的课程要求,这是工程力学的毕业生承担复杂工程任务中关键节点责任和实现创新的重要基础;特别注意多样性要求下的课程组合,加强实践环节,并与在科研机构和工业企业项目中的学习与研究实现协同培养。在大学本科的四年或者本科与硕士的衔接培养计划中,合理设计不同年级段的科学实验,实践环节的训练和毕业论文(设计)的综合训练。注意将这一计划与课程教学、第二课堂训练的有机结合。国外不少专业以“雷达图”的形式表示不同年级学生毕业要求(对本科是 12 条)的逐年发展的达成度,并将毕业要求分解于每门课程、每个环节,明确不同任课责任教师的要求,并要求学生自评与自检。

(3)引入先进的教学理念,如基于问题(项目)的学习(problem based learning, PBL)的培养环节设计理念。例如清华大学的钱学森(力学)班近年实施的大学生研究和训练(student research training, SRT)和面向创新挑战的开放研究(open research for innovation challenge, ORIC)与毕业设计与研究实践[3]。实践的结果证明这是可行的。因为今后的大学学习,既有高素质的人文要求,还有社会责任和跨文化的要求,做工程的人还要懂成本、环保、法律的基础,还要学会与人交流、终身学习,有团队精神等,这些不是加开课程可以做到的。最好的方法即是选择实际的不同复杂程度的项目和问题,开展基于项目和问题的学习。一个项目,一个选择好的问题,麻雀虽小,五脏俱全。学生在这样的教学环节中,按计划得到上述各项要求的培养,起到培育能力、增强素质的作用,达到举一反三的效果。这要求每个专业精心设计,努力实践。

(4)在各个培养环节,注意结合课程与实践培育环节,致力于培养学生学习与掌握辩证唯物的方法论,学习钱学森先生由研究“工程控制论”而逐步建立“巨复杂系统"的科学方法。对复杂的工程系统、自然系统、生物系统运用整体论、系统论的方法,学习交融学科的基本演化规律,建立学科交融演化的力学定量计算建模的方法,学习现代信息科技的最新成就,在大数据与统计理论(如统计力学、统计物理和非平衡热力学理论等)基础上,增强在网络时代的建模与计算的能力与方法。当然这对学校与教师本身也提出了更高的要求。将渗入学科的方法论的教学经由众多的培养环节落到实处。

(5)社会主义的核心价值观的培育贯穿于人才培养的全过程。在上述培育学生学习掌握正确的方法论过程中,学习辩证法,用以观察世界,指导人生,就会内化为正确的世界观与人生观。但人才培养出来,为谁服务,就自然联系到人的价值观。社会主义核心价值观,涵盖个人修为、与人相处、进入社会、为国家为世人的担当各方面。因此价值观是人生的方向舵,是培养能力的激励器,也是知识传承学习的指路标。因为,它要回答,学习做什么,为什么要学习,为什么服务的根本问题。力学人在长期实践中,践行了"航天精神",秉承"厚德载物"的古训。德以驭物,物以载德,"全面发展、又红又专",它承载着为民族复兴、中华崛起、造福人民、服务世人的学习动力和无穷的精神力量。

六、功　能

上述讨论的种种问题,归根结底,联系到一个大的常识问题,即什么是大学?大学何为?什么是好的老师?什么是好学生?笔者在文献[5]对此作了分析,部分引述如下:

清华大学老校长梅贻琦也有一句被广为引证的话:"所谓大学者,非谓有大楼之谓也,有大师之谓也。"我们也应深究梅称"大师"之谓何指。为此,再多引几句原文便可了然。梅文称:"孟子说:'所谓故国者,非谓有乔木之谓也,有世臣之谓也。'我现在可以仿照说:'所谓大学者,非谓有大楼之谓也,有大师之谓也。'我们的智识,固有赖于教授的教导指点,就是我们的精神修养,亦全赖有教授的inspiration。"(《清华大学校长梅贻琦在就职典礼上之演说》,清华大学校刊第341号,1931-12-14)显然,梅先生的本意应是"大学乃大师'育才'之谓也"。据此,我们可将上面的那句话补全为:"大学者,非大楼之谓也,乃大师育才之谓也。"这样的补充不只强调了要有大师之资源,更要求大师们在大学中务其本——"育才",

实施教育。育才本是大学应有之义,只不过于今人们理解片面,评价大学,往往专注于量化有多少大师,不懂得这只是体现了大学师资资源投入的方面;而更重要的方面是大学的"产出",即培养人才的成果。办好学校,必须有好的老师,有大师。老师与大师的一个共同任务,就是培养人才——"育人"。清华大学前校长、教育家蒋南翔主张高等学校要培养又红又专的人才就是抓住了大学之本。育人是一项长期的任务,一个学生从学校毕业,在工作中真正成才,做出贡献,是需要时间的,也就是我们常说的"十年树木,百年树人"。其成果往往需要十年、二十年、几十年的历史积淀才能展示出来。

哈佛大学原校长德里克·博克出版了《回归大学之道——对美国大学本科教育的反思与展望》,及哈佛学院前院长哈瑞·刘易斯在《失去灵魂的卓越——哈佛是如何忘记教育宗旨的》一书中指出,仅仅追求众多学术领域的第一,就会丧失大学的灵魂。什么是大学的灵魂?就是把年轻人培养成对社会负责的人,哈佛不能为了众多学术领域的第一,而忽视了对学生社会责任感的培养。书中指出,要重视育人,重视品德与人格的培养。这些对于大学教育宗旨的叩问,这些对于什么是大学的灵魂的反省,联想本文所指出的对前辈教育家梅贻琦先生对大学的论述的不完全的引用与阐释,正说明现今对大学宗旨之理解产生了部分但是重要的偏离。这难道不应当引起从事高等工程教育人士的警醒吗?

如何认识当前工程教育改革中存在的问题,如何面向工业界,如何评价教育与教师,如何学习国外工程教育的经验,如何从工程教育大国走向工程教育强国,都与如何全面把握大学的宗旨有关。大学者,育才之谓也!

后记:本文是作者根据自己的经验、观察和研究,为参加笔谈而写的文章,由于笔者作为工程力学的教师和工程教育的管理者和研究者,在以往的经验基础上形成的观点,必然有专业的片面性,将此一孔之见,献给诸位同仁和刊物,诚邀批评指正和讨论。

参考文献

[1] 余寿文:《固体力学史与方法论的几点注记》,载王希诚等主编:《科学殿堂的力学之光》,大连,大连理工大学出版社,2011年,第67~80页。

[2] 戴世强:《无处不在的力学、众说纷纭的力学、魅力无穷的力学》,载《力学与实践》2016年第38卷6期,第709~714页。

[3] 郑泉水:《论创新型工科的力学课程体系》,载《力学与实践》2018 年第 40 卷 2 期,第 194~201 页。

[4] 中国大百科全书编辑委员会:《中国大百科全书 · 力学卷》,北京、上海,中国大百科全书出版社,1985 年。

[5] 余寿文:《大学的本质功能与中国科技人才的培养》,载《高等工程教育研究》2017 年第 1 期,第 26~31 页。

(原载《力学与实践》2019 年第 1 期)

后　记

本文集记叙了笔者这几十年时间里所做和所思，以及在学习、交流、比较、实践基础上的进一步探究。集中到一点，便是对大学本质功能和中国科技人才培养道路的思考。

这些思考，如果浓缩成几行来表达，可大致表述为：

大学非大楼之谓也，乃大师育才之谓也；工程教育的人才培养要适应多样性的需求，要建立合格的认证标准和分类卓越的评估机制；人才培养是学校的核心任务，培养过程必须以学生的学习结果为目标；学习国外的教育经验，必须基于有中国特色的国情与文化，以达到可比较部分的国际实质等效性，而不一般地强调“国际化”；必须敏察国内外的政治、社会与科技的变化，使工程教育的设计与实践同工业企业界更密切结合；注重创新，培养学生树立正确的世界观学习运用唯物辩证法，使学生毕业时收获“干粮、猎枪、指南针”，成为又红又专全面发展的人才。

1994 年，作者和几位同仁访问美国麻省理工学院，当时麻省理工的校长 Vest 赠送了代表团题为“*Change*、*Integration*、*Balance*、*Innovation*”的校长报告，意译为“敏察变化，善于综合、巧持平衡、注重创新 ”。这几点，对我们从事工程教育的工作者来说，是很有借鉴意义的。

今天，客观世界与几十年前相比已经发生了很大的变化。在这大的变局来临之际，工程和教育也发生了重大的变化。工程的系统化和综合化，关注联合国教科文组织（UNESCO）可持续发展目标的实施，我们要努力办好为人民的教育。当今人们的信息交流更便捷，在以人工智能、大数据、物联网、生命科学和安全健康等为表征的新一轮科技与工业革命推动下，以增进人类福祉为目标的新的工程教育变革方兴未艾。本书描述的以前积累的教育观和实践经验,虽然可作为前进的一个起始参照,但其中有的可能已经过时,这就更需要一代新人接力前行。

作者是一位教师和曾经的教育管理者和研究者,未有机会获得过教育学理论的专门训练,书中有不当之处,敬请各位同仁不吝批评指正。

2020年8月9日 于北京清华园